BKC 강해 주석 20
마가복음

The Bible Knowledge Commentary

Copyright © 1985 by SP Publications, Inc.
David C. Cook, 4050 Lee Vance View, Colorado Springs, Colorado 80918
All rights reserved.

Korean edition copyright ©1988, 2011 by Duranno Press
95 Seobinggo-dong, Yongsan-gu, Seoul, Korea

This Korean edition is published by arrangement with David C. Cook

본 저작물의 한국어판 저작권은 David C. Cook과 독점 계약한 두란노서원이 소유합니다.
신 저작권법에 의거하여 한국 내에서 보호를 받는 저작물이므로 무단 전재와 무단 복제를 금합니다.

BKC 강해주석 20
마가복음

지은이 | 존 그래믹스   옮긴이 | 김도훈
개정2판 1쇄 발행 | 2011. 10. 31.
개정2판 2쇄 발행 | 2017. 9. 4.
등록번호 | 제1988-000080호
등록된 곳 | 서울특별시 용산구 서빙고로 65길 38
발행처 | 사단법인 두란노서원
영업부 | 2078-3352 FAX 080-749-3705
출판부 | 2078-3332

▮ 책 값은 뒤표지에 있습니다.
ISBN 978-89-531-1661-0 04230
(set) 978-89-531-2540-7 04230

▮ 독자의 의견을 기다립니다.
tpress@duranno.com   http://www.Duranno.com

▮ 이 책의 성경 본문은 개역개정판을 사용했습니다.

두란노서원은 바울 사도가 3차 전도여행 때 에베소에서 성령 받은 제자들을 따로 세워
하나님의 말씀으로 양육하던 장소입니다. 사도행전 19장 8-20절의 정신에 따라 첫째,
목회자를 돕는 사역과 평신도를 훈련시키는 사역, 둘째, 세계선교(TIM)와 문서선교(단
행본·잡지) 사역, 셋째, 예수문화 및 경배와 찬양 사역, 그리고 가정·상담 사역 등을
감당하고 있습니다. 1980년 12월 22일에 창립된 두란노서원은 주님 오실 때까지 이 사
역들을 계속할 것입니다.

BKC 강해 주석 20
마가복음

존 그래믹스 지음 | 김도훈 옮김

두란노

CONTENTS

마 가 복 음

서론 ··· 10
개요 ··· 28
주해 ··· 32

I. 제목(1:1) ··· 32

II. 도입: 예수님의 공생애 준비(1:2~13)

A. 예수님의 선구자, 세례 요한(1:2~8) ·································· 34
B. 예수님이 세례 요한에게 세례를 받으심(1:9~11) ················ 39
C. 예수님이 사탄에게 시험을 받으심(1:12~13) ····················· 43

III. 예수님의 초기 갈릴리 사역(1:14~3:6)

A. 서론적 요약: 예수님의 메시지(1:14~15) ··························· 46
B. 예수님이 네 어부를 부르심(1:16~20) ······························· 49
C. 귀신과 질병 위에 있는 예수님의 권위(1:21~45) ················ 52
D. 갈릴리에서 종교 지도자들과의 논쟁(2:1~3:5) ··················· 61
E. 결론: 예수님이 바리새인들에게 배척당하심(3:6) ················ 72

IV. 예수님의 후기 갈릴리 사역(3:7~6:6상)

- A. 서론적 요약: 갈릴리 바다 근처에서의
  예수님의 사역(3:7~12) ·· 73
- B. 예수님이 열두 제자를 임명하심(3:13~19) ······················· 74
- C. 바알세불의 힘을 받았다는 고소와
  예수님의 참된 가족(3:20~35) ··· 76
- D. 하나님 나라의 성격을 예고하는 예수님의 비유(4:1~34) ····· 81
- E. 주권적 능력을 확증하는 예수님의 기적들(4:35~5:43) ········ 91
- F. 결론: 나사렛에서 배척당하신 예수님(6:1~6상) ················ 106

V. 갈릴리 안팎에서의 예수님의 사역(6:6하~8:30)

- A. 서론적 요약: 예수님의 갈릴리 전도 여행(6:6하) ············· 109
- B. 예수님이 열두 제자를 보내심, 세례 요한의 죽음
  (6:7~31) ·· 110
- C. 예수님이 열두 제자에게 자신을 나타내심
  (6:32~8:26) ··· 118
- D. 결론: 예수님은 그리스도라는 베드로의 고백(8:27~30) ····· 145

Ⅵ. 예수님의 예루살렘 여행(8:31~10:52)

A. 첫 번째 수난 예고(8:31~9:29) ·················· 148
B. 두 번째 수난 예고(9:30~10:31) ················ 165
C. 세 번째 수난 예고(10:32~45) ··················· 184
D. 결론: 눈먼 바디매오의 신앙(10:46~52) ········ 190

Ⅶ. 예루살렘 안과 그 주변에서의 예수님의 사역(11:1~13:37)

A. 예수님의 예루살렘 입성(11:1~11) ············· 194
B. 이스라엘에 내리실 하나님의 심판에 대한
예수님의 예언적 표징(11:12~26) ··············· 198
C. 예수님이 성전 뜰에서 종교 지도자들과 논쟁하심
 (11:27~12:44) ····································· 205
D. 예수님의 감람산 강화 (13장) ··················· 225

Ⅷ. 예수님의 수난과 죽음(14~15장)

A. 예수님의 배신당하심, 유월절 식사,
제자들의 도피(14:1~52) ·························· 245

  B. 심문, 십자가 처형, 그리고 매장(14:53~15:47) ············ 268

IX. 예수님의 부활(16:1~8)

  A. 무덤에 도착한 여인들(16:1~5) ································ 297
  B. 천사의 선언(16:6~7) ·· 299
  C. 예수님의 부활 소식에 대한 여인들의 반응(16:8) ··········· 301

X. 논란이 많은 결론 부분(16:9~20) ································ 302

  A. 부활 이후 예수님이 세 번 나타나심(16:9~14) ············ 305
  B. 예수님의 위탁(16:15~18) ······································ 307
  C. 예수님의 승천과 제자들의 계속적인 선교(16:19~20) ··· 309

  참고문헌 ···311

Ἀρχὴ τοῦ εὐαγγελίου Ἰησοῦ Χριστοῦ [υἱοῦ θεοῦ]. Καθὼς γέγραπται ἐν τῷ Ἠσαΐᾳ τῷ προφήτῃ· ἰδοὺ ἀποστέλλω τὸν ἄγγελόν μου πρὸ προσώπου σου, ὃς κατασκευάσει τὴν ὁδόν σου· φωνὴ βοῶντος ἐν τῇ ἐρήμῳ· ἑτοιμάσατε τὴν ὁδὸν κυρίου, εὐθείας ποιεῖτε τὰς τρίβους αὐτοῦ, ἐγένετο Ἰωάννης [ὁ] βαπτίζων ἐν τῇ ἐρήμῳ καὶ κηρύσσων βάπτισμα μετανοίας εἰς ἄφεσιν ἁμαρτιῶν. καὶ ἐξεπορεύετο πρὸς αὐτὸν πᾶσα ἡ Ἰουδαία χώρα καὶ οἱ Ἱεροσολυμῖται πάντες, καὶ ἐβαπτίζοντο ὑπ' αὐτοῦ ἐν τῷ Ἰορδάνῃ ποταμῷ ἐξομολογούμενοι τὰς ἁμαρτίας αὐτῶν. καὶ ἦν ὁ Ἰωάννης ἐνδεδυμένος τρίχας καμήλου καὶ ζώνην δερματίνην περὶ τὴν ὀσφὺν αὐτοῦ καὶ ἐσθίων ἀκρίδας καὶ μέλι ἄγριον. Καὶ ἐκήρυσσεν λέγων· ἔρχεται ὁ ἰσχυρότερός μου ὀπίσω μου, οὗ οὐκ εἰμὶ ἱκανὸς κύψας λῦσαι τὸν ἱμάντα τῶν ὑποδημάτων αὐτοῦ. ἐγὼ ἐβάπτισα ὑμᾶς ὕδατι, αὐτὸς δὲ βαπτίσει ὑμᾶς ἐν πνεύματι ἁγίῳ.

The Bible Knowledge Commentary 20
Mark
서론

The Bible Knowledge
Commentary

서론

마가복음은 네 복음서 가운데 가장 짧은 책이다. 4세기부터 19세기에 이르기까지 마가복음은 일반적으로 학자들에 의해 마태복음의 요약판으로 간주되었기 때문에 그 가치가 무시되었다. 19세기 말에 이르러서는 마가복음이 가장 처음 기록된 복음서라는 이론이 널리 받아들여졌다. 그 이후 마가복음은 집중적인 관심과 연구의 대상이 되어 왔다.

저자

학술적으로 말해서 마가의 복음서에는 저자가 밝혀져 있지 않기 때문에 마가복음은 익명의 저자의 책이다. '마가에 의한'(카타 마르콘[κατὰ μάρκον])이라는 제목은 AD 125년 이전에 한 서기관에 의해서 후대에 첨가된 것이다. 그러나 초대 교회의 전승(외부적 증거)과 마가복음 자체 내의 정보(내부적 증거)로부터 우리는 저자를 확인할 수 있는 충분한 증거를 손에 넣을 수 있다.

초대 교부들은 한결같이 사도 베드로의 동역자인 마가가 이 책의 저자임을 증언하고 있다. 이에 대해 우리에게 알려진 최초의 진술은 파피야스(Papias, AD 110년경)에게로 거슬러 올라가는데, 그는 '사도 요한'의 다

른 호칭으로 여겨지는 '장로 요한'의 증언을 인용했다. 파피야스가 인용한 것을 보면, 마가를 이 복음서의 저자로 지명하고 있으며, 마가에 대한 다음과 같은 정보를 포함하고 있다.

(1) 그는 예수님을 따라다닌 목격자는 아니었다. (2) 그는 사도 베드로와 동행했으며, 그의 설교를 들었다. (3) 그는 예수님의 말씀과 사역에 관해 베드로가 기억하고 있던 모든 것을 정확하게 기록했는데, '시간 순서대로 기록한 것은 아니었다.' 다시 말하면, 항상 연대기적인 순서로 기록한 것은 아니었다. (4) 그는 베드로의 '해석자'였다. 이 말은 아마 베드로가 한 아람어 설교를 헬라어나 라틴어로 번역했다기보다는 베드로의 가르침을 기록함으로써 그것을 보다 광범위한 청중에게 전했다는 의미일 것이다. (5) 그의 기사는 전적으로 신뢰할 만하다(참조, 유세비우스, 『교회사』 [*Ecclesiastical History*] 3. 39. 15).

이러한 초기 증거는 저스틴 마터(『대화』[*Dialogue*] 106. 3; 160년경), 마가복음의 『마르시온파 반박 서문』(*Anti-Marcionite Prologue*, AD 160~180년경), 이레네우스(『이단을 반박함』[*Against Heresies*] 3. 1. 1~2; AD 180년경), 터툴리안(『마르시온을 반박함』[*Against Marcion*] 4. 5; AD

서론 | 11

200년경), 및 알렉산드리아의 클레멘트(AD 195년경)와 오리겐(AD 230년경)의 저작들 – 둘 다 유세비우스에 의해 인용됨(『교회사』[*Ecclesiastical History*]) 2. 15. 2:6. 14. 6; 6. 25. 5) – 등의 증거에 의해 확증된다. 그러므로 마가 저작설을 입증하는 외부적인 증거는 초기적인 것이며, 초대 교회의 여러 중심 지역, 즉 알렉산드리아, 소아시아 및 로마 등지로부터 기원된 것이다.

비록 명백하게 진술되지는 않았지만 대부분의 해석자들은 교부들이 언급한 마가는 신약성경에 열 번이나 기록되어 있는 '마가(라틴 이름)라고도 불리는 요한(히브리 이름)'과 동일인물로 추정하고 있다(행 12:12, 25; 13:5, 13; 15:37, 39; 골 4:10; 딤후 4:11; 몬 1:24; 벧전 5:13). 저자 마가에 대한 이와 같은 신원에 반대하는 부정적 견해들은 설득력이 없다. 베드로와 긴밀한 관계를 맺고 있었던 '또 다른' 마가가 존재했다는 아무런 증거도 없을 뿐 아니라, 신약성경의 자료에 비추어 볼 때 '알려지지 않은' 마가가 있었으리라는 제안도 불필요한 것이다.

내부적인 증거는 확실하지는 않지만, 초대 교회의 역사적인 증언과 조화를 이룬다. 그것은 우리에게 다음과 같은 사실을 드러내 준다. (1) 마가는 팔레스타인, 특히 예루살렘 지리에 익숙했다(참조, 5:1; 6:53; 8:10; 11:1; 13:3). (2) 그는 분명히 팔레스타인의 통용 언어였던 아람어를 알고 있었다(참조, 5:41; 7:11, 34; 14:36). (3) 그는 유대의 제도와 풍습을 이해하고 있었다(참조, 1:21; 2:14, 16, 18; 7:2~4).

또한 몇 가지 특징이 저자가 베드로와 관련이 있다는 사실을 지적해 주고 있다. (1) 이 복음서의 사건 묘사가 유난히 생생하고 자세한 것으로 보아, 그 이야기들은 베드로와 같은 사도들의 '핵심 그룹'에 속한 목격자의 회고담에서 유래한 것임을 암시해 준다(참조, 1:16~20,

29~31, 35~38; 5:21~24, 35~43; 6:39, 53~54; 9:14~15; 10:32, 46; 14:32~42). (2) 저자가 베드로의 말과 행위를 묘사하고 있다(참조, 8:29, 32~33; 9:5~6; 10:28~30; 14:29~31, 66~72). (3) 이 복음서에서만 독특하게 '제자들과 베드로'(16:7)라는 표현이 사용되었다. (4) 이 복음서의 대체적인 윤곽과 가이사랴에서 베드로가 행한 설교가 놀랍도록 유사하다(참조, 행 10:34~43).

이상과 같이 외부적으로나 내부적으로 드러난 증거를 볼 때, 사도행전과 서신들에 나타난 '요한/마가'가 이 복음서를 썼다고 확언할 수 있다. 마가 요한은 교회가 시작된 초창기에 그 어머니 마리아와 함께 예루살렘에서 살았던 유대 그리스도인이었다. 그의 아버지에 대해서는 알려진 바가 없다. 그의 집은 초대 그리스도인들이 모이는 곳이었다(참조, 행 12:12). 그 집은 아마 예수님이 마지막 유월절 식사를 함께 하셨던 장소였을 것이다(참조, 14:12~16의 주해). 마가는 아마 예수님이 겟세마네에서 잡히신 후에 벌거벗고 도망쳤던 '한 청년'이었을 것이다(참조, 14:51~52의 주해). 베드로가 그를 가리켜 '내 아들'(참조, 벧전 5:13)이라고 부른 것은 마가가 베드로의 영향을 받고 그리스도인이 되었다는 사실을 의미할 것이다.

예루살렘 교회의 초창기에(AD 33~47년경) 마가는 틀림없이 베드로의 설교를 자주 들었을 것이다. 후에 그는 안디옥으로 가서 바울과 바나바(마가의 삼촌. 참조, 골 4:10)의 제1차 선교여행에 동행하여 버가까지 갔다(AD 48~49년경. 참조, 행 12:25; 13:5, 13). 그러나 그는 어떤 이유 때문에 예루살렘의 집으로 돌아왔다. 마가가 이렇게 도중에 떠나 버렸기 때문에 바울은 제2차 선교여행 때는 마가를 데리고 가기를 거부했다. 그래서 마가는 바나바와 함께 구브로 섬에서 사역했다(AD 50~? 참조, 행

15:36~39). 그는 그 후에, 아마도 AD 57년경에 로마로 갔다. 그는 바울이 맨 처음 로마의 감옥에 갇혔을 때, 바울의 동역자로 사역하고 있었다(AD 62년경. 참조, 골 4:10; 몬 1:23~24). 바울이 풀려난 후 마가는 분명히 로마에 머물러 있었으며, 베드로가 암호로 '바벨론'이라고 부른 로마에 도착하자 베드로와 더불어 교회를 섬겼다(63~64년경. 참조, 벧전 5:13. 하지만 어떤 사람들은 바벨론을 유프라테스 강 유역의 도시를 가리키는 것으로 본다). 그러다가 네로 황제의 극심한 박해가 일어나고 베드로가 순교를 하자, 마가는 아마 얼마 동안 로마를 떠났던 것 같다. 바울은 두 번째 로마의 감옥에 갇혀 있을 때(AD 67~68년경) 마가가 그의 사역에 쓸모 있다고 생각해서 에베소에 있던 디모데에게 부탁해서 소아시아의 어느 지역엔가 있었을 것으로 추정되는 마가를 로마로 데리고 오도록 했다(참조, 딤후 4:11).

자료

마가가 이 책의 저자라고 했지만, 그가 그 속에 있는 내용을 창작한 것은 아니다. '복음서'라는 것은 1세기의 독특한 문학 양식이었다. 복음서는 예수님의 생애에 대한 단순한 전기나 '위대한 행적'의 연보, 혹은 추종자들이 기록한 일련의 회고담이 아니다. 복음서는 이런 요소들을 포함하고 있지만, 그보다는 오히려 예수님의 생애와 죽음과 부활이라는 역사적인 사건을 중심으로 하는 하나님의 '좋은 소식'을 특별한 청중에게 선포한 신학적인 메시지이다. 마가는 그의 목적에 따라 그가 수집한 역사적인 자료를 배열하고 각색했다.

마가가 주로 사용한 자료는 사도 베드로의 설교와 가르침이었다(참조, 앞 단락의 '저자'에 관한 설명). 추측컨대 마가는 초기에 예루살렘에서 베드로의 설교를 여러 번 들었으며(AD 33~47년경) 메모를 해두었을 것이다. 그는 또한 베드로와 개인적인 대화도 나누었을 것이다. 게다가 마가는 바울과 바나바와도 접촉했다(참조, 행 13:5~12; 15:39; 골 4:10~11). 마가는 자신이 기억하고 있는 것도 포함시켰을 것이다(참조, 막 14:51~52). 여타의 자료들은 다음과 같은 내용을 포함하고 있다. (1) 초대 교회에서 단편적으로 회자되던 구전 전승들, 혹은 주제(예, 2:1~3:6), 시간, 지리(예, 14~15장)에 따라 모여 한 편의 설화를 구성하는 일련의 사건들로 전해진 구전 전승들. (2) 예수님의 '단편적인 말씀'으로 연결된 독립적인 전승 담화들(예, 9:37~50). (3) 마가가 요약한 구전 전승(예, 1:14~15; 3:7~12; 6:53~56). 마가는 성령님의 감동에 따라 이 같은 자료들을 사용해서 역사적으로 정확하고 신뢰할 만한 복음서를 기록했다.

마가가 부분적이나마 기록된 수난 설화(14~15장)를 입수했을 것이라는 사실에도 불구하고, 그가 기록된 문서 자료들을 사용했다는 확실한 증거는 없다. 이러한 사실은 마가와 마태 그리고 누가의 관계 문제를 제기한다.

많은 학자들은 마가복음이 최초로 기록된 복음서로써, 마태와 누가가 다른 자료에서 얻은 자료와 더불어 제1차 자료로 마가복음을 사용했다고 믿는다. 누가는 다른 문서들을 사용했다고 직접 밝히고 있다(눅 1:1~4). 다음과 같은 몇 가지 주장들이 마가복음 우선설을 지지해 준다. (1) 마태복음에는 마가복음의 약 90%, 누가복음의 40% 이상의 내용이 들어 있다. 마태복음과 누가복음을 합해서 보면, 마가복음의 678절 가운데 600절 이상이 두 복음서에서 발견된다. (2) 마태복음과 누가복음 둘 다 대체로 예수님의 생애에 있어 마가복음의 순서를 따르고 있으며, 두 복음서 중 하나가 이야기 주제에 있어서 마가복음과 다른 경우 다른 복음서가 언제나 마가복음의 순서를 고수하고 있다. (3) 마태복음과 누가복음 둘 다 동일한 주제를 다루고 있는 경우에 두 복음서 모두 마가복음의 내용과 일치하지 않는 경우가 거의 없다. (4) 마태복음과 누가복음에는 마가복음에 사용된 단어들이 정확하게 반복되는 경우가 종종 있는데, 단어가 조금씩 다른 부분은 단순히 문법적으로나 문체상 마가복음보다 부드러울 뿐이다(비교, 막 2:7과 눅 5:21). (5) 마태복음과 누가복음은 몇몇의 경우에 마가가 기록한 바를 좀 더 분명히 하기 위해서(비교, 막 2:15과 눅 5:29), 또는 그의 강한 어조를 '누그러뜨리기' 위해서(비교, 막 4:38하와 마 8:25; 눅 8:24) 마가복음의 어법을 바꾼 것으로 보인다. (6) 마태복음과 누가복음은 때때로 마가복음에 '충분히' 묘사된 것에서 단어들과 구절들을 생략함으로써 자료들을 추가할 여지를 남겨두고 있다(비교, 막 1:29과 마 8:14; 눅 4:38).

마가복음이 복음서 중 가장 먼저 쓰였다는 이론에 대해 다섯 가지 반대 이론들이 제기되었다. (1) 마태복음과 누가복음은 동일한 주제를 다루는 마가복음의 본문과 내용상 차이를 보이는 몇몇 단락에서 서로 일치한다. (2) 누가는 마가복음 6장 45절~8장 26절에 있는 자료에 대한 언급을 모두 생략하고 있는데, 이것은 누가가 마가복음을 자료로 사용했다면 이해할 수 없는 일이다. (3) 마가복음에는 때때로 마태복음이나 누가복음에 언급된 동일한 사건에는 나와 있지 않은 약간의 정보들이 들어 있다(참조, 막 14:27). (4) 초대 교부들은 마가복음이 아니라 마태복음이 먼저 기록되었다고 믿은 것으로 보인다. (5) 마가복음이 맨 먼저 쓰였다면 마태복음과 누가복음이 AD 70년의 예루살렘 멸망 이후에 쓰였다는 것이 전제되어야 한다.

첫 번째 반대 이론에 대해서는, 누가복음과 마태복음이 동일하게 마

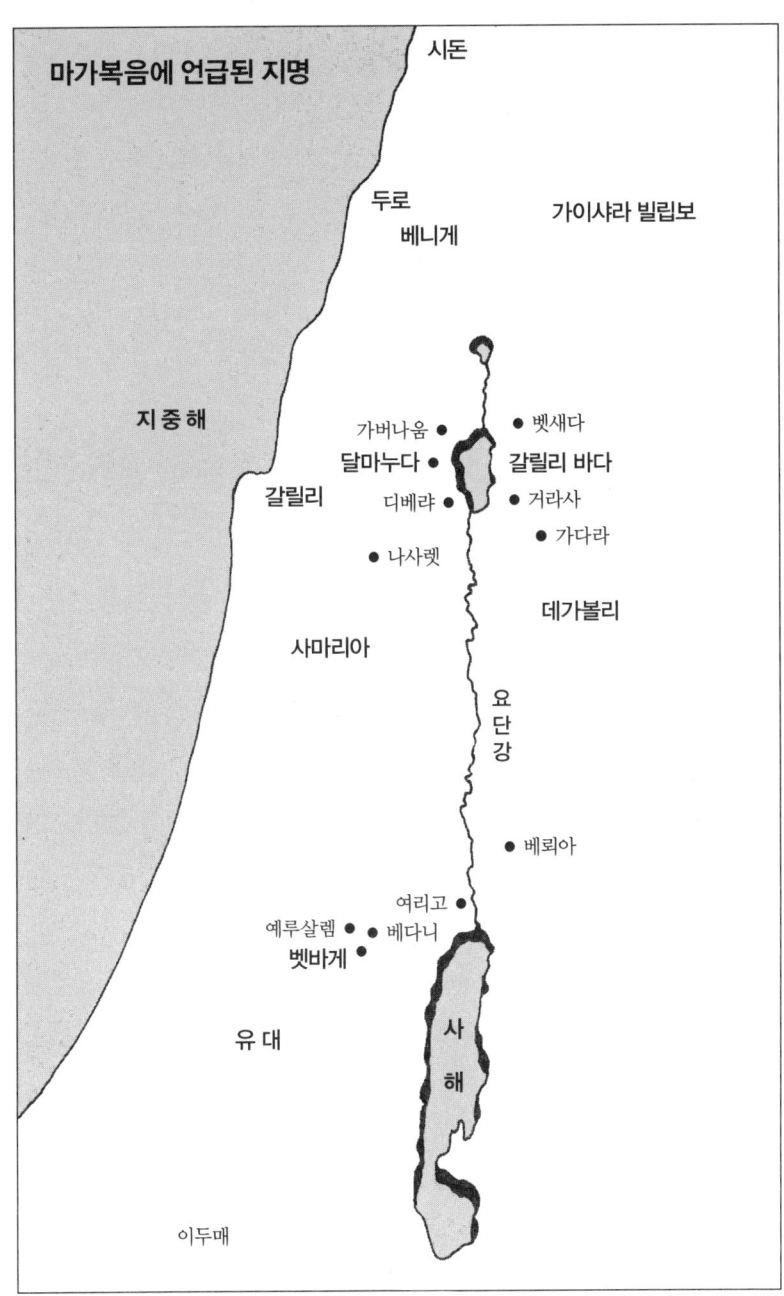

가복음과 차이를 보이는 부분은 6% 정도밖에 안 되는 대단히 낮은 비율을 차지하고 있다. 그런 차이점은 아마도 마가복음 외에 다른 공통 자료(즉 구전)에서 기인한 것으로 보인다. 두 번째 반대 이론은 복음서 저자들이 그들의 목적에 부합되는 자료들을 선별했다는 널리 인정된 사실로 인해 힘을 잃는다. 누가는 아마 그가 펼쳐 나가는 예루살렘 여행이라는 주제의 전개를 방해하지 않기 위해 마가복음 6장 45절~8장 26절에 있는 자료에 대한 언급을 생략했을 것이다(참조, 눅 9:51). 이것은 또한 마가가 직접적인 증거 자료로써 베드로의 설교와 가르침을 사용했다는 사실과 더불어 세 번째 반대 이론에 대한 대답이 된다. 네 번째 반대 이론은 신약성경에서 복음서의 배열에서 나온 것이다. 이 배열을 보고서 초대 교회 교부들이 마태복음을 제일 먼저 기록된 복음서로 믿었다고 추론하는 것은 타당하지 않다. 그들은 공관복음서의 사도적 권위와 변증적 가치에 관심을 두었지, 복음서들의 역사적인 상호 관계에 관심을 둔 것은 아니었다. 그래서 사도에 의해 기록되었고, 구약과 잘 연결시켜 주는 족보로 시작하는 마태복음을 처음에 갖다 놓았던 것이다. 게다가 마태가 가장 처음 쓰인 복음서이고, 마가나 누가가 그것을 사용했다면, 누가는 마태복음의 사건 전개 순서를 따라 서술했고 마가는 그렇지 않은 곳을 발견할 수 있을 것이다. 그러나 이러한 것은 나타나지 않는다. 마가가 마태복음의 순서를 변경시켰을 것이라는 이유를 설명하기는 그 반대의 경우보다 더 어렵다. 순서가 뒤바뀌어 있다는 것은 오히려 마가가 더 먼저 쓰였다는 것을 나타내 준다. 다섯 번째 반대에 대해서는 마가복음이 먼저 기록되었다고 주장한다고 해서 마태복음과 누가복음의 연대를 AD 70년 이후로 잡을 필요는 없다('연대'에 대한 설명 참조).

공관복음서는 문학적으로 서로 연관되어 있는데, 이러한 몇 가지 문학적인 의존성이 공관복음서 사이의 밀접한 관계를 적당하게 설명할 수 있는 유일한 방법인 것 같다. 마가복음이 맨 먼저 기록되었다는 이론이 문제가 없는 것은 아니지만, 가장 근본적인 사건의 윤곽들과 공관복음서 사이의 유사한 점들을 가장 잘 설명해 준다. 복음서 간의 의견의 차이는 아마도 마태나 누가가 마가복음 자료에 첨가하여 독립적으로 사용한 구전 전승과 문서 전승의 결합 때문인 것 같다. (공관복음서의 문제[특히 마태복음 우선설]에 대한 폭넓은 토론과 다른 견해에 대해서는 마태복음 서론을 보라.)

연대

신약성경 어느 곳에도 마가복음의 연대에 관한 분명한 설명은 없다. 예루살렘 성전의 멸망에 대한 예수님의 예언을 중심으로 집중되어 있는 가르침들을 볼 때, 성전이 파괴된 AD 70년 이전에 마가복음이 기록되었다고 추측할 수 있다.

마가가 복음서를 기록한 때가 베드로의 순교(약 AD 64~68년) 전인지, 후인지에 대한 초대 교회 교부들의 증거는 둘로 나뉘어 있다. 한편 이레네우스(『이단을 반박함』 3. 1. 1)는 마가가 베드로와 바울의 '출발'(엑소돈[ἔξοδον]) 후에(그러므로 AD 67년이나 68년 이후) 복음서를 기록했다고 주장했다. 이레네우스에게는 이 '엑소돈'이라는 말이 '죽음으로의 출발'을 의미했던 것 같다. 이 단어는 누가복음 9장 31절과 베드로후서 1장 15절에도 이런 의미로 쓰였다. 마가복음의 『마르시온파 반박 서문』도 이 이론을 분명히 지지하고 있는데, 거기에 보면 "베드로가 죽은 후에 그(마가)가 복음서를 썼다"라고 주장하고 있다. 반면, 알렉산드리아의 클레멘트와 오리겐은(참조, 유세비우스의 『교회사』 2. 15. 2; 6. 14. 6; 6. 25. 5)

베드로가 마가복음을 쓰는 데 관여했으며, 그것을 교회에서 사용하도록 인준했다고 말함으로써 마가복음서의 기록을 베드로가 살아 있을 동안으로 보고 있다.

일치하지 않는 외적인 증거 때문에 연대 문제는 여전히 문제점으로 남아 있다. 두 가지 선택이 가능하다. 하나는 베드로와 바울이 죽은 후에 이 복음서가 기록되었다는 전승을 받아들여서 이 복음서가 AD 67~69년 사이에 기록되었다고 보는 견해이다. 이 견해를 옹호하는 자들은 보통 마태복음과 누가복음이 AD 70년 이후에 기록되었든지, 아니면 그것들이 마가복음보다 먼저 기록되었다고 주장한다. 두 번째는 마가복음이 베드로가 살아 있을 동안 기록된 것이라는 전승을 받아들여서 마가복음이 AD 67~69년(베드로가 순교했을 때) 전에 기록되었을 것이라는 견해이다. 이 견해에 따르면, 마가복음(혹은 마태복음) 우선설을 받아들일 수 있다. 그리고 공관복음서가 모두 AD 70년 이전에 기록되었다고 주장할 수 있다.

두 번째 견해가 다음과 같은 이유 때문에 더 선호되고 있다. (1) 전승이 둘로 나뉘어 있기는 하지만 더 믿을 수 있는 증거가 이 견해를 지지하고 있다. (2) 마가복음 우선설(참조, '자료'의 설명), 특히 사도행전보다 먼저 기록된(참조, 행 1:1) 누가복음에 대한 마가복음의 관계는 AD 64년 이전에 기록되었다는 사실을 보여 준다. 바울이 첫 번째로 석방되기에(대략 AD 62년) 앞서, 여전히 감옥에 있는 바울과 사도행전이 밀접히 관련되어 있다는 사실은 마가복음의 연대를 AD 60년 이전으로 설정하게 한다. (3) 역사적으로 마가는(그리고 아마 베드로 역시 짧은 기간 동안) 50년대 후반 로마에 있었을 가능성이 있다(참조, '저자' 및 '기록 장소와 목적'). 그러므로 마가복음의 연대는 네로 황제 통치 기간(AD 54~68년) 초기인 AD 57~59년일 가능성이 높다.

기록 장소와 대상

초대 교회 교부들의 공통적인 증언은(참조, '저자') 마가복음이 원래 로마 기독교인들을 위해 로마에서 기록되었다는 것이다. 다음과 같은 복음서 자체의 증거가 이를 지지한다. (1) 유대 관습들을 설명하고 있다(참조, 7:3~4; 14:12; 15:42). (2) 아람어 표현이 헬라어로 번역되어 있다(참조, 3:17; 5:41; 7:11, 34; 10:46; 14:36; 15:22, 34). (3) 헬라어가 아니라 라틴어가 사용된 곳이 여러 군데 있다(참조, 5:9; 6:27; 12:15, 42; 15:16, 39). (4) 시간을 계산하는 데 있어서 로마식 방법이 사용되고 있다(참조, 6:48; 13:35). (5) 마가만이 구레네 시몬을 알렉산더와 루포의 아버지라고 밝히고 있다(참조, 15:21; 롬 15:13). (6) 구약성경의 인용이나 예언의 성취에 대한 언급이 거의 없다. (7) 마가는 모든 민족에 대한 관심을 묘사하고 있다(참조, 막 5:18~20; 7:24~8:10; 11:17; 13:10; 14:9의 주해). 그리고 복음서의 정점에 부지불식간에 예수님의 신성을 선포한 이방인 로마 백부장에 대해 말하고 있다(참조, 15:39). (8) 복음서의 어조와 메시지가 박해에 직면한, 그리고 더 많은 박해를 기다리는 로마 성도들에게 적절하다(참조, 9:49; 13:9~13). (9) 마가는 독자들이 자기가 쓴 기사의 주요 인물과 사건들에 익숙하다는 것을 가정하고 있다. 그래서 그는 자서전적인 것보다는 신학적인 것에 더 많은 관심을 가지고 복음서를 기록했다. (10) 마가는 특별한 행위와 진술들이 독자들에 대해 갖는 의미를 설명함으로써 보다 직접적으로 그들에게 이야기하고 있다.

특징

다른 복음서에 비해 마가복음이 가지고 있는 독특한 특징들이 여럿 있다. 첫째, 마가복음은 예수님의 가르침보다는 행위를 더 강조한다. 마가는 예수님의 기적을 18가지 기록한 반면에, 비유는 4가지(4:2~20, 26~29, 30~32; 12:1~9), 주요 가르침은 한 가지만(13:3~37) 기록했다.

마가는 예수님이 교훈을 기록하지 않으시고 단지 가르치시기만 하셨다는 것을 반복해서 기록해 놓았다(1:21, 39; 2:2, 13; 6:2, 6, 34; 10:1; 12:35). 예수님이 가르치신 대부분의 교훈은 유대 종교 지도자들과의 논쟁에서 나온 것이다(2:8~11, 19~22, 25~28; 3:23~30; 7:6~23; 10:2~12; 12:10~11, 13~40).

둘째, 마가의 저술 양식은 베드로의 설교와 가르침 같은 직접적인 증거 자료를 반영하고 있기 때문에 생생하고 힘이 있으며, 서술적이다(예를 들면, 2:4; 4:37~38; 5:2~5; 6:39; 7:33; 8:23~24; 14:54). 그의 헬라어 사용은 비문학적이고, 당시 사용되던 셈어의 느낌이 나는, 그 당시의 일상 언어에 가깝다. 그가 사용한 헬라어 시제, 특히 '역사적 현재 시제'(150번 이상 사용되었음)의 사용, '그리고'에 의해 연결된 단순한 문장들, '곧, 즉시'(유쒸스, εὐθύς. 참조, 1:10의 주해)라는 단어의 빈번한 사용, 그리고 강한 느낌을 주는 단어들의 사용은 마가의 기사에 생동감을 더해 주고 있다.

셋째, 마가는 인물들에 대해 이상할 정도로 솔직하게 묘사해 놓았다. 그는 놀라는 모습을 다양하게 표현함으로써 예수님에 대한 청중의 반응을 강조했다(참조, 1:22, 27; 2:12; 5:20; 9:15의 주해). 그는 예수님의 가족들이 예수님을 이상하게 여기는 모습에 대해 서술해 놓았다(참조, 3:21, 31~35). 마가는 솔직하게 그리고 반복해서 제자들의 이해 부족과

실패들에 관심을 돌렸다(4:13; 6:52; 8:17, 21; 9:10, 32; 10:26). 그는 연민(1:41; 6:34; 8:2; 10:16)과 분노와 불쾌(1:43; 3:5; 8:33; 10:14) 그리고 곤경과 슬픔의 탄식(7:34; 8:12; 14:33~34) 같은 예수님의 감정을 밝히 보여 주고 있다.

넷째, 십자가와 부활을 향한 예수님의 움직임이 마가복음을 지배하고 있다. 마가복음 8장 31절부터는 계속해서 예수님과 그의 제자들이 북쪽 가이사랴 빌립보에서 갈릴리를 거쳐 남쪽 예루살렘으로 가는(참조, 9:33; 10:32) 장면을 묘사한다. 그 나머지 이야기는(36%) 수난 주간, 즉 예수님의 예루살렘 입성에서(11:1~11) 부활에 이르기까지 8일 동안의 사건에 할애되었다(16:1~8).

신학적 주제

마가복음에 나타난 예수님에 대한 묘사와 제자도의 의미는 마가 신학의 중심 위치에 있다. 첫 구절에서 예수 그리스도는 '하나님의 아들'로 나타나고 있다(1:1). 이것은 아버지에 의해서 확증된 것이며(1:11; 9:7), 악마나(3:11; 5:7) 예수님 자신(13:32; 14:36, 61~62), 그리고 예수님이 돌아가신 현장에 있던 로마 백부장의 고백을 통해서도(15:39) 그 사실이 입증된다. 그것은 그분의 권위적인 가르침(1:22, 27)에 의해, 그리고 질병과 무능(1:30~31, 40~42; 2:3~12; 3:1~5; 5:25~34; 7:31~37; 8:22~26; 10:46~52), 마귀(1:23~27; 5:1~20; 7:24~30; 9:17~27), 자연의 지배(4:37~39; 6:35~44, 47~52; 8:1~10) 그리고 죽음(5:21~24, 35~43)에 대한 그분의 주권적인 능력에 의해서도 확증되었다. 이 모든 것은 하나님의 주권적인 통치, 즉 '하나님의 나라'가 예수님 안에서, 그분의 말씀과 사역 속에서 백성에게 가까이 왔다는 것을 확신시켜 주는 증거다(참조, 1:15의 주해).

그러나 마가는 귀신들이 잠잠해야 하며(1:25, 34; 3:12), 예수님의 기적이 알려져서는 안 된다는 그분의 요구를(1:44; 5:43; 7:36; 8:26) 역설적으로 강조하기도 했다. 그는 예수님의 왕적 통치가 그 당시에는 숨겨져 있는 신비이며, 믿음을 가진 사람들에게만 알려지는 것이기 때문에(4:11~12) 예수님이 무리를 가르치실 때에는 비유를 사용하셨다(4:33~34)는 것을 강조했다. 마가는 예수님의 개인적인 가르침에도 불구하고 그분이 함께 계신다는 것의 의미를 잘 이해하지 못하는 제자들의 모습을 강조했다(4:13, 40; 6:52; 7:17~19; 8:17~21). 또한 예수님이 누구신가에 대한 베드로의 고백에 뒤이어 제자들에게조차 침묵을 지키라고 요구하시는 예수님의 모습을 강조했다(8:30). 예수님은 그분의 지상 사역 목적과는 반대가 되는 유대인들의 잘못된 메시아 사상 때문에 그렇게 하셨던 것이다. 예수님은 자신이 메시아시며 보내심을 받은 분이라는 것을 제자들이 분명히 깨닫게 될 때까지 그분이 누구신지 공공연하게 선포되는 것을 원하지 않으셨다.

마가는 베드로의 고백을 "주는 그리스도시니이다"(8:29)라는 가장 단순하고 직접적인 형태로 기록했다. 예수님은 이런 칭호를 받아들이지도, 거절하지도 않으시고, 예수님이 누구신가에 대한 제자들의 질문으로부터 그분의 활동에 대한 질문으로 그들의 관심을 바꾸셨다(8:31, 38). 그분은 '인자'라는 칭호 사용하기를 더 좋아하셨고, 자신은 수난을 받아 죽어야 하고, 다시 부활해야 한다고 제자들에게 가르치셨다. 예수님 자신은 '그리스도'라는 칭호를 한 번 사용하신 데 반해('메시아', 9:41), 인자라는 칭호는 마가복음에서 12번 사용하셨다. 그런데 그 칭호는 예수님의 전적인 메시아적 사역 – 현재나 장래에나 – 에 특히 적합한 것이다(참조, 8:31, 38; 14:62의 주해). 그분은 하나님의 뜻에 순종하여 다른 사람을 위해 자기 생명을 버리신, 고난 받는 여호와의 종(사 52:13~53:12)이었다. 그분은 또한 영광 중에 오셔서 세상을 심판하시고 지상에 그분의 나라를 건설하실 인자이다(8:38~9:8; 13:26; 14:62). 그러나 그분은 메시아적 통치라는 영광스러운 승리에 앞서 먼저 고통을 당하셔야 하고, 죄로 인해 하나님의 저주 아래 있는(14:36; 15:34) 많은 사람을 위한 대속물로서 죽으셔야 한다(10:45). 이것은 예수님을 따르려는 모든 사람에게 중요한 의미를 가진 것이다(8:34~38).

예수님의 열두 제자가 이것을 이해하기란 어려웠다. 그들은 수난 받고 죽는 메시아가 아니라 통치하는 메시아를 꿈꾸었다. 마가는 제자도 단락(8:31~10:52)에서 예수님을 따르는 것이 무엇을 뜻하는 것인가를 제자들에게 가르치면서 예루살렘으로 올라가시는 주님의 모습을 그리고 있다. 그분의 발걸음은 별로 매력적인 것이 아니었다. 그러나 예수님은 산에서 변화하셨을 때 능력과 영광 가운데(9:1~8) 장차 오실 그분의 모습을 세 명의 제자들에게 미리 보여 주셨다. 또한 성부께서는 예수님의 아들 되심을 확증하셨고, 그에게 복종하라고 명령하셨다. 제자들은 '보았으나' 그들이 봐야 하는 만큼은 보지 못했다(8:22~26). 마가는 또다시 제자들이 놀란 상태로, 오해를 품고, 심지어는 앞에 놓인 것에 대한 두려움을 느낀 채로(9:32; 10:32) 예수님을 따랐다고 강조했다. 예수님이 체포되셨을 때 그들은 모두 그분을 버리고 도망쳤다(14:50). 마가는 예수님의 십자가와 그것의 의미를 밝혀 주는 현상들을 제한적으로 기록했다(15:33~39).

그러나 마가는 텅 빈 무덤과 예수님이 살아나셔서 제자들보다 앞서 그들의 최초 사역 장소였던 갈릴리(6:6하~13)로 가셨다는 천사의 메시지를 강조했다(14:28; 16:7). 갑작스럽게 내린 결론 속에서 마가는 예수님이 다시 살아나셔서 제자들을 인도하시고, 전에 하셨던 대로 제자들의 필요를 채우신다고 극적으로 선언한다. 그러므로 제자들의 여행은 예수님의 죽으심과 부활의 관점에서 계속되었고, 예수님의 죽음과 부활에 의해 결정되었다(9:9~10).

기록 동기와 목적

마가복음에는 기록 동기와 목적에 관한 어떤 직접적인 진술도 나타나 있지 않다. 그래서 그 내용과 역사적 배경의 연구를 통해 그것을 알아내야만 했다. 그런데 그 연구 결과가 다르기 때문에 여러 견해가 제기되어 왔다.

목적에 대해서는 다음과 같은 견해들이 있다. (1) 여호와의 종이신 예수님에 대한 전기적인 묘사를 위해. (2) 사람들이 예수 그리스도를 따르게 하기 위해. (3) 신자가 된 자들에게 교훈을 주고 박해에 직면한 그들의 신앙을 돈독하게 하기 위해. (4) 전도자들과 교사들이 사용할 자료를 제공하기 위해. (5) 예수님과 그분의 메시아적 선교에 대한 그릇된 사상들을 바로잡아 주기 위해. 이런 다양한 견해들은 일부 도움이 되기는 하지만, 마가복음의 여러 부분을 고려하지 않거나 마가의 강조점을 설명하지 못하는 것 같다.

마가의 목적은 근본적으로 목회적이다. 로마에 있는 기독교인들은 이미 구원하시는 하나님의 능력에 대한 기쁜 소식을 듣고 믿었다(롬 1:8). 그러나 그들은 방탕하고 적대적인 환경 속에서 자기들의 삶의 의미를 다시 이해하기 위해 새로운 강조점을 가지고 복음을 다시 들을 필요가 있었다. 그들은 제자도의 성격, 즉 예수님을 따른다는 것이 무엇을 뜻하는지에 대해 예수님이 누구시고, 그분이 무엇을 하셨으며, 자기들을 위해 그분이 무엇을 계속하실 것인지를 이해하는 것이 필요했다.

선한 목자처럼 마가는 이 요구를 만족시켜 주고 계속해서 독자들의 삶을 형성시켜 줄 방법으로 하나님의 아들이신 예수 그리스도에 관한 복음(1:1)을 제시했다. 마가는 예수님과 열두 제자의 모습을 통해 이것을 이루었다. 그는 독자들이 그가 묘사한 예수님과 열두 제자의 모습을 자신들과 동일시하기를 기대했다(참조, '신학적 주제'의 해설). 그는 예수 그리스도께서 어떻게 메시아이신가를 보여 주었다. 왜냐하면 예수님은 하나님의 아들이시며, 수난 받는 인자로서 그분의 죽음은 인간의 구속을 위한 하나님의 계획이었기 때문이다. 이런 관점에서 볼 때, 마가는 예수님이 어떻게 자신의 죽음과 부활의 상황 속에서 제자들을 돌보시고 제자도에 대해 가르치셨는가를(예수님을 따르는 모든 사람에게 필요한 돌봄과 가르침) 보여 주었다.

개요

I. 제목(1:1)

II. 도입: 예수님의 공생애 준비(1:2~13)
    A. 예수님의 선구자, 세례 요한(1:2~8)
    B. 예수님이 세례 요한에게 세례를 받으심(1:9~11)
    C. 예수님이 사탄에게 시험을 받으심(1:12~13)

III. 예수님의 초기 갈릴리 사역(1:14~3:6)
    A. 서론적 요약: 예수님의 메시지(1:14~15)
    B. 예수님이 네 어부를 부르심(1:16~20)
    C. 귀신과 질병 위에 있는 예수님의 권위(1:21~45)
    D. 갈릴리에서 종교 지도자들과의 논쟁(2:1~3:5)
    E. 결론: 예수님이 바리새인들에게 배척당하심(3:6)

IV. 예수님의 후기 갈릴리 사역(3:7~6:6상)
    A. 서론적 요약: 갈릴리 바다 근처에서의 예수님의 사역(3:7~12)
    B. 예수님이 열두 제자를 임명하심(3:13~19)
    C. 바알세불의 힘을 받았다는 고소와 예수님의 참된 가족(3:20~35)
    D. 하나님 나라의 성격을 예고하는 예수님의 비유(4:1~34)
    E. 주권적 능력을 확증하는 예수님의 기적들(4:35~5:43)
    F. 결론: 나사렛에서 배척당하신 예수님(6:1~6상)

V. 갈릴리 안팎에서의 예수님의 사역(6:6하~8:30)

    A. 서론적 요약: 예수님의 갈릴리 전도 여행(6:6하)
    B. 예수님이 열두 제자를 보내심, 세례 요한의 죽음(6:7~31)
    C. 예수님이 열두 제자에게 자신을 나타내심(6:32~8:26)
    D. 결론: 예수님은 그리스도라는 베드로의 고백(8:27~30)

VI. 예수님의 예루살렘 여행(8:31~10:52)

    A. 첫 번째 수난 예고(8:31~9:29)
    B. 두 번째 수난 예고(9:30~10:31)
    C. 세 번째 수난 예고(10:32~45)
    D. 결론: 눈먼 바디매오의 신앙(10:46~52)

VII. 예루살렘 안과 그 주변에서의 예수님의 사역(11:1~13:37)

    A. 예수님의 예루살렘 입성(11:1~11)
    B. 이스라엘에 내리실 하나님의 심판에 대한
        예수님의 예언적 표징(11:12~26)
    C. 예수님이 성전 뜰에서 종교 지도자들과 논쟁하심(11:27~12:44)
    D. 예수님의 감람산 강화 (13장)

Ⅷ. 예수님의 수난과 죽음(14~15장)

    A. 예수님의 배신당하심, 유월절 식사, 제자들의 도피(14:1~52)

    B. 심문, 십자가 처형, 그리고 매장(14:53~15:47)

Ⅸ. 예수님의 부활(16:1~8)

    A. 무덤에 도착한 여인들(16:1~5)

    B. 천사의 선언(16:6~7)

    C. 예수님의 부활 소식에 대한 여인들의 반응(16:8)

Ⅹ. 논란이 많은 결론 부분(16:9~20)

    A. 부활 이후 예수님이 세 번 나타나심(16:9~14)

    B. 예수님의 위탁(16:15~18)

    C. 예수님의 승천과 제자들의 계속적인 선교(16:19~20)

The Bible Knowledge Commentary 20

Mark

주해

주해

Ⅰ. 제목(1:1)

1:1 이 첫 절(동사 없는 구절)이 이 책의 제목이며 주제다. 여기에서 '복음'(유앙겔리온[εὐαγγελίον]: 좋은 소식)이라는 말은 '마가복음'으로 알려진 마가의 책을 말하는 것은 아니다. 예수 그리스도에 관한 좋은 소식을 말하는 것이다.

구약성경에 익숙해 있던 사람들은 '복음'이라는 말의 중요성을 알고 있었다(참조, 사 40:9; 41:27; 52:7; 61:1~3). '소식'은 어떤 중요한 일이 일어났음을 뜻하는 것이다. 마가가 그 말을 사용했을 때, 그것은 예수 그리스도에 관한 기독교인들의 설교를 의미하는 전문용어가 되어 있었다. '복음'은 예수 그리스도를 통해 믿는 모든 사람을 구원하시는 하나님의 능력에 대한 선포이다(롬 1:16). 그것은 마가 기사의 신학적 형성에 있어서 중요한 용어다(막 1:14~15; 8:35; 10:29; 13:9~10; 14:9).

마가가 생각하기에, 복음의 시작은 예수님의 생애, 죽음, 부활이라는 역사적 사실이었다. 후에 사도들은 마가가 끝마쳐 놓은 곳에서 시작하여 (예를 들면, 행 2:36) 복음을 선포했다.

그 복음은 **하나님의 아들**, '예수 그리스도에 관한 것'이다. 하나님에 의해 주어진(참조, 마 1:21; 눅 1:31; 2:21) 인간의 이름인 '예수'는 '야웨는 구원이시라'는 뜻을 가진 히브리어 **예호슈아**(여호수아)에 해당하는 헬라어다.

'그리스도'는 히브리어 칭호인 **마쉬아흐**(메시아: 기름 부음 받은 자)에 해당하는 헬라어다. 그 칭호는 특히 유대인들이 기다리고 있던 구원자에 대해 사용되었는데, 그 구원자는 구약성경의 예언들을(예를 들면, 창 49:10; 시 2편; 110편; 사 9:1~7; 11:1~9; 슥 9:9~10) 성취하는 데 있어서 하나님의 대리자가 될 것으로 기대되었다. 그들이 기다리던 메시아가 바로 예수님이시다. '그리스도'라는 칭호가 초대 기독교의 관용적 표현 속에서 예수님의 인격적인 이름의 한 부분이 되긴 했지만, 마가는 자신의 관용적 표현에서 보여 준대로(막 8:29; 12:35; 14:61; 15:32), 그 이름의 충분한 힘을 의도하려고 했다.

'하나님의 아들'이라는 칭호는 예수님과 하나님의 독특한 관계를 나타내 준다. 그분은 인간 (예수)이시지만 – 그리고 '하나님의 특별한 대리자'(메시아)시지만 – 완전한 신성을 가지신 분이다. 아들로서 그분은 하나님 아버지께 의존하고 있고, 그분께 복종하고 있다(참조, 히 5:8).

Ⅱ. 도입: 예수님의 공생애 준비(1:2~13)

마가복음의 짧은 도입 부분은 예수님의 생애와 선교를 적절히 이해하는 데 필요한 세 가지 예비 사건을 보여 준다. (1) 세례 요한의 사역(2~8절), (2) 예수님의 세례(9~11절), (3) 예수님의 시험(12~13절). 머리에 떠오르는 두 단어가 이 부분을 서로 연결시켜 주고 있다. 바로 '광야'(에레모스 [ἔρημος]; 3~4절, 12~13절)와 '성령'(8, 10, 12절)이다.

A. 예수님의 선구자, 세례 요한 (1:2~8; 마 3:1~12; 눅 3:1~20; 요 1:19~37)

1. 구약성경의 예언에 대한 요한의 성취(1:2~3)

1:2~3 마가는 적당한 성경의 문맥 하에서 자신의 해설을 말함으로써 시작했다. 예수님이 인용하신 구약의 본문을 제외하면, 이곳이 마가가 복음서에서 구약성경을 언급한 유일한 곳이다.

2절에는 출애굽기 23장 20절(70인역)과 말라기 3장 1절(히브리어 성경)이 혼합되어 나타난다. 3절은 이사야 40장 3절(70인역)에서 온 것이다. 마가는 이 구절들에 대해 전통적인 이해를 채택했다. 그래서 그는 설명 없이 그 구절들을 사용할 수 있었다. 덧붙여서 그는 제자도에 대해 설명할 때 중요한 주제가 되는 '길'(호도스[ὁδός]: 문자적으로 '도로, 큰 길')이라는 단어를 강조하고 있다(막 8:27; 9:33; 10:17, 32, 52; 12:14).

마가는 '선지자 이사야의 글에'라는 말과 함께 구약성경을 인용하면서 여러 구절을 한군데에 짜 맞추어 놓았다. 이것은 공통 주제를 가진 여러 구절을 각기 다른 곳에서 인용할 때 신약성경 저자들이 흔히 사용하던 방식이었다는 것을 보여 준다. 여기서 공통 주제는 이스라엘 역사 속에 나타난 '광야'(사막) 전승이다. 마가는 세례 요한의 광야 사역을 처음에 언급하고 있다. 이사야의 구절이 광야에 '외치는 … 소리'를 언급하고 있기 때문에 마가는 이사야를 자료로 사용했던 것이다.

성령의 인도하심에 따라 마가는 '내 앞에서 길을'(말 3:1)이라는 말을 '네 길을'로, '우리 하나님의 대로'(사 40:3, 70인역)라는 말을 '그의 오실 길'이라는 말로 바꿈으로써 구약 본문을 메시아적으로 해석했다. 그러므로 이 인용구의 화자인 '나'는 네(예수의) 길을 예비할 그의 사자(요한)를 네(예수) 앞에 보내실 하나님이다. 요한은 이스라엘 백성으로 하여금 주(예수)의 길을 준비하게 하고(복수 동사) 그(예수)의 길을 곧게 하게 하는 소리였다. 이 은유의 의미는 요한의 사역 속에서 찾아볼 수 있다(막 1:4~5).

2. 예언자 요한의 활동(1:4~5)

1:4 앞에서 말한 예언의 성취로, 요한은 최후의 구약 예언자로서(참조, 눅 7:24~28; 16:16) 역사의 무대에 나타났다(에게네토[ἐγένετο]: 나타나다). 그것은 인류를 다스리시는 하나님의 방법의 전환점을 의미하는 것이다. 요한은 광야 지역(에레모오[ἐρήμοω]: 사람이 살지 않는 건조한 지역)에서 세례를 베풀고 회개의 세례를 전파하고 있었다. '전파하다'(케륏손[κηρύσσον])라는 말은 마가복음 1장 2~3절에 언급된 예언의 관점에서 볼 때, 마땅히 사자로서 선포하는 것임을 알 수 있다.

유대인들은 유대교로 들어오기를 원하는 이방인들에게 세례 받기를 요구했기 때문에 요한의 세례는 혁신적인 것은 아니었다. 요한의 세례에 있어서 놀랍고도 새로운 요소는 하나님의 백성인 유대인들에게 베풀어졌고, 메시아가 오시기에 앞서서 그들의 회개를 요구했다는 점이다(참조, 마 3:2).

이 세례는 죄의 용서와 관련된 것으로, 혹은 **죄 사함을 받게 하는**(에이스[εἰς]) 회개의 표현으로 묘사되고 있다. 헬라어 전치사 에이스(εἰς)는 관계적이거나('~와 관련하여') 목적('~으로 인도하는')의 의미일 수는 있으나, 원인('~때문에')의 의미일 수는 없다. '회개'(메타노이아[μετανοία])라는 말은 마가복음에서 오직 여기에만 나타난다. 그것은 '돌아섬', 즉 '생각이나 행동에 있어서 방향의 변화를 가져오는 마음의 신중한 변화'를 의미한다(참조, 마 3:8; 살전 1:9).

'사함'(아페신[ἄφεσιν])이라는 말은 '책임감이나 죄의 울타리를 제거하거나 취소하는 것'을 의미한다. 그것은 그리스도의 희생적 죽음(참조, 마 26:28)에 근거한, 빚으로서의 '죄'가 취소되는 하나님의 은혜로운 행위와 관련되어 있다. 용서가 세례라는 외적인 의식에 의해 이뤄지는 것은 아니다. 세례는 사람이 회개한 결과로 하나님의 은혜로운 용서를 받아들였다는 외적인 증거이다(참조, 눅 3:3).

1:5 마가는 과장법을 사용하여(참조, 32~33, 37절) 요한이 **유대**와 **예루살렘** 모든 지역에 크나큰 영향을 끼쳤다는 것을 보여 주었다. 사람들이 **나아가 자기 죄를** 하나님께 **자복하고 요단 강에서 요한에게 세례를 받았다**(참조, 9절). 헬라어 동사의 미완료 시제는 요한의 설교를 들으러 나가서 그에게 세례를 받고 있는 사람들의 계속적인 움직임을 묘사하고 있다.

'세례를 주다'(밥티조[βαπτίζω]: 밥토[βάπτω]의 강세형, '담그다')라는 동사는 '물속에 들어가다, 잠기다'를 의미한다. 요단 강에서 요한에게 세례를 받는다는 것은 유대인이 하나님께로 '전향함'을 표시했다. 그것은 세례 받은 사람이 오실 메시아를 준비하며 회개한 사람임을 의미한다.

세례 의식을 행할 때 죄에 대한 사람들의 공개적인 고백이 수반되었다. '고백하다'(에코몰로구메노이[ἐζομολογούμενοι]: 동의하다, 인정하다, 받아들이다. 참조, 행 19:18; 빌 2:11)라는 동사는 강조형이다. 그들은 자기들의 죄(하마르티아스[ἁμαρτίας]: 표적, 즉 하나님의 표적을 맞추지 못하는 것)에 대한 하나님의 판결에 공개적으로 동의를 표했다. 민족의 역사를 잘 알고 있는 모든 유대인은 하나님의 요구에 그들이 응답하지 못했다는 것을 알았다. 그들이 요한에게 세례를 받으려고 하는 것은 자기들의 불순종을 인정하고 하나님께 전향함을 나타내는 것이다.

3. 예언자 요한의 삶의 방식(1:6)

1:6 요한의 의복과 음식은 그가 광야에 사는 사람임을 나타내 주었고, 하나님의 예언자로서 그의 역할(참조, 슥 13:4)을 묘사해 주었다. 이렇게 해서 그는 선지자 엘리야와 닮은 모습으로 그려진다. 엘리야 선지자는 앞에서 인용된(참조, 막 1:2; 9:13; 눅 1:17) 말라기 4장 5절에서 사자(messenger, 말 3:1)와 동일시되었다. 메뚜기(마른 곤충)와 석청은 광야 지역에서 일반적인 음식이었다. 메뚜기는 레위기 11장 22절에 '정결한' 음식으로 기록되어 있다.

4. 예언자 요한의 메시지(1:7~8)

1:7 요한의 메시지의 서두를 문자적으로 보면 다음과 같다. "또 그가 사자로서 선포하여 가로되…"(참조, 4절). 마가는 중요한 주제, 즉 성령으로 사람들에게 세례를 주실 분(8절), 뒤에 오실 더 위대한 분을 알리는 데 초점을 맞추기 위해 요한의 메시지를 요약하여 수록했다.

'내 뒤에(시간적으로) 오실 이'라는 말은 말라기 3장 1절과 4장 5절을 반영한 것이다. 그러나 오실 이가 누구냐 하는 것은 예수님이 세례를 받으실 때까지(요 1:29~34) 요한에게조차 숨겨져 있었다. 물론 마가는 '메시아'라는 말에 대한 대중의 오해 때문에 그 말을 피했다. 마가복음 1장 8절에서는 장차 오실 이가 왜 요한보다 더 능력이 많으신가를 암시해 주고 있다.

요한은 자신의 허리를 굽혀(마가복음에만 기록되어 있음) 예수님의 신발끈(가죽끈)을 풀기도 감당하지 못하겠다고 선언함으로써 오실 이가 얼마나 중요한 분인가를 강조하면서 자신의 겸손함을 보여 주었다. 심지어 히브리 노예도 자기 주인을 위해 이런 비천한 일을 하도록 요구받지 않았다!

1:8 이 구절은 나와 그를 대조시키고 있다. 요한은 외적인 표징인 물 세례를 주었으나 오실 이는 실제로 생명의 영을 주실 것이다.

물과 관련하여 '세례를 주다'라는 말이 사용될 때는 문자 그대로 물에 잠기는 것을 의미한다(9~10절). 그러나 그 말이 성령과 연관되어 사용될 때는 생명을 주는 성령의 능력 아래 있다는 것을 의미한다.

'나는 … 세례를 베풀었거니와'라는 표현은 요한이 이미 세례를 베푼 사람들에게 설교하고 있다는 것을 암시한다. 물로(혹은 '물속에서') 행한 요한의 세례는 제한적이고 예비적인 성격을 띠고 있다. 그러나 그것을 받아들인 사람들은 **성령**으로 세례를 주시는(참조, 행 1:5; 11:15~16) 오실 이를 영접하겠다고 서약한 것이다. 성령을 주시는 것은 메시아 도래의 예기된 특징이었다(사 44:3; 겔 36:26~27; 욜 2:28~29).

B. 예수님이 세례 요한에게 세례를 받으심
(1:9~11; 마 3:13~17; 눅 3:21~22)

1. 요단 강에서 세례를 받으심(1:9)

1:9 마가는 바로 예수가 오실 이(7절)라고 소개한다. 유대와 예루살렘에서 온 '모든 백성'과 대조적으로 그는 갈릴리 나사렛에서 광야에 있는 요한에게 왔다. 나사렛은 구약성경이나 탈무드, 혹은 그 당시 잘 알려져 있던 유대 역사가 요세푸스의 작품에도 언급된 적이 없는 모호한 마을이다. 갈릴리는 넓이가 약 48킬로미터, 길이가 96킬로미터 되는 지역으로, 팔레스타인의 세 지역, 즉 유대, 사마리아, 갈릴리 중에서 가장 북쪽에 있는 인구가 과밀한 지역이다.

요한은 요단 강에서(에이스[εἰς]) 예수님께 세례를 베풀었다(참조, 5절). 헬라어 전치사 에이스(εἰς : 안으로, 9절)와 에크(ἐκ : ~로부터, 10절)는 물에 잠기는 침례를 의미한다. 예수님은 여리고 근처에서 세례를 받으셨을 것이다. 이 때 그분은 약 30세였다(눅 3:23).

다른 사람과는 달리, 예수님은 죄가 없으시기 때문에(참조, 요 8:45~46; 고후 5:21; 히 4:15; 요일 3:5) 죄를 고백하지 않았다(막 1:5).

마가는 왜 예수님이 요한에게 세례를 받았는지 말하지 않았다. 그러나 세 가지 이유를 생각해 볼 수 있다. (1) 그것은 예수님이 하나님의 전체적인 계획과 그 안에 있는 요한의 역할에 완전히 동의하셨다는 것을 보여주는 순종의 행위였다(참조, 마 3:15 참조). (2) 예수님은 이스라엘 백성의 유전과 죄 많은 상태를 함께 나누셨는데, 세례는 바로 이스라엘 백성과 자신을 동일시하는 행위였다(참조, 사 53:12). (3) 그것은 예수님이 메시아의 사역을 공식적으로 받아들이고 그 사역의 시작을 나타내는 자기 헌신의 행위였다.

2. 하늘로부터 임한 하나님의 응답(1:10~11)

1:10 마가는 여기서 헬라어 부사 유쒸스(εὐθύς : 즉시, 곧)라는 단어를 사용했다. 이 단어는 마가복음에 42번 나오는데, 여기서 처음 사용되었다(NIV에는 이 단어가 해석되지 않았다). 이 단어의 의미는 '곧'(이 구절처럼)이라는 의미에서부터 논리적인 순서('당연한 과정에 따라, 그 다음에는.' 참조, 1:21[곧]; 11:3[즉시])의 의미에 이르기까지 다양하다.

예수님은 다음 세 가지 때문에 세례를 받은 다른 사람들과는 달랐다. 첫째, 그분은 하늘이 열리는 것을 보셨다. 어감이 강한 동사인 '갈라지다'(스키조메누스[σχιζομένους])는 하나님이 자기 백성을 구원하시기 위해 인간의 경험 속으로 들어오시는 것에 대한 은유를 반영한다(참조, 시 18:9, 16~19; 144:5~8; 사 64:1~5).

둘째, 그분은 성령이 비둘기같이, 즉 비둘기처럼 보이는 형태로 그분께 내려오시는 것을 보셨다(참조, 눅 3:22). 비둘기의 모습은 아마도 성령님의 창조적인 활동을 상징하는 것 같다(참조, 창 1:2). 구약 시대에는 성령님이 어떤 특정한 사람들에게 임하셔서 그들이 봉사할 수 있도록 힘을 주셨다(예를 들면, 출 31:3; 삿 3:10; 11:29; 삼상 19:20, 23). 성령님이 예수님께 임하신 것은 그분께 능력을 주어서, 요한이 예언했던 것처럼, 그분의 메시아적 사명(참조, 행 10:38)과 성령으로 세례를 주는 임무를 수행하도록 하시기 위함이었다.

1:11 셋째, 예수님은 하늘로부터 소리를 들으셨다(참조, 9:7). 예수님과 그분의 사명에 대한 무조건적 승인을 의미하는 아버지의 말씀은 창세기 22장 2절, 시편 2편 7절, 이사야 42장 1절을 연상케 한다.

"너는 내 아들이라"라는 첫 선언에 사용된 '너는 ~이다'라는 표현은 예수님이 하나님의 유일한 아들이심을 확증하는 것이다. 이 말의 의미는 하나님이 기름 부음 받은 왕을 자신의 아들로 삼았다고 선언하신 시편 2편 7절에 잘 나타나 있다. 예수님은 세례를 받으시고 나서 그때부터 하나님의 기름 부음 받은 자로서 공적인 역할을 시작하셨다(참조, 삼하 7:12~16; 시 89:26; 히 1:5).

'내 사랑하는'이라는 두 번째 구절은 문자적으로 '사랑받는 자'(**호 아가페토스**[ὁ ἀγαπητός])를 의미한다. 이것은 하나의 칭호('사랑받는 자')이거나 서술적인 형용사('사랑받는' 아들)이다. 칭호로서 이 단어는 서술적인 힘을 잃어버리지 않으면서 아버지 하나님과 아들 사이의 사랑의 강도를 강조한다. 형용사로서 이 단어는 헬라어 형용사 **모노게네스**(μονογενής : 유일한, 독특한. 참조, 요 1:14, 18; 히 11:17)에 해당하는 구약성경의 '유일한' 아들(참조, 창 22:2, 12, 16; 렘 6:26; 암 8:10; 슥 12:10)의 의미로 이해될 수 있다. 좀 더 설명적인 묘사는 예수님의 선재적인 아들 됨을 나타내 준다.

"내가 너를 기뻐하노라"라는 말은 왕의 아들이신 예수님이 지상에서의 사명을 틀림없이 감당하실 것임을 지적한다. 유도케사(εὐδόκησα)라는 동사는 과거 시제로 사용되었다('내가 매우 기뻐하였다'). 그러나 그것은 시간에 관계없이 유효하기 때문에 개역성경과 영어 성경에는 하나님이 항상 그 아들을 기뻐하신다는 의미를 나타내기 위해 현재 시제로 번역되었다. 하나님의 기쁨은 결코 시작도 없었고, 결코 끝나지도 않을 것이다. 이 말은 이사야 42장 1절에 나오는데, 그곳에서 하나님은 특별히 택하시고 기뻐하셔서 그 위에 성령을 부어 주신 그분의 종에 대해 이야기하신다. 이사야 42장 1절은 불순종하는 종 이스라엘 백성과 대조를 이루는 참된 종 메시아에 대한 4가지 예언 중 첫 번째 것이다(사 42:1~9; 49:1~7; 50:4~9; 52:13~53:12). 그 참된 종은 하나님의 뜻을 이루기 위해 많은 고난을 당할 것이다. 그는 죄에 대한 대속물로 죽어야 할 것이고(사 53:10), 희생양으로 바쳐질 것이다(참조, 사 53:7~8; 요 1:29~30). 그러므로 예수님은 세례를 받으실 때 고난당하시는 여호와의 종으로서 역할을 시작하셨던 것이다. 마가는 이러한 예수님의 메시아적 사명의 특징을 강조하고 있다(막 8:31; 9:30~31; 10:32~34, 45; 15:33~39).

예수님이 세례를 받으셨다고 해서 그분의 신적인 위치가 변한 것은 아니다. 예수님은 세례를 받으실 때 하나님의 아들이 되신 것이 아니다(혹은 변화 산에서 변화되신 후에 하나님의 아들이 되신 것도 아니다. 9:7). 오히려 예수님의 세례는 다윗의 후손으로서의 메시아적 사명뿐 아니라 고난 받는 여호와의 종으로서의 메시야적 사명을 받아들이신 광범위한 의미를 보여 주었던 것이다. 예수님은 하나님의 아들이시며, 아버지에 의해 인정을 받으신 분이고, 성령님에 의해 능력을 받으신 분이기 때문에 메시아시다(그 반대가 아니다). 여기에 삼위일체의 세 위격이 모두 연결되어 있다.

C. 예수님이 사탄에게 시험을 받으심 (1:12~13; 마 4:1~11; 눅 4:1~13)

1:12 예수님은 세례를 받으신 후에 성령님의 능력에 사로잡히셨다. 성령님이 곧(유쒸스[εὐθύς]: 곧, 즉시) 예수님을 광야로 몰아내셨다. '몰아내신지라'라는 말은 '쫓아내다, 추방하다, 보내 버리다'라는 의미를 가진 강동사 에크발로(ἐκβάλλω)에서 파생된 말이다. 마가는 귀신들의 축출을 표현하는 데 그 단어를 사용했다(1:34, 39; 3:15, 22~23; 6:13; 7:26; 9:18, 28, 38). 이 단어는 마가의 강한 어휘 사용법을 반영해 준다(참조, '이끌리다' [마 4:1; 눅 4:1]). 그것은 성령님이 예수님을 인도하셔서 시험과 악을 피하지 않고 대적하여 싸우도록 하신 강한 도덕적 충동을 담고 있다. 광야(에레모스[ἔρημος]. 참조, 막 1:4)는 건조하고 사람이 살지 않는 곳인데, 전통적으로 악한 세력들이 살고 있는 곳으로 생각되었다(참조, 마 12:43, 눅 8:29; 9:24). 전통적으로 이 시험 장소는 바로 여리고의 서쪽인 사해의 북서쪽으로 알려져 왔다.

1:13 예수님은 40일 동안 **광야에 계셨다.** 이와 유사한 구절들을 구약성경 여러 곳에서 찾을 수 있지만(출 34:28; 신 9:9, 18; 왕상 19:8) 가장 유사한 평행구절은 이스라엘과 40일 동안 대치하고 싸우던 골리앗에게 다윗이 승리한 그 구절이다(삼상 17:16).

예수님은 사탄에게 시험을 받으셨다. '시험 받으시다'라고 번역된 단어는 어떤 사람의 인격이 어떤지를 알아보기 위해 '시험하다, 판단하다'라는 의미의 페이라조(πειράζω)이다. 그것은 좋은 의미로도 사용되지만(하나님의 시험. 예를 들면, 고전 10:13; 히 11:17), 사탄이나 그 추종자들의 유혹과 같은 나쁜 의미로도 사용된다. 여기에서는 두 의미가 다 포함되어 있다. 하나님은 예수님을 시험하셔서(성령님이 예수님을 시험으로 이끄셨다) 예수님이 메시아의 사명을 부여 받았다는 것을 보여 주셨다. 그러나 사탄은 예수님을 시험하여 하나님이 부여하신 사명을 수행하지 못하게 방해하려고 했다(마 4:1~11; 눅 4:1~13). 예수님께 죄가 없다는 사실이 그분이 실제로 시험받으셨다는 사실을 배제하지는 않는다. 오히려 그것은 예수님의 참 인간성에 대한 증거가 된다(롬 8:3; 히 2:18).

시험하는 자는 반대하는 자, 적대자인 사탄이다. 마가는 마귀('중상하는 자', 마 4:1; 눅 4:2)라는 용어를 사용하지 않았다. 사탄과 그의 세력들은 하나님과 그분의 목적, 특히 예수님의 사명에 끊임없이 강하게 반대하는 자들이다. 사탄은 사람들을 시험해서 하나님의 뜻에서 돌아서게 하고, 그들이 타락했을 때 그들을 하나님 앞에 고소하고 사람들의 파멸을 추구한다. 예수님은 악의 세력들과 만나시기 전에 몸소 악의 우두머리와 만나셨던 것이다. 예수님은 공생애를 시작하면서 사탄을 물리치시고 포로 된 자들을 풀어 주셨다(히 2:14; 요일 3:8). 하나님의 아들로서 그분은 광야에서 사탄과 싸우셨다. 귀신들도 그분을 보고 하나님의 아들이라고 고백했다(참조, 막 1:24; 3:11; 5:7).

들짐승은 마가복음에만 언급되어 있다. 구약성경에서 '광야'는 하나님의 저주의 장소(굶주린 짐승들이 살고 있는 고립되고 외롭고 무서운 장소)였다(참조, 사 13:20~22; 34:8~15; 시 22:11~21; 91:11~13). 들짐승이 있다는 것은 광야가 사탄의 지배 아래 있음을 강조하는 것이다.

위험한 들짐승과 대조되는 것이 바로 시험 기간 내내 예수님의 수종을 들던(디에코눈[διηκόνουν]: 문자적으로 '봉사하는') 천사를 통한 하나님의 돌보심이다. 천사들은 일반적인 도움과 하나님이 계시다는 확신을 주었다. 마가는 예수님의 금식에 대해 언급하지 않았는데(참조, 마 4:2; 눅 4:2), 그것은 아마도 광야에 있다는 것이 분명히 금식을 내포하고 있기 때문이었을 것이다. 마가의 시험 기사는 간단하다(마태나 누가에 비해). 그는 시험의 내용이라든지 극적인 마침, 혹은 사탄에 대한 예수님의 승리에 대해서는 아무런 언급이 없다. 그의 관심은 이 시험이 마귀적 수단을 통해 예수님을 하나님의 뜻에서 벗어나도록 하려는 사탄과의 계속적인 싸움의 시작에 불과하다는 것이다(막 8:11, 32~33; 10:2; 12:15). 예수님은 세례를 받으실 때 받아들이신 사명 때문에 사탄과 그 세력에 직면했던 것이다. 마가복음은 십자가에서 절정을 이루는 이 의미심장한 대결의 기록이다. 처음부터 예수님은 사탄에 대한 그분의 개인적인 권위를 확립하셨다. 후에 그분이 귀신들을 쫓아내시는 사건은 이 대결에서 예수님이 승리하셨다는 사실에 근거한다(참조, 3:22~30).

III. 예수님의 초기 갈릴리 사역(1:14~3:6)

예수님의 공생애를 다루는 마가복음의 첫 단락은 예수님의 메시지에 대한 요약적 진술(1:14~15), 처음 제자들을 부르심(1:16~20; 2:14), 가버나움과 그 근처에서 귀신을 쫓아내시고 치료하시는 사역(1:21~45), 그리고 유대 종교 지도자들과의 논쟁(2:1~3:5)을 포함하고 있다. 이 단락은 예수님을 죽이려는 바리새인들과 헤롯당의 음모로 끝을 맺는다(3:6). 이 단락을 통해서 볼 때, 예수님은 말씀과 행위를 통해 모든 것 위에 있는 그분의 권위를 나타내셨다는 사실을 알 수 있다.

A. 서론적 요약: 예수님의 메시지 (1:14~15; 마 4:12~17; 눅 4:14~21)

예수님은 세례 요한이 마가복음 6장 17~18절에 언급된 이유 때문에 헤롯 안티파스 1세(누가복음 1장 5절 주해에 있는 〈헤롯의 가계도〉를 보라)에게 붙잡힌 후에 갈릴리에서 공생애를 시작하셨다(참조, 막 1:9). 갈릴리로 들어가기 전에 예수님은 유대에서 약 1년 동안 공생애를 보내셨는데(참조, 요 1:19~4:45) 마가는 그것을 언급하지 않았다. 이것은 마가의 목적이 예수님의 생애를 연대기적으로 기록하려는 것이 아님을 보여 준다.

1:14 '잡힌'이라는 말은 '내어주다, 넘겨주다'라는 의미의 **파라디도미**(παραδίδωμι)에서 파생된 **파라도쎄나이**(παραδοθῆναι)를 번역한 것이다. 이 동사는 예수님이 유다에게 배신당하신 구절에도 사용되었는데(3:19),

그것은 마가가 요한과 예수님의 경험이 평행을 이루도록 했다는 사실을(참조, 1:4, 14상) 암시해 준다. 지정된 행위자 없이 수동태로 사용된 것은 하나님의 목적이 요한의 체포에서 완성되었으며(참조, 예수님의 체포와 평행을 이룸, 9:31; 14:18), 갈릴리에서 예수님이 사역하실 때가 이제 이르렀다는 것을 의미한다(참조, 19:11~13의 주해).

예수님은 갈릴리로 오셔서 하나님의(하나님께로부터 온) 복음(유앙겔리온[εὐαγγέλιον]. 참조, 1절)을 전파하셨다(케륏손[κηρύσσων]. 참조, 1:4). '나라의'(of the kingdom, KJV)라는 말이 많은 헬라어 사본에 있기 때문에 '하나님의'라는 말 뒤에 포함되어야 할 것이다.

1:15 예수님의 두 선언과 두 명령이 그분의 메시지를 요약한다. "때가 찼다"라는 첫 선언은 예수님의 선포 가운데 드러나는 성취에 대한 독특한 어조를 강조한다(참조, 눅 4:16~21). 하나님이 정하신 예비와 기대의 시대, 즉 구약성경의 시대가 하나님의 계획에 따라 지금 성취되었다(참조, 갈 4:4; 히 1:2; 9:6~15).

"하나님의 나라가 가까왔으니"라는 두 번째 선언은 예수님의 메시지의 핵심적인 특징을 나타내 준다. '나라'(바실레이아[βασιλεία])는 '왕권' 혹은 '왕의 통치'를 의미한다. 그 용어에는 통치자의 주권적 권위, 통치 행위, 통치 영역이 내포되어 있다(*Theological dictionary of the New Testament*[이후로는 TDNT로 표기]. Grands Rapids: Wm. B. Eerdmans Publishing Co., s.v. 'βασιλεία', 1:579~580). 그러므로 '하나님의 나라'는 창조에 대한 하나님의 주권적인 다스림을 언급하는 역동적인(정적이 아니라) 개념이다.

이 개념은 예수님 시대의 유대인들에게 친숙한 개념이었다. 구약 예언의 빛에서(참조, 삼하 7:8~17; 사 11:1~9; 24:23; 렘 23:4~6; 미 4:6~7; 슥 9:9~10; 14:9) 유대인들은 장차 메시아(다윗 왕조의) 왕국이 지상에 세워질 것을 기대하고 있었다(참조, 마 20:21; 막 10:37; 11:10; 12:35~37; 15:43; 눅 1:31~33; 2:25, 38; 행 1:6). 그래서 당시 청중은 예수님이 언급하신 하나님의 나라가 그들이 오랫동안 기다려 왔던 메시아 왕국이라는 것을 쉽게 이해했다.

예수님은 하나님의 통치가 '가까이 왔다'(엥기켄[ἤγγικεν], '가까이 이르렀다', '이미 시작되었다.' 참조, 마가복음 14장 42절의 '가까이 왔느니라')고 말씀하신 것이다. 그러나 그것은 유대인들이 기대했던 왕국의 모습과는 거리가 멀었다. 오히려 그 나라는 하나님의 대리 통치자이신 예수님이 현재 그들 가운데 있다는 의미에서(참조, 눅 17:20~21) 이미 시작된 것이다. 이것이 바로 '하나님의 복음'이다.

예수님이 청중을 향해 요청하신 반응은 이중적인 명령이다: "**회개하고 복음을 믿으라!**" 회개와 믿음은 구분할 수 없이 서로 연결되어 있다(시간적으로 연이어 일어나는 행위가 아니다). "회개하라"(메타노에오[μετανοέω]. 참조, 막 1:4)는 말은 지금 존재하고 있는 신뢰의 대상(예를 들면, 자기 자신)에게서 돌아서라는 말이다. "믿으라"(피스튜오[πιστεύω]. 여기서는 **피스튜에테 엔**[πιστεύετε ἐν]으로 쓰였는데, 이런 결합은 신약성경에서 유일하게 이 구절에만 나타난다)는 말은 신앙의 대상에 전심으로 헌신하라는 말이다. 그러므로 복음을 믿는다는 것은 예수님을 메시아로, 그리고 하나님의 아들로 믿는다는 것을 의미한다. 그분은 복음의 '내용'이다(참조, 1절). 이것에 의해서만 사람들은 하나님 나라에 들어갈 수 있고, 하나님 나라를 (선물로) 받아들일 수 있다.

이스라엘 민족은 공공연하게 이러한 요구들을 거부했다(참조, 3:6;

12:1~12; 14:1~2, 64~65; 15:31~32). 게다가 예수님은 그분의 지상 통치가 즉시 이루어지지 않을 것이라고 가르치셨다(참조, 눅 19:11). 하나님이 유대인들과 이방인들을 구원하시고 교회를 세우시는 현재의 목적을 완성하신 후에(롬 16:25~27; 엡 3:2~12) 예수님이 다시 오셔서 이 세상에 그분의 나라를 건설하실 것이다(마 25:31, 34; 행 15:14~18; 계 19:15; 20:4~6). 이스라엘 백성은 회복되고 구원받을 것이며(롬 11:25~29), 하나님 나라에 대한 약속의 성취를 즐거워할 것이다.

B. 예수님이 네 어부를 부르심 (1:16~20; 마 4:18~22; 눅 5:1~11)

예수님이 네 사람의 어부(둘씩 형제임)를 제자로 부르신 사건이 예수님의 메시지 요약 후에 곧바로 나온다. 그렇게 해서 마가는 회개하고 복음을 믿는 것이(막 1:15) 그분의 부르심에 응답하여 자신의 옛 생활을 버리고, 예수님을 따르며 그분께 헌신하는 것임을 분명히 드러내고 있다. 예수님은 이렇게 제자들을 부르심으로 갈릴리에서 그분의 사역을 시작하셨다. 이것은 열두 제자를 임명하시고 파송하시는 사건(3:13~19; 6:7~13, 30)을 예기한다.

1:16 넓이 약 11킬로미터, 길이 약 20킬로미터, 수심 약 200미터의 따뜻한 호수, **갈릴리 바다**(히브리어 명칭)는 어부들의 생활무대였다. 그곳은 지리적으로 예수님의 갈릴리 사역의 중심지였다.

예수님이 갈릴리 해변을 지나가시다가 시몬(베드로)과 그의 형제 안드레가 그물(직경 3~5미터)을 호수에 던지고 있는 것을 보셨다. 여기에서 마가가 설명하는 중요한 사항은 그들의 직업이 어부라는 것이다.

1:17~18 "나를 따라오라"는 말은 문자적으로 "나의 뒤를 좇으라"는 말로써, "제자로서 나의 뒤를 따르라"라는 의미의 일상적인 표현이다. 제자가 스승을 찾아나서는 랍비와는 달리 예수님은 주도권을 가지고 제자들을 부르셨던 것이다. 예수님의 부르심에는 약속이 포함되어 있다: "내가 너희로 사람을 낚는 어부가 되게(게네스싸이[γενέσθαι]) 하리라." 예수님은 자신의 나라를 위해 그들을 '붙잡으셨다.' 그분은 이제 그들을 준비시켜서 자신의 임무를 함께 나누고, '사람'('사람들'에 대한 총칭. 참조, 8:27)을 낚는 어부가 되게(게네스싸이는 준비를 포함하는 말이다) 하실 것이다.

고기 잡는 비유는 아마 그 제자들의 직업 때문에 제시되었던 것 같다. 그러나 구약적인 배경도 가지고 있다(참조, 렘 16:16; 겔 29:4~5; 암 4:2; 합 1:14~17). 예언자들은 하나님의 심판을 표현하기 위해 이런 비유를 사용했지만, 예수님은 하나님의 심판을 피하기 위한 긍정적인 수단으로 그것을 사용하셨다. 임박한 하나님의 의로운 통치에 직면하여(막 1:15) 예수님은 이 사람들을 부르셔서 '바다'(구약성경에서 바다는 죄와 죽음을 상징한다. 예를 들면, 사 57:20~21)로부터 사람을 불러 모으는 과업을 주셨던 것이다.

시몬과 안드레는 곧(유쒸스[εὐθύς]. 참조, 막 1:12) 그물을(그들의 옛 직업을) 버리고 예수님을 따랐다. 복음서에서 '따르다'(아콜루쎄오[ἀκολουθέω])라는 동사가 사람에게 사용될 때는 제자로 부르심과 응답을 나타낸다. 나중에 나오는 사건(29~31절)은 그들의 응답이 가정을 버렸다는 뜻이 아니라 오히려 예수님께 완전히 충성했다는 뜻임을 보여 준다(참조, 10:28).

1:19~20 또한 예수님은 세베대의 아들 야고보와 요한이(참조, 10:35) 고기잡이를 위해 배 안에서 그물을 깁는(카타르티조[καταρτίζω]: 정리하다, 준비하다) 것을 보셨다. 그들은 시몬의 동업자였다(참조, 눅 5:10). 예수님은 곧(유쒸스[εὐθύς]) 그들을 부르셨다. 그들은 자기들의 옛 생활방식(고기잡이배와 그물)과 먼저 해결해야 할 문제들(아버지 세베대와 품꾼들)을 버려두고 제자로서 예수님을 따랐다(문자적으로 '뒤를 따라가다').

마가는 이 어부들과 예수님이 전에 어떤 접촉을 가졌는지에 대해서 언급하지 않는다(참조, 요 1:35~42). 나중에 예수님은 스승과 제자의 관계 안에서 열두 제자를 자기 주위로 모으셨다(막 3:14~19). 마가는 사람들 위에 있는 예수님의 권위와 그분을 따른 사람들의 순종을 강조하기 위해 역사적 사건들을 요약했다(1:14~20).

마가복음에서 두드러지게 부각되는 것은 제자도이다. 예수님의 부르심은 마가복음 독자들의 마음에 두 가지 질문을 일으켰을 것이다. "부르시는 이분은 누구신가?" "그분을 따른다는 것은 무엇을 뜻하는가?" 마가는 복음서를 통해 독자들에게 답을 제시한다. 그는 열두 제자(참조, 3:13; 13:37의 주해)와 그의 독자들 사이의 유사성을 가정한다. 제자도는 복음을 믿는 모든 이들에게 기대되는 모범이다(참조, 1:15).

C. 귀신과 질병 위에 있는 예수님의 권위(1:21~45)

네 명의 어부들이 이미 경험한 예수님의 말씀의 권위(22절)와 중요성(38~39절)이 그분의 능력 있는 행적에 의해 더 분명하게 입증된다. 21~34절을 보면, 가버나움에서 일어났던 독특하고 전형적인 안식일의 활동이 묘사되어 있다. 귀신을 제압하시는 능력(21~28절), 베드로의 장모를 고치심(29~31절), 해진 후에 다른 사람들의 병을 고치심(32~34절). 35~39절에는 기도하러 한적한 곳에 가신 것과 갈릴리 전도 여행을 간단하게 기록해 놓았다. 그 여행에서 한 가지 중요한 사건은 나병 환자를 고치신 사건이다(40~45절). 예수님의 권위 있는 말씀과 행적은 놀라움과 두려움을 불러일으켰고 논쟁의 여지를 남겨 놓았다(2:1~3:5).

1. 귀신 들린 사람을 고치심(1:21~28; 눅 4:31~37)

1:21~22 네 명의 제자들이 예수님과 함께 갈릴리 바다 북서쪽 해변에 있는 **가버나움**(참조, 2:1; 9:33)으로 갔다. 그곳은 그들의 고향이었는데, 예수님의 갈릴리 사역의 중심지가 되었다(참조, 눅 4:16~31). 예수님은 **곧**(유쒸스[εὐθύς]. 참조, 막 1:10) 안식일에 유대인들의 모임과 예배의 장소인 **회당**에서 열린 정기 예배에 참석하셨다(참조, 23, 29, 39절; 3:1; 6:2; 12:39; 13:9). 회당을 관리하는 자의 초청에 의해 예수님이 설교를 시작하셨음은 의심할 여지가 없다(참조, 행 13:13~16). 마가는 예수님의 가르치시는 사역을 종종 언급했으나(막 2:13; 4:1~2; 6:2, 6, 34; 8:31; 10:1;

11:17; 12:35; 14:49) 예수님이 가르치신 내용은 거의 기록하지 않았다.

청중은 예수님이 가르치시는 방법과 내용(참조, 1:14~15)에 놀라지(**엑세플렛쏜토**[ἐξεπλήσσοντο]: 문자적으로 '놀라다, 예상 밖이다, 당황하다.' 6:2; 7:37; 10:26; 11:18) 않을 수 없었다. 그분은 하나님에게서 나온 직접적인 **권위**를 가지고 **가르치셨으며**, 결단을 불러일으킬 만한 능력을 보이셨다. 이는 기록된 율법과 구전의 해석 속에서 배운 서기관과는 대조되는 것이었다. 그들의 지식은 서기관들의 전승에서 나온 것이기 때문에 그들은 단지 스승의 말씀만 인용할 따름이었다.

1:23~24 그때 마침(**유쒸스**[εὐθύς], 참조, 1:10) 회당에 있던 **악령**(문자적으로 '더러운 영', 귀신을 뜻하는 셈어. 참조, 34절)에 사로잡힌 **사람**이 예수님과 그분의 권위 있는 말씀으로 인해 크게 소리를 질렀다.

귀신은 그 사람을 통해 이렇게 외쳤다. "우리가 당신과 무슨 상관이 있나이까?" 이 말은 반대 세력이 서로 공존할 수 없음을 표현하는 히브리어의 관용구를 번역한 것이다(5:7; 수 22:24; 삿 11:12; 삼하 16:10; 19:22).

NIV에서는 이들의 질문이 다음과 같은 선언으로 해석되어 더욱 강조될 수 있다. "당신은 우리를 멸하러 (이 세상에) **오셨나이다**." 이 두 문장 속에 사용된 '우리'라는 대명사는 예수님이 오신 것이 모든 악한 세력에게 어떤 의미인지를 그 귀신들이 알고 있었음을 나타낸다(참조, 막 1:15). 예수님은 그들의 능력과 활동에 대한 최종적인 위협이었던 것이다.

귀신은 대부분의 사람들과는 대조적으로 **하나님의 거룩한 자**(참조, 3:11; 5:7), 성령님에 의해 능력을 받으신 자이신 예수님의 참된 본성과 정체를 인정했다. 그래서 악령은 예수님의 권위 있는 말씀을 알았던 것이다.

1:25~26 예수님은 직접적인 몇 마디 말씀으로(주문을 외우신 것이 아니라) 더러운 귀신을 엄히 **꾸짖으시고**(에페티메센[ἐπετίμησεν]. 참조, 4:39) 그 사람에게서 나오라고 명령하셨다. "**잠잠하라**"라는 말은 강한 어감의 **피모쎄티**(φιμώθητι : 말을 못하게 되다, 침묵을 지키다)를 번역한 것이다(참조, 4:39). 더러운 귀신은 예수님의 권위에 굴복하여 귀신 들린 자로 경련을 일으키게 하고(참조, 9:26) 큰 소리를 지르며 그에게서 떠났다.

예수님은 귀신의 방어적인 외침을(1:24) 받아들이지 않으셨다. 왜냐하면 그렇게 하는 것은 사탄과 그 세력을 물리쳐야 하는 그분의 임무에 손상을 줄 것이기 때문이다. 더러운 귀신을 지배하는 예수님의 권위는 하나님의 통치가 그분 안에 나타났다(참조, 15절)는 증거가 되었다. 예수님의 사역 초기의 이러한 축사(귀신을 내어 쫓음)는 예수님과 귀신들의 지속적인 갈등의 틀을 – 이것은 마가의 기사에 있어서 중요한 요소다(요한복음 2장 1~11절 주해에 나오는 도표 〈예수님의 기적들〉을 보라) – 세워 놓았다.

1:27~28 모든 사람이 **크게 놀랐다**(에쌈베쎄산[ἐθαμβήθησαν]: 놀라다. 참조, 10:24, 32). "이는 어찜이냐?"라는 그들의 질문은 예수님의 교훈의 성격과 단지 한마디 명령으로 귀신을 쫓아낸 것에 대해 언급한 것이었다. 그분의 교훈은 질적으로 **새로운**(카이네[καινή]) 것이었고, 심지어 귀신들에게까지 확장되어 귀신들도 그분께 순종할 수밖에 없는(굴복하는) **권위를 가진**(참조, 1:22) 것으로 나타났다(참조, 4:41). 마가는 모든 갈릴리 사람이 곧 그분에 대한 소식을 들었다고 간략하게 선언한다.

2. 시몬의 장모의 병을 고치심
    (1:29~31; 마 8:14~15; 눅 4:38~39)

1:29~31 회당에서 안식일 예배를 마친 후에, 예수님과 네 제자들은 회당을 떠나 곧(유쒸스[εὐθύς]. 참조, 1:10) 근처에 있는 시몬(베드로)과 안드레의 집으로 들어갔다. 이 집은 예수님이 가버나움에 계실 때 예수님의 본거지가 되었던 곳이다(참조, 2:1; 3:20; 9:33; 10:10).

예수님은 시몬의 장모가 **열병**으로 침대에 누워 있다는 것을 곧 들으셨다. 예수님은 그녀를 측은히 여기셔서 그녀 곁에 서서 한마디 말씀도 하지 않으시고 그저 그녀의 손을 잡고 일으켜 세우셨다. 그러자 **열병**이 완전히 떠나갔고, 그녀는 건강하게 손님들의 시중을 들기 시작했다(디에코네이 [διηκόνει], 미완료형).

3. 해질 때에 많은 사람을 고치심
    (1:32~34; 마 8:16~17; 눅 4:40~41)

1:32~34 이 간단한 묘사는 안식일에 행하신 기적 때문에 일어난 흥분을 잘 설명해 주고 있다. '저물어 해질 때에'라는 이중적인 시간 언급은 가버나움 사람들이 율법이나(참조, 출 20:10) 안식일에 짐을 운반하는 것을 금지한 랍비들의 규례(막 3:1~5)를 어기지 않으려고 병자들을 데려가기 전에 안식일이 지나기를 기다렸다는 사실을 알려 준다.

동네 사람들은 육체적으로 **병든** 자들과 귀신 들린 자들을 예수님께 데리고 왔다(미완료 동사, 문자적으로 '계속하여 운반하다'라는 뜻). 여기서는 육체적인 병과 귀신에 사로잡힌 것을 분명히 구분하고 있다(참조,

6:13). 그리고 온 동네가(과장법. 참조, 1:5) 시몬의 집 문 앞에 모인 것처럼 묘사해 놓았다. 예수님은 이런 인간적인 연약함을 측은히 여기셔서 각종 질병이 든 많은 사람('데려온 모든 사람'을 의미하는 히브리어 관용구. 참조, 32절; 10:45; 마 8:16)을 고쳐 주셨다. 그분은 또한 많은 귀신을 내어 쫓으셨으나(엑세발렌[ἐξέβαλεν]: 에크발로[ἐκβάλλω]에서 온 동사. 참조, 막 1:12, 39), 전처럼(23~26절) 반복해서 귀신들로 하여금 그분의 능력을 인정하는 것을 말하지 못하도록 하심으로써 귀신들이 그분 앞에서 무력하다는 것을 보여 주셨다.

예수님의 가르침에 뒤따르는 기적으로 인해 그분에 대한 소문이 널리 퍼지게 되었다. 예수님은 그분의 능력으로 사람들에게 특별한 인상을 심어 주기 위해서가 아니라 그분의 메시지가 진실임을 입증하기 위해 기적을 베푸셨다(참조, 15절).

4. 한적한 곳에서의 기도와 갈릴리 전도 여행
   (1:35~39; 눅 4:42~44)

1:35 예수님은 온종일 일하셨음에도 불구하고(21~34절) 이른 아침 아직 동이 트기 전에(약 새벽 4시) 일어나 나가 한적한 곳(에레몬[ἔρημον]: 사람이 살지 않는, 거리가 먼. 참조, 4절)으로 가셔서 거기서 기도하셨다. 그분은 가버나움 군중의 환호에서 물러나 광야로 – 예수님이 처음 사탄과 대면하여 시험을 이기셨던 곳과 유사한 장소(참조, 12~13절) – 나가셨던 것이다.

마가는 세 가지 결정적인 사건을 앞두고 기도하시는 예수님의 모습을 수록해 놓았다. 그런데 그 모습은 각각 어둠과 외로움을 배경으로 하고 있다. 하나는 마가복음 처음 부분에(1:35), 또 하나는 중간쯤에(6:46), 그리고 또 하나는 마지막 부분에(14:32~42) 수록되어 있다. 이 세 본문의 상황은 예수님이 더 매력적인 방법으로, 희생을 덜 감수하는 방향으로 자신의 메시아 사명을 완수해 낼 수 있다는 가능성에 직면하셨을 때였다. 그러나 그때마다 예수님은 기도를 통해 힘을 얻으셨다.

1:36~37 예수님을 찾을 수 있을 것으로 기대하고 시몬의 집을 찾아온 군중은 예수님이 떠나버리셨다는 사실을 발견했다. 시몬과 그의 동료들은 (참조, 29절) 그분을 찾으러 나섰다(문자적으로는 카타디오코[καταδίωκω]에서 온 말로, '그를 몰아서 잡다'라는 뜻. 신약성경 중 이곳에만 나타남). "모든 사람이 주를 찾나이다!" 이러한 그들의 외침에는 예수님이 가버나움에서 맞이한 좋은 기회를 이용하지 못했다고 재촉하는 의미가 포함되어 있다.

1:38~39 예수님의 대답은 제자들 역시 예수님과 그분의 사명을 이해하지 못했다는 것을 보여 주었다. 그분의 계획은 가버나움만이 아니라 다른 곳(가까운 마을들), 즉 인구가 많은 도시에 가서 거기서도 복음을 전파하는 것이었다(참조, 4, 14절). "내가 이(전도하는 것)를 위해 왔노라"라는 설명적인 진술은 아마 가버나움을 떠나시겠다는(그분은 기도하기 위해 떠나셨다, 35절) 말이 아니라, 자신이 하나님의 사명을 가지고 하나님께로부터 왔다는 말일 것이다. 그분의 목적은 '하나님의 복음'(14절)을 선포하고, 사람들로 하여금 '회개하고 복음을 믿도록' 하는 것이었다(15절). 가버나움 군중은 예수님을 기적을 행하는 자로 보았기 때문에 그분은 일부러 다른 곳에서 설교하기 위해 떠나셨던 것이다.

39절은 아마 몇 주간은 걸렸을(참조, 마 4:23~25) 갈릴리 전도 여행을 요약하고 있다. 그분의 주요 활동은 마을의 회당에서 설교하는 것이었고(참조, 막 1:14~15), 귀신들을 쫓아내신 것(에크발론[ἐκβάλλων]. 참조, 34절)은 그분의 메시지를 극적으로 확증해 주는 역할을 한다.

5. 나병 환자를 고치심(1:40~45; 마 8:1~4; 눅 5:12~16)

1:40 예수님이 갈릴리를 다니실 때 나병에 걸린 환자 한 사람이 그에게 왔다(나병 환자로서는 아주 대담한 행동). '나병'은 백선(白癬)에서부터 진짜 나병(나균에 의한), 즉 점차 모습을 알아볼 수 없게 되는 질병에 이르기까지 여러 가지 심각한 피부병을 의미한다. 그런 병에 걸린 사람은 육체적인 질병의 고통뿐 아니라 의식(정결법)적인 부정함(참조, 레 13~14장), 그리고 사회로부터의 소외로 인해 불행한 삶을 살아야 했다. 나병은 육체적, 정신적, 사회적 그리고 종교적인 면 등 여러 면에서 고통을 가져왔다. 그것은 죄의 증거로 간주되었다.

랍비들은 나병을 인간적으로 치료할 수 없는 병으로 간주했다. 하나님이 나병을 깨끗하게 고쳐 주셨다는 사실을 구약성경도 두 번밖에 기록하고 있지 않다(민 12:10~15; 왕하 5:1~14). 그러나 이 나병 환자는 예수님이 그를 깨끗하게 해 주실 수 있음을 확신했다. 그는 어떤 조건도 없이 ('원하시면') 예수님의 능력을 의심하지도 않고('저를 깨끗케 하실 수 있나이다') 그저 겸손히 예수님께 자기를 고쳐 달라고 간구했다.

1:41~42 예수님은 예수님은 그 나병 환자를 불쌍히 여기셔서(스플랑크니스쎄이스[σπλαγχνισθείς]: 깊이 동정하다) 아무도 만지려 하지 않는 그

를 만지시고, 누구도 치료할 수 없는 그를 치료해 주셨다. 그분이 나병 환자를 만지셨다는 것은 의식적인 부정함과 관련된 랍비들의 규례에 그분이 얽매이지 않는다는 것을 보여 주었다. 이런 상징적 의미를 가진 그분의 만지심(참조, 7:33~8:22)과 권위적인 선포 – "내가 원하노니(현재 시제), 깨끗함을 받으라"(단순과거, 의심할 여지없는 확실한 사실을 의미) – 는 치료의 내용을 구성하고 있다. 그것은 직접적이었고 완전했으며, 그를 본 모든 사람이 알 수 있는 것이었다.

1:43~44 어감이 강한 단어인 '보내시며'(엑세발렌[ἐξέβαλεν], 참조, 12절), '곧'(유쒸스[εὐθύς], 참조, 10절), '엄한 경고'(참조, 14:5)는 1장 44절의 가르침에 즉시 순종해야 한다는 것을 강조한다.

첫째, 예수님은 그에게 엄히 경고하셨다(14장 5절과 같은 동사): "아무에게 아무 말도 하지 말라." 이것은 제사장이 그 사람이 깨끗해졌다고 공포할 때까지만 유효한 일시적인 금지일지도 모른다. 그러나 예수님은 종종 침묵을 요구하셨고, 그분의 정체와 기적적인 능력을 선포하는 것을 금하셨다(1:25, 34; 3:12; 5:43; 7:36; 9:9). 왜 그렇게 하셨을까? 어떤 사람들은 예수님의 공생애 기간에 유대인들이 예수님을 메시아로 인정하지 않은 이유를 설명하기 위해 마가나 다른 복음서 저자들이 침묵하라는 명령을 문학적으로 만들어 내어 삽입한 것이라고 주장한다. 이 견해를 '메시아의 비밀'이라고 부른다. 즉 예수님의 메시아성은 비밀로 감추어져 있었다는 것이다.

보다 더 만족할 만한 견해는 예수님이 너무 이른, 혹은 잘못된 대중의 반응을 일으킬 만한 오해를 피하고자 하셨다는 견해이다(참조, 11:28의 주해). 예수님은 자신의 사명의 성격이 분명히 밝혀질 때까지 자신의 정체가 밝혀지는 것을 원하지 않으셨다. 그러므로 그분이 공적으로 자신의 정체를 선포할(14:62; 참조, 12:12) 때까지 그것을 가린 베일이 점차 벗겨져 나가는 것을 알 수 있다.

둘째, 예수님은 나병 환자에게 병이 깨끗하게 나았다고 의식적으로 선포할 수 있는 제사장에게 그의 몸을 보여 주고 모세에 의해 규정된 제사(참조, 레 14:2~31)를 드리라고 말씀하셨다.

이 요구는 "그들에게 입증하라"라는 어구로 제한된다. 이 구절은 일반인이나 제사장들에게 긍정적인 의미(확신의 증거)로도, 부정적인 의미(죄를 뒤집어씌우는 증거)로도 이해될 수 있었다. 그러나 본문의 맥락에서는 다른 곳에 나타나는 두 사건처럼(막 6:11; 13:9) 부정적인 의미로 쓰였다. 그러므로 '입증'은 유죄의 증거 역할을 할 수 있는 증거를 의미한다(참조, TDNT. s.v. 마르튀스[μάρτυς], 4:502~4). '그들'은 제사장을 언급하는 것이다.

나병 환자를 깨끗케 하신 것은 하나님이 새로운 방법으로 일하고 계시다는, 부인할 수 없는 메시아적 표징이었다(참조, 마 11:5; 눅 7:22). 만일 제사장들이 나병 환자가 깨끗하게 되었음을 선언하면서도 깨끗케 하신 자를 배척한다면, 그들의 불신앙이 그들의 유죄에 대한 증거가 될 것이다.

1:45 그 사람은 침묵을 지키라는 예수님의 명령에 순종하는 대신 나가서 그 일을 많이 전파하여 예수님의 치유 사건에 대한 소문이 널리 퍼지게 했다. 마가는 나병 환자가 그의 몸을 제사장에게 가서 보이라는 예수님의 명령에 순종했는지에 대해서는 기록하지 않았다.

결과적으로 갈릴리 회당에서의 예수님의 선포 사역은(참조, 39절) 중

단되었다. 예수님은 **공공연하게 도시로 들어가기만** 하면 특별한 혜택을 얻으려는 거대한 군중과 만나지 않을 수 없었다. 심지어 그분이 **한적한**(에레모이스[ἐρήμοις]: 사람이 살지 않는, 거리가 먼, 참조, 35절) 곳에 물러나 계실 때에도 **사람들은** 계속 사방에서 몰려들었다.

예수님이 가르치신 교훈은 모세의 율법과 규례를 초월하는 것이었다. 율법으로 인해 한 나병 환자가 의식적으로 깨끗함을 받기는 했지만, 그 율법은 질병으로부터 사람을 깨끗하게 하거나 내적인 영적 중생을 주기에는 무능력한 것이었다.

D. 갈릴리에서 종교 지도자들과의 논쟁(2:1~3:5)

마가는 갈릴리에서 예수님과 유대 종교 지도자들 사이에 발생한 충돌이라는 공통 주제 때문에 다섯 가지 이야기를 이 부분에 함께 묶어 놓았다. 그러므로 그것들은 엄격히 따지면 연대기적으로 일어난 사건이 아니다. 또한 예루살렘 성전에서 일어난 비슷한 단위의 다섯 가지 논쟁이 11장 27절~12장 37절에 기록되어 있다.

여기에 나타난 충돌은 죄와 율법에 대한 예수님의 권위와 관련된 것이다. 첫째 사건은 예수님의 가르침에 대한 간단한 서술로 시작하고 있다. 마가는 종종 예수님의 활동을 요약하고 이야기를 자기의 목적에 맞는 사건으로 끌고 가기 위해 이런 문학적인 방법을 사용하곤 한다(참조, 1:14~15, 39; 2:1~2, 13; 3:7~12, 23; 4:1, 33~34; 8:21~26, 31; 9:31; 10:1; 12:1).

1. 중풍병자를 고치시고 죄를 용서하심
(2:1~12; 마 9:1~8; 눅 5:17~26)

2:1~2 수일 후에 예수님이 가버나움(참조, 1:21)으로 돌아오시자 그분이 **집**(아마도 베드로의 집일 것이다. 참조, 1:29)에 있다는 소문이 퍼졌다. 유대인들의 관습에 따르면, 사람들의 집안 출입은 자유로웠다. 그러므로 초대받지 않은 **많은 사람**이 집으로 들어와 문 앞까지 서 있어서 접근할 수가 없었다. 예수님은 그들에게 도를(1:14~15; 4:14, 33) 말씀하고 계셨다(미완료형, 엘랄레이[ἐλάλει]).

2:3~4 이때 네 사람이 침상(불쌍한 사람의 '침대', KJV)에 누워 있는 **중풍병자**(중풍에 걸려 무기력한 사람)를 데리고 와서 예수님께 데려가기를 희망했다. 그러나 그들은 군중들 때문에 갈 수가 없었다. 팔레스타인의 다른 집들처럼 이 집도 아마 평평한 **지붕**으로 올라가는 바깥 층계가 있었을 것이다. 그래서 그 사람들은 지붕으로 올라갔다. 그들은 **지붕**(풀, 흙, 기와 그리고 나뭇가지를 혼합한 것)을 뜯어 구멍을 내고 중풍병자를 달아서 예수님 앞에 내려놓았다(아마 손으로 던지는 고기 잡는 그물을 사용했을 것이다).

2:5 예수님은 네 사람의 노력이 그 중풍병자를 고칠 수 있는 예수님의 능력에 대한 그들의 믿음의 증거라고 생각하셨다. 예수님은 그분의 가르침을 갑자기 방해한 이 행동을 꾸짖으신 것이 아니라 오히려 중풍병자에게 "**작은 자야**(애정어린 표현) 네 죄 사함을 받았느니라"라고 말씀하셨다.
　구약성경에서는 질병과 죽음을 인간의 죄의 결과라고 보았다. 그리고 치료는 하나님의 용서에 근거해 예고되었다(예를 들면, 대하 7:14; 시 41:4; 103:3; 147:3; 사 19:22; 38:16~17; 렘 3:22; 호 14:4). 이것은 각각의 질병에 해당하는 죄가 따로 있다는 것을 의미하는 것이 아니다(참조, 눅 13:1~5; 요 9:1~3). 예수님은 단순히 이 사람의 육체적 상황이 근본적으로 영적인 원인을 가지고 있다는 것을 보여 주신 것일 뿐이다.

2:6~7 거기에 있던 서기관들(율법 선생들. 참조, 1:22; 눅 5:17)은 분명하지 않은 예수님의 선포에 화가 났다. 하나님만이 **죄를 사하실 수 있다**(참조, 출 34:6~9; 시 103:3; 130:4; 사 43:25; 44:22; 48:11; 단 9:9).

구약성경에 보면 죄를 용서하는 권한이 메시아에게 주어져 있지 않았다. 서기관들은 '이 사람'(경멸적인 어조)이 한 말을 하나님의 능력과 권위에 대한 모욕과 신성모독으로, 돌에 맞아 죽는 벌을 받을 만한 심각한 죄(레 24:15~16)로 간주했다. 나중에도 예수님은 그런 죄목으로 공식적인 비난을 받았다(참조, 막 14:61~64).

2:8~9 예수님은 그들의 악한 생각을 **곧**(유쒸스[εὐθύς]. 참조, 10절) 중심에(내적으로. 참조, 14:38) 아시고, 날카로운 질문으로 그들과 직접적으로 대면하셨다(랍비들의 논쟁에 있어서 수사적 방법. 참조, 3:4; 11:30; 12:37).

서기관들은 육체적 치료를 예상했으나, 예수님은 그 사람의 **죄 용서**를 선포하셨다. 치료는 눈으로 볼 수 있는 것이고 직접적으로 입증할 수 있는 것이기 때문에 그들은 병을 치료하는 것보다는 용서의 선포가 더 쉽다고 생각했던 것 같다.

2:10 이 구절은 중간에 청취자의 어색한 변화 때문에 해석상의 문제를 일으킨다. 예수님은 서기관들에게 말씀하고 계셨던 것 같다(상반절). 그런데 갑자기 구절이 끊기고 하반절에서는 예수님이 **중풍병자**에게 말씀하고 계신다. 마가의 전체적인 강조점의 견지에서 볼 때, 또 하나의 문제점은 예수님이 그분의 사역에서 너무 이른 시기에 믿지 않는 자들 앞에서 인자라는 칭호를 공공연하게 사용하셨다는 것이다(참조, 9:9; 10:33). 이 칭호는 이 구절과 28절 외에는 베드로의 고백(8:29) 이후까지 마가복음에 나타나지 않는다. 그 이후에 그 칭호가 12번 나타나는데, 예수님이 제자들에게 자신을 드러내시는 데 사용되었다(참조, 8:31, 38; 9:9, 12, 31; 10:33, 45; 13:26; 14:21[두번], 41, 62; 8:31의 주해를 보라).

이런 문제점들을 생각해 볼 때, 이 구절의 상반절은 아마 마가가 편집 과정에서 부가적으로 덧붙인 설명일 것이다(참조, 15하, 28절; 7:3~4, 19; 13:14). 그는 독자들에게 이 사건의 중요성을 설명하기 위해, 즉 부활하신 인자로서 예수님은 **지상에서 죄를 용서할 수 있는 권세**(엑손시안 [$\dot{\epsilon}\xi o\nu\sigma \acute{\iota}\alpha\nu$]: 권한과 능력)를 가지고 있다는 것을 설명하기 위해 그 말을 삽입했던 것이다. 복음서 중 오직 여기에만 죄의 용서가 인자에게 속해 있다는 것을 기록하고 있다. 그러나 서기관들은 그것을 온전히 인식하지 못했다.

이런 견해는 이 사건의 문학적인 통일성에 기여한다: 용서가 선포되고(2:5), 이의가 제기되고(6~9절), 확인되고(11절), 인정된다(12절). "**너희로 알게 하려 하노라**"라는 말씀은 "지금 너희(마가복음의 독자들)는 알아야 한다"라는 말로 번역될 수 있다. 이 구절의 하반절은 마가의 해설이 끝나고 사건 자체로 돌아간다는 것을 알려 준다.

2:11~12 예수님은 중풍병자에게 "일어나(그의 믿음을 시험하심) 네 상을 들고 집으로 가라"(순종하라는 요구)고 명령하셨다. 그 사람은 예수님을 비판하는 자들까지 포함된 모든 사람 앞에서 곧 그렇게 할 수 있었다. 그들은 그가 하나님의 용서를 받았다는 것을 인정하지 않을 수가 없었다. 이것은 예수님이 행하신 구원의 특징, 즉 전인격을 치료하신다는 것을 보여 주었다. 예수님이 초자연적인 힘을 보여 주신 것 때문에 모든 사람이(아마 서기관들도 포함해서) 놀라고(엑시스타스싸이[ἐξιστασθαι]: 문자적으로 '넋이 나가다.' 참조, 3:21; 5:42; 6:51) 하나님을 찬양했다(하나님께 영광을 돌렸다).

2. 레위를 부르시고 죄인들과 함께 식사하심
   (2:13~17; 마 9:9~13; 눅 5:27~32)

2:13 예수님이 가버나움에서 다시(참조, 1:16) 호수(갈릴리 바다)로 나가셨다. 그분의 활동을 요약하기 위해 마가는 예수님이 그분의 말씀을 들으러 계속해서 몰려오는 군중을 가르치고 있었다고 서술했다. 사람이 많은 중심지에서 예수님이 물러나셨다는 것은 마가복음에 빈번히 나타나는 주제이며(참조, 1:45; 2:13; 3:7, 13; 4:1; 5:21 등), '광야'의 주제를 연상시킨다(참조, 1:4, 12~13, 35, 45).

2:14 가버나움은 상인들이 다메섹에서 지중해로 가는 도로에 위치한, 세관이 있는 지역이었다. 레위(마태로도 불림. 참조, 3:18; 마 9:9; 10:3)는 갈릴리 통치자였던 헤롯 안티파스(누가복음 1장 5절 주해에 있는 〈헤롯의 가계도〉를 보라)에게 봉사하는 유대인 세리였다. 이들은 그 일을 하면

서 사기를 치는 버릇이 있었기 때문에 유대인들에게 멸시당했다. 그러나 예수님은 자기를 따르고 그의 옛 직업을 버리라는 은혜의 부름을 레위에게 확장시키셨다(막 1:17~18).

2:15~16 얼마 후에 레위는 예수님과 제자들을 위해 만찬을 베풀었다. 이것은 마가복음에서 '제자들'을 특정한 그룹으로 지칭한(43번) 것 중 최초의 언급이다. 마가는 마가복음에 지금까지 언급된 다섯 사람뿐 아니라 예수님을 따르는 많은 사람(제자들)이 있었다는 것을 설명하기 위한 설명을 첨가했다.

많은 세리들(레위의 전 동료들)과 '죄인들'(엄격한 바리새인들의 규범을 지키지 않았던, 바리새인들에 의해 율법에 무식한 자들이라고 간주되었던 일반 사람들에 대한 호칭)이 예수님과 함께 식사하고 있었다. 예수님과 그분의 제자들이 그들과 함께 식사를 하는 것은(신뢰와 친교의 표현) 바리새인들인 서기관들을 화나게 만들었다. 팔레스타인에서 가장 영향력 있는 유대교 분파인 바리새인들은 모세 율법에 깊이 헌신한 사람들이었다. 그들은 구전되어 내려온 율법에 대한 구속력 있는 해석에 의해 그들의 생활을 엄격히 규제했고, 의식적인 성결을 유지하는 데 아주 신중했다(참조, 7:1~5). 그들은 예수님을 분리주의자가 아니라는 이유로, 그리고 '의인'(자칭)과 '죄인들' 사이의 거룩한 구분을 준수하지 못했다는 이유로 비판했다.

2:17 예수님은 잘 알려진 격언(그분의 반대자들에게도 타당하다고 인정된)과 자신의 행위가 정당함을 주장하는 그분의 사명에 관한 말씀으로 그들의 비판에 대응하셨다. 의인이라는 말이 이상하게도 자신들을 의롭

다고 여긴 사람들, 즉 바리새인들을 언급하기 위해 사용되고 있다(참조, 눅 16:14~15). 그들은 자신이 회개하고 믿을 필요가 없다고 생각했다(참조, 막 1:15). 그러나 예수님은 '의인'을 포함한 모든 사람이 죄인이라는 것을 아셨다. 그분은 **죄인들**, 즉 겸손하게 그들의 부족함을 인정하고 그분의 은혜로운 용서를 받아들이는 사람들을 하나님 나라로 부르시기 위해 (세상에) 오셨다. 이것이 바로 예수님이 죄인들과 함께 식사하신 이유였다(참조, 2:5~11, 19~20).

3. 금식과 새로운 상황에 대한 논쟁
(2:18~22; 마 9:14~17; 눅 5:33~39)

2:18 마가가 쓴 처음 문장은 아마 예수님과 그 제자들이 레위의 집에서 만찬을 즐기고 있는 동안 **요한의 제자들**(세례 요한의 남아 있는 제자들)과 바리새인들(그리고 그 제자들이나 추종자들)은 금식하고 있었다는 것을 설명했다. 구약성경은 매년 속죄일에만 회개의 행위로(레 16:29) 모든 유대인이 금식할 것을 규정해 놓았다. 그러나 바리새인들은 매주 월요일과 목요일에(참조, 눅 18:12) 경건의 행위로 자유롭게 금식을 행했다. 그런 비판적인 질문에 대해 예수님은 적절한 금식을 허락하셨음에도(참조, 마 6:16~18) 불구하고, 그분의 제자들이 금식하는 것은 어울리지 않는다는 것을 보여 주셨다(막 2:19~22).

2:19~20 역으로 던지시는 예수님의 질문을 보면 비교와 자신에 대한 비유로 이루어져 있다. 신랑이 있을 때 손님들(문자적으로 '신부 방의 아들들', 신랑의 수행자들)이 금식하는 것(슬픔의 표시)은 적당하지 않듯이,

예수님이 제자들과 함께 있는 동안 그들이 (슬퍼하며) 금식하는 것은 타당하지 않다.

예수님이 그들과 함께 있다는 것은 결혼 잔칫날만큼 기쁜 상황을 만들어 준다. 그러나 이 상황은 변할 것이다. 왜냐하면 그들이 신랑(예수님)을 빼앗길(아파르쎄[ἀπαρθῇ]: 폭력으로 빼앗김. 참조, 사 55:8) 날이 올 것이기 때문이다. 그러면 그날에(그분이 십자가에 달리신 날) 제자들은 기쁨 대신 슬픔을 경험한다는 비유적인 의미로 금식할 것이다. 그분의 다가오는 죽음에 대한 이 언급이 십자가에 대한 마가복음의 첫 번째 암시이다.

2:21~22 마가는 처음으로 예수님의 비유를 두 가지 사용했는데, 둘 다 금식보다는 더 폭넓은 연관성을 가지고 있다. 예수님이 그분의 백성과 함께 계시다는 것은 새로운 (성취의) 시대가 시작되었고, 옛 시대가 지나가 버렸음을 의미한다.

복음의 새로움을 낡은 유대 종교에 결합시키려는 시도는 줄어들지 않은 새 옷 조각을 낡은(팔라이온[παλαιόν]: 사용해서 닳아 없어진) 옷에 붙이려고 하는 것만큼이나 어리석은 짓이다. 새(카이논[καινόν]: 질적으로 새로운) 옷 조각(플레로마[πλήρωμα]: 가득 참)이 젖게 되면 줄어들어서 낡은 옷 조각을 당기게 되어 더 큰 구멍을 만들 것이다.

마찬가지로 새로운(네온[νέον]: 신선한), 완전히 발효되지 않은 술을 낡은(팔라이우스[παλαιούς]: 사용하여 낡아 빠진, 탄력성이 없는, 부서지기 쉬운) 가죽 부대에 넣는 것은 위험한 일이다. 반드시 새 술이 발효될(팽창할) 때 가죽 부대를 터뜨릴 것이고, 술과 부대를 모두 버리게 될 것이다. 예수님을 통해 얻을 수 있는 구원은 옛 유대 제도와는 혼합될 수 없는 것이다(참조, 요 1:17).

4. 안식일에 이삭을 잘라서 먹음
   (2:23~28; 마 12:1~8; 눅 6:1~5)

2:23~24 어느 안식일에 예수님의 제자들이 누군가의 밀밭 사이를 걸어서 지나가는 동안 곡식을 잘라서 먹기 시작했다. 이것은 합법적인 행위였다(신 23:25). 그러나 바리새인들은 그것을 안식일에 금지된 노동 행위인(참조, 출 34:21) 추수하는 것으로 보았다. 그래서 그들은 예수님께 설명을 요구했다.

2:25~26 이에 대해 예수님은 다윗이 자기와 및 함께한 자들이 먹을 것이 없어서 굶주렸을 때 행한 일을 기록한 성경을 예로 들어 설명하셨다(삼상 21:1~6). '함께한 자들'과 '먹을 것이 없어서'라는 말이 이 사건에 있어서 중요한 요소이다. 다윗은 성전(장막 뜰)에 들어가 모세 율법이 제사장들에게만 허락하고 있는(참조, 레 24:9) 진설병(참조, 레 24:5~9)을 요구하고 자기 부하들에게 나눠 주었다. 예수님은 율법에 대한 바리새인들의 좁은 해석이 하나님의 의도를 흐리게 했다는 것을 보여 주기 위해 하나님이 저주하지 않으신 이런 행위를 사용하셨다. 인간의 필요와 관련해서 의식적인 규례보다는 율법의 정신이 더 우위에 있었던 것이다.

마가는 대제사장 아비아달의 시대에 다윗의 이러한 행동이 있었다고 서술해 놓았다. 그러나 실제로 당시의 대제사장은 아비아달의 아버지인 아히멜렉이었다(삼상 21:1). 이것은 '아비아달 대제사장 때에'라는 서론적 구절에 대한 해석으로 설명할 수 있다. 구약성경 여러 부분에서 이런 예를 찾을 수 있는데, 이는 유대인들의 습관적인 방법이었다. 아비아달은 아히멜렉 바로 다음에 대제사장이 되었고, 아히멜렉보다 더 유명했다. 그래서 아비아달의 이름이 여기에 사용된 것이다.

2:27~28 마가는 "또 이르시되"라는 말로 두 가지 원칙을 덧붙였다. (1) 그는 안식일에 관한 무거운 규정들을 지키도록 인간들이 만들어진 것이 아니라, 인간의 유익과 생기 회복을 위해 안식일이 (하나님에 의해) 제정되었다는 예수님의 말을 인용한다. (2) 그는 독자들을 위해 예수님의 말씀에 대한 설명으로(참조, 10절) 결론을 내렸다(이러므로, 23~27절에 비추어). 인자는(참조, 8:31) 안식일에도 주(주인)이니라. 다음 사건에서도 보여 주듯이, 그분은 안식일에 대한 절대적인 주권을 가지고 계시다.

5. 안식일에 손 마른 사람을 고쳐 주심
   (3:1~5; 마 12:9~14; 눅 6:6~11)

3:1~2 또 다른 안식일에 예수님은 회당에서(아마 가버나움의 회당일 것이다. 참조, 1:21) 오그라들어 못쓰게 된 손(그의 '마른' 손. 참조, 눅 6:6)을 가진 사람을 보셨다. 몇 사람이(바리새인들. 참조, 막 3:6) 예수님을 고발할 이유를 찾기 위해 그분이 무엇을 하시는지 자세히 지켜보고 있었다. 그들은 단지 생명의 위험이 있을 때만 안식일에 병 고치는 것을 허락했다. 이 사람의 병은 생명의 위험이 있는 것이 아니었으며, 다음 날까지 기다릴 수 있었다. 그런데 예수님이 그를 고치신다면 그들은 사형에 처할 만한 죄, 즉 안식일 위반으로 그분을 고소할 수 있을 것이다(출 31:14~17).

3:3~4 예수님은 모여 있는 모든 사람이 그의 마른 손을 볼 수 있도록 그 사람에게 일어서라고 명령하셨다. 그 다음에 바리새인들에게 두 가지 행

위 중 어느 것이 실제로 모세의 율법에 있는 안식일의 목적과 일치하느냐는 수사학적인 질문을 하신다. 이에 대한 분명한 대답은 다음과 같다: 선을 행하는 것과 생명(프쉬케[ψυχή]: 영혼. 참조, 8:35~36)을 구원하는 것. 안식일에 이러한 인간의 필요를 충족시키지(참조, 2:27) 않는 것은 악을 행하는 것(안식일의 목적을 잘못 사용하는 것)이다. 결국에는 안식일에 관한 그들의 음모는(참조, 3:6) 그들을 생명을 죽이는 죄에 빠지게 했다. 안식일에 '선을 행하는 것'에 대한 도덕적인 문제가 (법적인 문제가 아니라) 논의되었으나, 바리새인들은 토론을 거부했다.

3:5 예수님은 노하심으로 바리새인들을 둘러보셨다(페리블레포마이[περιβλέπομαι]에서 파생된 단어. 모든 것을 통찰하는 바라봄. 참조, 34절; 5:32; 10:23; 11:11). 이것이 신약성경에 있는 예수님의 분노에 대한 유일하고도 분명한 언급이다. 그것은 하나님의 자비와 인간의 고통에 대한 그들의 강퍅함과 완악함(포로세이[πωρώσει]: 완고하게 됨. 참조, 롬 11:25; 엡 4:18)을 깊이 슬퍼하시는, 악의가 없는 분노였다.

손 마른 사람이 예수님의 명령에 따라 손을 내밀었을 때 즉시, 그리고 완전히 회복되었다. 예수님은 안식일에 '일'이라고 해석될 수 있는 어떤 수단도 사용하지 않으셨다. 안식일의 주인으로서(막 2:28) 예수님은 안식일을 법적인 장애물로부터 해방시키셨고, 은혜 가운데 그 사람을 고통으로부터 건져 주셨다.

E. 결론: 예수님이 바리새인들에게 배척당하심(3:6)

3:6 이 구절은 갈릴리에서 기성 종교 집단과 예수님 사이에 일어난 갈등 부분(2:1~3:5)의 절정을 이룬다. 이 구절은 마가가 예수님의 죽음에 대해 분명히 언급한 첫 번째 구절이다. 여기에서부터 예수님의 사명에 대해 어두운 그림자를 드리우기 시작한다. 바리새인들은 예수님을 죽이기 위해 헤롯 안티파스의 정치적 지지자들인 **헤롯당**(참조, 12:13)과 전례 없이 손을 잡고 음모를 꾸몄다(참조, 15:31~32). 예수님의 권위가 그들의 권위와 부딪치게 되면서 그들의 권위를 흔들어 버렸다. 그래서 그들은 예수님을 죽여야만 했다. 다만 그들의 문제는 어떻게 죽이느냐 하는 것이었다.

Ⅳ. 예수님의 후기 갈릴리 사역(3:7~6:6상)

예수님의 공생애를 다루는 마가복음의 두 번째 단락도 구조적으로 첫 번째 단락처럼 시작하고 끝맺는다(참조, 1:14~15과 3:7~12; 1:16~20과 3:13~19; 3:6과 6:1~6상). 이 단락은 반대와 불신의 상황 속에서 예수님의 사명이 이루어져 가는 것을 보여 준다.

A. 서론적 요약: 갈릴리 바다 근처에서의 예수님의 사역 (3:7~12; 마 12:14~21)

3:7~10 이 요약적인 부분은 상황이나 특징에 있어서 2장 13절과 유사하다. 첨가된 요소가 하나 있다면, 예수님이 제자들과 함께 물러가셨다는 것(헬라어 구문에서 강조 위치)이다. 제자들은 예수님을 향한 적대감과 대중의 갈채를 모두 공유했다.

갈릴리에서 온 많은 사람들이 그분을 따랐다(일반적인 의미, '동행하다'). 그분이 행하신 모든 것(즉 병 고치는 기적)에 매혹된 많은 사람이 다른 지역, 즉 남쪽으로 유대, 예루살렘, 이두매, 동쪽으로 요단 강 건너편(베뢰아), 북쪽으로 해안 도시 두로와 시돈(페니키아에 있는)에서도 왔다. 예수님은 이 모든 지역에서 시간을 보내셨다(이두매를 제외하고, 5:1; 7:24, 31; 10:1; 11:11). 병 고치시는 예수님의 사역의 영향과 병(마스티가스 [μάστιγας]: 천벌. 참조, 5:29, 34)을 앓는 자들이 그분을 만지려고 몰려드는 것 때문에 그분은 군중의 혼잡을 피할 수 있도록 작은 배를 대라고 제자들에게 말씀하셨다. 마가만이 이것을 상세하게 기록했는데, 이는 베드로처럼 직접 목격한 증인들의 기억을 암시해 주는 것이다.

3:11~12 군중 속에는 말과 행동에 있어서 악령에 사로잡혀 있는 사람들, 즉 귀신 들린 자들이 있었다. 그들은 예수님이 하나님의 아들이심을 인정했고, 그분의 나타나심에 의해 크게 위협을 받았다. 예수님은 계속해서(미완료형) 그것을 드러내는 것을 용납하지 않으셨고, 자기가 누구인지 말하지 말라(참조, 1:24~25, 34)고 명령하셨다(참조, 1:25; 4:39; 8:30, 32~33; 9:25). 예수님은 그들의 외침을 계속 잠잠케 하심으로써 그분의 정체와 사명을 점진적으로 나타내시기 위한 하나님의 계획에 순종하고 계심을 재차 확증하셨다.

B. 예수님이 열두 제자를 임명하심 (3:13~19; 마 10:1~4; 눅 6:12~16)

3:13 예수님은 호숫가의 낮은 지역에서 산으로 올라가셨다(갈릴리 중심에 있는 산. 참조, 6:46). 그분은 주도권을 가지시고 그분이 원하시는 자들, 즉 열둘(3:16~19)을 부르셨다. 그래서 그들은 많은 군중으로부터 예수님께 나아왔다(참조, 눅 6:13). 마가는 예수님이 다른 많은 자를 가지고 있다고 이미 말씀하셨다(참조, 막 2:15).

3:14~15 예수님은 두 가지 목적을 위해 **열둘**을 임명하셨다(문자적으로는 '만들었다'라는 의미). (1) 그분과 함께 있게 하기 위해(훈련을 위한 친밀한 교제). (2) 그들을 보내셔서 나아가 전도하고(참조, 1:4, 14) 귀신들을 쫓

아내는(에크발레인[ἐκβάλλειν]. 참조, 1:34, 39) (위임된) 권능도 갖게 하기 위해(미래의 사명. 참조, 6:7~13). 마가는 예수님에 대한 제자들의 협조와 그들의 사역 준비에 주의를 기울였다.

대부분의 중요한 고대 헬라어 사본들과 초기 번역본들에는 "그들을 사도로 칭하였다"(designating them apostles, NIV)라는 말이 없다. 이 말이 없는 것이 타당해 보인다. 초기 몇몇 사본에 그 말이 포함되어 있는 것은 아마도 누가복음 6장 13절의 영향 때문인 것 같다. 그리고 마가는 '사도'라는 말을 마가복음 6장 30절에서만 사용했다. 그것도 일반적인 의미로만 사용했다.

12라는 수는 이스라엘의 12지파에 대응하는 수이다. 그러므로 그것은 모든 백성에 대한 예수님의 권리를 나타내 준다. '열둘'은 이 무렵 예수님에 의해 임명된 사람들에 대한 공식적인 칭호나 명칭이 되었다(참조, 4:10; 6:7; 9:35; 10:32; 11:11; 14:10, 17, 20, 43). 의미상으로는 이스라엘과 연관되어 있지만, 그들을 결코 새 '이스라엘'이라든가 영적 '이스라엘'이라고 부르지 않았다. 오히려 그들은 다가오는 새로운 공동체, 즉 교회(참조, 마 16:16~20; 행 1:5~8)의 핵심이었다.

3:16~19 이 구절들은 임명된 열둘의 이름을 관례대로 나열하고 있다. 시몬(참조, 14:37)이 첫 번째로 기록되어 있다. 예수님은 그에게 아람어로 게바('돌'이나 '바위'를 의미)에 해당하는 베드로(참조, 요 1:42)라는 헬라어 이름을 붙여 주셨다. 이것은 예수님의 공생애 동안, 그리고 초대교회에서(참조, 마 16:16~20; 엡 2:20) 베드로의 지도적인 역할을 의미한 것이지, 그의 개인적 성격을 언급한 것은 아니었던 것 같다. 세베대의 아들 야고보와 요한은 보아너게라는 별명이 붙여졌다. 예수님은 그 의미에 대해

더 많은 보충 설명(지금 알려지지 않은)을 의도하셨겠지만, 마가는 그 히브리어 관용구를 우레의 아들(참조, 막 9:38; 10:35~39; 눅 9:54)로 해석했다.

안드레(참조, 막 1:16; 13:3), 가룟 유다(참조, 14:10, 43), '작은 야고보'로 나타난 알패오의 아들 야고보(참조, 15:40)를 제외한 나머지 이름은 마가복음에 다시 나타나지 않는다: 빌립(참조, 요 1:43~45), 바돌로매(나다나엘, 요 1:45~51), 마태(레위. 참조, 막 2:14), 도마(참조, 요 11:16; 14:5; 20:24~28; 21:2), 알패오의 아들 야고보(레위의 형제는 아님. 참조, 막 2:14), 다대오(야고보의 아들 유다. 참조, 눅 6:16; 행 1:13), 열심당원 시몬('열심당'은 극단적 국수주의가 아니라 하나님의 영예에 대한 열정을 의미하는 것 같다). 예수님을 적들에게 팔아넘긴(참조, 막 14:10~11, 43~46) 가룟 유다('가룟 사람.' 유일하게 갈릴리 출신이 아님. 참조, 요 6:71; 13:26)는 대비되어 나타난다.

C. 바알세불의 힘을 받았다는 고소와 예수님의 참된 가족 (3:20~35)

이 부분은 '샌드위치' 구조를 이루고 있는데, 예수님의 가족에 대한 이야기가(20~21, 31~35절) 예수님이 바알세불의 힘을 받는다는 비난(22~23절)에 의해 둘로 나뉘어 있다. 마가는 여러 가지 이유 때문에 이러한 문학적 구성을 여러 번 사용했다(참조, 5:21~43; 6:7~31; 11:12~26; 14:1~11, 27~52). 여기서 마가는 예수님에 대한 비난의(참조, 3:21과 30절) 유사점들을 지적했다. 동시에 예수님에 대한 일반적인 반대와 그분을 통한 성령님의 사역을 훼방하는 것 사이를 분명히 구분했다.

1. 예수님에 대한 가족들의 걱정(3:20~21)

3:20~21 이것은 마가복음에만 있는 독특한 내용이다. 예수님이 어떤 집으로 들어가시자(가버나움에 있는 집. 참조, 2:1~2), 무리가 와서 치유를 요구했기 때문에 그분과 그 제자들은 식사할 겨를도 없었다(참조, 6:31). 그분의 친족들이(문자적으로 '그와 함께한 사람들,' 친구들이 아니라 친척을 의미하는 헬라어 관용구. 참조, 3:31) 그분이 쉬지 않고 일하느라 자신을 잘 돌보지 않는다는 소식을 듣고 그분을 데리러(크라테사이[χρατῆσαι]: '체포하다'라는 의미로 사용됨. 참조, 6:17; 12:12; 14:1, 44, 46, 51) 왔다(아마 나사렛에서 온 것 같다). 왜냐하면(가르[γάρ]. 참조, 1:16) 사람들이 계속해서 그분이 미쳤고, 정신적으로 이상한 광신자라고 말했기 때문이다(참조, 행 26:24; 고후 5:13).

2. 바알세불과 관련된 비난에 대한 예수님의 반박
  (3:22~30; 마 12:22~32; 눅 11:14~23; 12:10)

3:22 그때 서기관들(율법 선생들) 일행이 예수님을 조사하러 예루살렘에서 내려왔다. 그들은 예수님이 바알세불에게 사로잡혔다고(귀신에 사로잡힘. 참조, 30절), 그리고 귀신의 왕(통치자)인 사탄의 힘으로 귀신을 쫓아내고 있다(참조, 23절)고 비난했다.

영어 번역인 '브엘세붑'(Beelzebub)은 '파리의 신'을 의미하는 고대 가나안 족속의 신 이름인(참조, 왕하 1:2) 히브리어 '바알세붑'을 번역한 라틴어 벌게이트 성경에서 영어로 번역된 단어이다. 그러나 '브엘세불'(Beelzeboul)이라는 단어가 더 많은 헬라어 사본의 지지를 받고 있다. 그것은 '거주지(성전)의 주인,' 즉 신약성경의 문맥에서는 악령들을 의미하는(참조, 마 10:25; 눅 11:17~22) 후기 히브리어 '바알세불'(구약성경에는 사용되지 않음)을 반영하고 있다.

3:23~27 예수님은 자신을 비난하는 자들을 부르시고, 그들의 비난을 비유로 논박하셨다(이야기가 아니라 하나의 짧은 격언적인 속담). 예수님은 그들의 주장이 **사탄이 자기 자신을 거스르는** 행동을 한다는 불합리한 명제를 가정하고 있음을 보여 줌으로써 우선 두 번째 비난에 반박하셨다(23~26절). 예수님은 두 가지 비유를 사용하셔서 **한 나라나 집**(가정)이 목적이나 목표에 있어서 **스스로 나뉘어** 있다면 그것은 **스스로 설 수 없다는** 점을 분명히 밝히셨다. 마찬가지로 **사탄이** 자기 자신을 반대하고 그의 영역이 나뉘어 있다면, 사탄도 스스로 설 수 없을 것이다. 이것은 그의 종말이, 즉 그의 존재가 아니라 그 능력의 종말이 왔다는 것을 의미한다. 분명히 이것은 잘못이다. 왜냐하면 사탄은 아직도 강한 존재로 남아 있기 때문이다(참조, 27절; 벧전 5:8). 그러므로 예수님이 귀신을 쫓아내시는 것이 사탄의 능력 때문이라는 비난은 잘못된 것이었다.

27절에 있는 비유는 서기관들의 첫 번째 비난(22절)을 논박한 것이다. 그들의 비난은 **실제로**(문자적으로는 '반대로') 그 반대가 옳다는 것을 보여 준다. 사탄은 **강한 자**다. 그리고 그의 **집**은 죄와 질병, 귀신에 사로잡힘, 그리고 죽음의 영역이다. 그의 세간은 이런 것들에 노예가 된 사람들이다. 그리고 귀신들은 그의 악마적 활동을 수행하는 대리자들이다. 어느 누구라도 우선 그 강한 자를 결박하지 않고서는(자기가 더 힘이 세다는 것을 보여 주지 않고서는) 그의 세간을 빼앗으러(디아르파사이 [διαρπάσαι]: 약탈하다) 그의 영역으로 들어갈 수가 없다. 강한 자를 결박한 다음에야 그 영역으로 들어가서 노예가 된 희생자들을 구원할 수 있다. 예수님은 시험받으실 때(참조, 1:12~13), 그리고 귀신을 쫓아내실 때 성령님에 의해 능력을 받았으므로 보다 더 강한 자라는 것을 입증하셨다(참조, 3:29). 그분의 사명은 사탄과 대면하여 그를 물리치고(협동하는 것이 아니라) 사탄의 노예가 된 사람들을 구원하는 것이다.

3:28~30 서기관들의 비난에 대해 예수님은 강한 경고를 내리셨다. "내가 진실로 너희에게 이르노니"(문자적으로 "아멘[진실로], 내가 너희에게 말한다")라는 말은 복음서에만 나오는, 그리고 항상 예수님에 의해서만 사용된 단호한 확증의 표현이다(마가복음에 13번 나온다).

예수님은 인간(사람들)의 모든 죄와 훼방(하나님을 거스르는 교만한 말들)은 하나님의 은혜로운 용서(참조, 1:4)를 얻을 수 있으나, **성령님을 훼방하는 한 가지는 용서를 받을 수 없다**고 선언하셨다. 이 맥락으로 보아 이 말은 성령님으로 권능을 받은 예수님의 인격과 사역에 나타난 인간을 구원하는 능력을 거부하는, 하나님을 향한 공격적이고 적대적 태도(하나의 고립된 행위나 말이 아니라)를 언급하는 말이다. 그것은 비록 빛이 드러났으나 어둠을 더 좋아하는 사람들의 행위이다(참조, 요 3:19). 그런 완고한 불신앙을 고집하는 태도 때문에 하나님의 영에 의해 중재된 회개와 용서가 불가능해지는 상황으로 굳어질 수가 있다. 이 사람은 영원한 죄(단수, 그것은 영원히 용서받지 못한 채로 남아 있기 때문에 궁극적인 죄다. 참조, 마 12:32)를 범한(에노코스[ἔνοχος]: ~하기 쉬운, ~ 손아귀에) 사람이다. 가룟 유다가(참조, 막 3:29; 14:43~46) 이 말의 현실성을 입증해 주었다.

마가는 그들(서기관들, 3:22)이 계속해서 예수님이 귀신에 사로잡혔다고 주장했기 때문에 예수님이 이 모든 것을 말씀하셨다고 설명했다(22하). 예수님은 말 그대로 서기관들이 용서받을 수 없는 죄를 범했다고 말한 것이 아니라, 예수님의 축귀(귀신을 쫓아냄)가 실제로 성령님에 의해 일어났는데도 그분의 축귀를 사탄의 능력으로 돌려버림으로써 그들이 더 심각한 위험에 빠지게 되었다고 말했던 것이다. 그들은 성령님을 '사탄'이라고 부른 것과 다름이 없었다.

3. 예수님의 참된 가족
(3:31~35; 마 12:46~50; 눅 8:19~21; 11:27~28)

3:31~32 예수님의 어머니(마리아. 참조, 6:3)와 그의 형제들(참조, 6:3)이 도착했다는 말로 3장 21절에서 중단된 이야기를 다시 시작하고 있다. 그들은 집 밖에 서서 그분을 둘러싸고 있는 군중 사이로 한 사람을 보내어 그분의 사역을 제지하고자 개인적인 대화를 요청했다.

3:33~35 예수님의 수사적인 질문은(33절) 가족관계를 거부한 것이 아니었다(참조, 7:10~13). 그분은 자신과의 관계에 대한 훨씬 더 깊은 차원의 문제를 밝혀 주셨던 것이다. 그것은 질적으로 매우 유효한 질문이다: "누가 내 어머니며 동생들이냐?" 그런 다음 예수님은 자기 주위에 둘러 앉아 있는 사람들을(밖에 서 있는 사람들과는 대조되는 그분의 제자들, 31절) 보시고(페리블레포마이[περιβλέπομαι]에서 온 단어. 참조, 3:5) 나서, 그들과의 관계는 자연적 가족관계를 뛰어넘는 것이라고 말씀하셨다.

예수님은 하나님의 뜻을 행하는 자는 누구든지 자기 가족의 일원이라고 말씀하심으로써 그 자리에 있던 사람들 그 이상으로 대상을 확대시키셨다. 헬라어 관사가 없이 사용된 "형제요 자매요 어머니"라는 말은 예수님의 영적인 가족을 상징적으로 나타내 준다. 하나님의 뜻을 행하는 것은(예를 들면, 1:14~20) 예수님의 영적인 가족이 된 사람들의 특징이다.

D. 하나님 나라의 성격을 예고하는 예수님의 비유(4:1~34)

이 부분에 나타난 비유들은 마가복음에서 예수님의 교훈을 다루고 있는 두 개의 큰 단락 중 첫 번째 단락(참조, 다른 하나는 13:3~37)에 포함된 것이다. 마가는 하나님 나라의 성격을 예고하기 위해(참조, 4:11과 1:15) 많은 수집 자료들 중에서 이 비유들을 선택했다(4:2, 10, 13, 33).

그것들은 점차 심해져 가는 적대감과 반대의 분위기 속에서(참조, 2:3~3:6, 22~30), 또한 대중들의 열렬한 환영의 분위기 속에서(참조, 1:45; 2:2, 13, 15; 3:7~8) 주어졌던 것이다. 그러한 두 가지 반응 모두 예수님이 참으로 누구신가를 백성이 이해하지 못했다는 것을 보여 준다.

'비유'(parable)라는 말은 '비교'를 의미하는 헬라어 **파라볼레**(παραβολή)의 음역이다. 그것은 여러 가지 상징적인 언어의 형태를 지칭하는 것일 수 있다(예를 들면, 2:19~22; 3:23~25; 4:3~9, 26~32; 7:15~17; 13:28). 그러나 일반적으로는 생생한 비유에 의해 영적인 진리를 전달해 주는 짧은 이야기를 의미한다. 가르쳐야 할 진리를 자연이나 일상생활의 경험 속에 있는 어떤 것에 비유한다. 가끔 부수적인 특징이 전체적인 의미를 확장시켜 주기는 하지만(4:3~9, 13~20; 12:1~12), 비유는 보통 한 가지 중요한 진리를 나타낸다. 비유는 청중으로 하여금 어떤 상황에 참여하고, 그것을 평가하며, 또 그 진리를 자신들에게 적용시키도록 해 준다(마태복음 7장 24~27절 주해에 있는 도표 〈예수님의 비유들〉을 보라).

1. 서론적 요약(4:1~2; 마 13:1~2)

4:1~2 예수님은 다시 한 번(참조, 2:13; 3:7) 호숫가에서(갈릴리 바다) 많은 군중을 가르치고 계셨다. 군중이 너무 많아서 그분은 할 수 없이 호숫가에 배를 띄워 놓고 거기에 앉아서 해변에 모인 사람들을 가르치셔야 했다. 이때 그분은 그들에게 많은 것을 비유로 가르치셨다.

2. 씨 뿌리는 비유(4:3~20)

a. 씨 뿌리는 비유(4:3~9; 마 13:3~9; 눅 8:4~8)

예수님은 비유를 말씀하시기 전이나 하신 후에나 주의 깊게 듣도록 군중에게 요구하셨다(참조, 막 4:3, 9, 23).

4:3~9 한 농부가(문자적으로 '씨를 뿌리는 자') 갈지 않은 밭에 씨를 뿌렸는데 어떤 씨는 사람들이 밟고 다니는 길 위에 떨어졌다(참조, 2:23). 어떤 씨는 석회석이 지표 가까이에 있어서 씨를 깊이 뿌릴 수 없는 돌밭에 떨어졌다. 다른 씨는 가시떨기 사이(파 낸 가시나무 뿌리를 포함하고 있는 땅)에 떨어졌다. 또 다른 씨는 좋은 땅에 떨어졌다.

모든 씨가 다 결실을 낸 것은 아니었다. 길가에 떨어진 씨는 새에게 먹혀 버렸다(4:4). 얕은 돌밭에서(참조, 1:10) 자라던 연약한 식물은 태양이 떠오르자 말라버렸다(4:6). 가시떨기 사이에서 자라던 식물은 가시들이 자라서 기운을 막아 버리자 결실할 수 없었다(7절).

그와는 달리 좋은 땅에 떨어진 씨는 뿌리를 내리고 자라서 풍부한 결실을 생산해 내었다. 토양의 비옥함에 따라 뿌린 씨의 30배, 60배, 100배의 결실을 맺게 되었다(8절). 그 당시는 뿌린 씨에 대해 10배의 수확만 거둬들여도 풍작이라고 생각되었다.

b. 씨 뿌리는 비유에 대한 예수님의 설명
　　(4:10~12; 마 13:10~17; 눅 8:9~10)

4:10 여기에서 장면의 변화가 중요하다. 10~20절의 설명은 21~32절의 비유보다 시간적으로 나중에 있었던 것이지만(참조, 35~36절; 마 13:36), 마가는 4장 11절, 33~34절에 진술한 원칙을 설명하기 위해, 그렇게 함으로써 비유의 중요성을 보여 주기 위해 여기에 삽입한 것이다. 열두 제자와 그분을 둘러싼 사람들(다른 참 제자들. 참조 3:34)은 다른 사람들이 없을 때에만 비유에 대해, 특히 씨 뿌리는 자의 비유에 대해 예수님께 물었다(참조, 4:13).

4:11~12 우리는 이 구절들을 불신과 적대감의 상황 속에서 보아야 한다(참조, 3:6, 21~22, 30). 믿는 자들, 즉 제자들인 너희(헬라어 성경에는 문장 첫 부분에 위치해 강조됨)에게는 하나님이 하나님 나라의 비밀을 알려 주셨다(참조, 1:15). 그러나 외인(제자들이 아닌 믿지 않는 군중)에게는

모든 것, 즉 그분의 모든 메시지와 사명이 비유로 설명되었다. 여기서 '비유'는 '수수께끼 같은 말'이라는 특별한 의미를 가지고 있다. 그러므로 군중은 실제로 예수님을 이해하지 못했다.

두 집단이 예수님과 그분의 메시지에 의해 대조되었다(참조, 1:14~15). 하나님은 제자들로 하여금 하나님 나라에 대한 '비밀'(뮈스테리온[μυστήριον])을 예수님 안에서 볼 수 있도록 하셨다. 이것은 하나님이 그분의 나라에 대한 당시의 계획을 드러내셨음을 언급하는 것인데, 그 계획은 '씨를 뿌리는 것'을 말한다(참조, 4:13~20; 13:10). 그것은 이전의 선지자들에게는 감춰져 있었으나 이제 선택된 그분의 백성에게는 계시되었다(참조, 롬 16:25~26).

모든 하나님 나라 비유에 공통적인 '비밀'은 예수님 안에서 하나님의 통치(왕국)가 새로운 영적인 형태로 인간의 경험 속으로 들어왔다는 것이다. 제자들은 예수님을 믿었다. 이제까지 그들은 비밀의 완전한 영향을 거의 이해하지 못했음에도 불구하고 하나님은 그들에게 이미 이 '비밀'을 주셨던 것이다(데도타이[δέδοται], 완료 수동태).

한편, 불신에 눈 먼 사람들은 예수님 안에서 그들의 실존에 대한 위협 외에는 아무것도 발견하지 못했다. 그들은 예수님을 거부했다. 그래서 그들은 하나님 나라의 '비밀'을 알지 못하게 되었다. 예수님의 비유는 그들에게서 하나님 나라의 진리를 감추는 역할을 했다.

그들은 이사야 시대의 이스라엘 백성과 같았다(사 6:9~10). 이사야는 백성이 영적으로 보지 못하고 듣지 못하게 된 것이 하나님의 심판이라고 선언했다. 특히 이스라엘을 하나님의 계시를 거부하는 백성(참조, 막 6:9, '이 백성')으로 언급했다. 그들은 어떤 비유가 가지고 있는 외적인 상징은 보고 들을 수 있으나, 그것의 참된 영적 의미는 이해하지 못할 것이다. 그렇지 않았더라면(메포테[μήποτε]: 만약 ~하지 않으면) 그들은 하나님께 돌아와서(회개하고) 용서를 받았을 것이다.

예수님의 청중에게 그분을 믿을 기회가 전혀 없었던 것이 아니다. 그러나 그들이 계속해서 그분의 메시지(참조, 1:15)에 마음을 열지 않았으므로, 예수님이 사용하신 비유를 좀더 깊이 이해하지 못했다. 그러나 비록 진리를 감추고 있는 비유라 할지라도 생각을 일깨우고 밝혀 주고, 궁극적으로는 진리를 나타내기 위해 사용되었다(참조, 12:12). 그것들은 사람들의 신앙의 자유를 독특하게 보존해 주었다. 그러나 한편으로 그러한 결단이 하나님의 가능케 하심에 좌우된다는 것을 입증해 주었다(참조, 4:11상).

c. 씨 뿌리는 비유에 대한 예수님의 해석 (4:13~20; 마 13:18~23; 눅 8:11~15)

4:13 여기에 나오는 두 질문은 씨 뿌리는 비유의 중요성을 강조한다. 예수님의 제자들이 그 의미를 알지(오이다테[ὄιδατε]: 직관적으로 이해하다) 못한다면, 하나님 나라에 대한 어떠한 비유도 알지(그노세스쎄[γνώσεσθη]: 경험에 의해 알다) 못할 것이다.

4:14~20 농부(씨 뿌리는 자)가 누구인지 밝혀지지 않았다. 그러나 문맥으로 보아 농부는 예수님, 그리고 씨(참조, 1:15, 45; 2:2; 6:12)인 하나님의 말씀(메시지)을 뿌리는(선포하는) 모든 사람을 의미하는 것 같다. 4장 15~20절에 하나의 변화가 나타난다. 여러 종류의 땅이 씨가 뿌려지는 여러 형태의 청중으로 표현된다.

많은 사람이 예수님의 메시지에 세 가지 부정적인 응답 중 한 가지로 응답한다. 어떤 사람들은 냉혹할 정도로 무관심하게 말씀을 듣는다. 사탄은(새처럼) 즉시(유쒸스[εὐθύς]. 참조, 1:10) 와서 그것을 빼앗아간다. 결국 아무런 응답이 없었다는 말이다.

다른 이들은 즉시 열렬하게 말씀을 받아들이나, 깊이 받아들이는 것이 아니라 조금만 받아들인다. 그러므로 말씀이 그들에게 뿌리를 내리지 못하기 때문에 그들은 잠시만 견뎌 낸다. 말씀으로 인해 염려(문자적으로 '곤경')나 핍박이 올 때 그들은 즉시(유쒸스[εὐθύς]) 넘어지고 만다(스칸달리존타이[σχανδαλίζονται]: 물러나다. 참조, 14:27의 주해). 그들의 신앙이 진실한 것이 아니라는 사실이 입증된다.

또 어떤 사람들은 말씀을 듣기는 하나 생활의 염려와 재물에 사로잡혀 있다. 세 가지 경쟁적인 관심들 ― 혼란케 하는 세상(문자적으로 '현세')의 염려, 재물의 유혹(기만적인 속임), 말씀 대신에 자리를 차지하고 있는 다른 것들에 대한 욕심 ― 이 그들의 삶 속으로 들어온다(번성하는 가시나무처럼). 이러한 것들은 말씀(청중들이 아니라 말씀)을 질식시켜서 열매를 맺지 못하도록 한다(참조, 10:22). 그러므로 이것은 그들이 참다운 신자가 아니라는 사실을 드러내 준다.

이와 대조적으로 어떤 사람들은 하나님의 말씀을 듣고 받아들여(파라데콘타이[παραδέχονται]: 자신을 위해 받아들이다) 결실, 즉 영적인 열매를 맺는다. 이런 사람들이 참 제자들이다. 그들은 장차 수확 때 많은 양의 열매를 거둬들이게 될 것이다: 30배, 60배, 100배(참조, 4:24~25; 마 25:14~30; 눅 19:11~27).

하나님 나라의 소식을 전하는 것은 여러 종류의 땅에 씨를 뿌리는 것과 같다. 예수님의 초림 때, 그리고 지금도 하나님 나라는 사탄의 반대와 인간의 불신앙에 직면해 대체로 가려져 있다. 그럼에도 불구하고 하나님의 통치는 예수님의 메시지를 받아들이는 사람들에게 임한다. 그리고 그분의 통치는 영적인 열매 속에서 나타나게 된다. 그러나 하나님 나라는 아직 드러나지 않은 영광으로 예수님이 다시 오실 때 지상에 세워질 것이다(막 13:24~27). 그 다음엔 풍성한 수확이 있을 것이다. 그러므로 비유는 하나님의 나라를 현존하지만 가려진 것으로, 미래적인 것이지만 널리 영광스러운 것으로 묘사해 준다(참조, 1:14~15).

3. 등불과 헤아림의 비유(4:21~25; 눅 8:16~18; 마 5:15과 눅 11:33; 마 7:2과 눅 6:38; 마 10:26과 눅 12:2; 마 13:12; 25:29과 눅 19:26)

예수님은 여기에서 여러 가지 경우에 대한 비유적인 말씀을 사용하셨다. 마가는 비유들이 갖고 있는 메시지가 예수님이 말씀하신 하나님 나라 비유의 메시지를 강화시켜 주고, 또 비유에 타당한 응답을 해야 할 필요성을 입증해 주었기 때문에 여기에 비유를 갖다 놓았다. 마가복음 4장 23~24절은 3절과 9절을 상기시켜 준다. 이것은 결국 마가가 이 말씀들을 제자들을 향한 예수님의 개인적인 설교로 이해했다기보다는 오히려 모든 것에 대한 예수님의 비유적 가르침의 일부로 이해했다는 것을 암시한다.

4:21~23 이 비유 속에서 예수님은 기름으로 가득 찬 흙 주발에 담겨 있는 심지에 **등불**을 켜서 **그릇**(측정하는 데도 사용됨)이나 **평상**(문자적으로 '식사할 때 쓰는 긴 의자') 아래에 두는 것이 아니라, 오히려 빛을 비추

어 줄 등경 위에 놓아야 한다는 자명한 사실을 지적하였다. 그 다음에 감추인 것과 숨긴 것은 무엇이든지 드러나게 된다(낮에 사용하기 위해)고 설명하셨다(가르[γάρ]: 왜냐하면). 일상생활에서 나온 이 이야기는 그것으로부터 무엇인가 배우려는 사람들에게 영적인 진리를 전달해 주었다.

4:24~25 만일 어떤 사람이 그분의 선포(참조, 1:15)를 받아들이면, 하나님은 즉시 그분의 나라의 몫을 그에게 주실 것이고, 심지어 더 많은 것을 미래에 더해 주실 것이다(참조, 4:21~23). 그러나 만일 그분의 말씀을 거부한다면, 그 사람은 절대적인 손실을 당하게 될 것이다. 왜냐하면 이미 하나님 나라의 몫으로 가지고 있는 기회마저 빼앗길 것이기 때문이다.

4. 스스로 열매 맺는 땅의 비유(4:26~29)

이것은 마가복음에만 있는 독특한 비유다. 이 비유는 씨 뿌리는 비유와 마찬가지로 하나님 나라의 도래에 대한 포괄적인 그림을 묘사하고 있다: 성장의 단계에 따라, 씨를 뿌림(26절), 자라남(27~28절), 추수(29절). 씨 뿌리는 자(누구인지는 밝혀져 있지 않다) 한 사람만 세 가지 단계에 모두 나타난다.

4:26 이 비유에 나타난 첫 어구를 다음과 같이 번역할 수 있다: "하나님의 나라는 다음과 같다: 그것은 … 같으니." 첫 단계에서는 씨 뿌리는 자가 땅에 씨를 흩어 뿌린다.

4:27~28 둘째 단계에서는 씨 뿌리는 자가 나타나기는 하지만 전혀 활

동하지 않는다. 그는 씨를 뿌린 후에 그것을 내버려두고 씨에 대한 걱정은 하지 않고 **밤낮** 자기 할 일만 한다. 그러는 동안에 씨가 **발아하여** 어느 정도 **자랐으나** 그는 **알지 못하고**, 또 설명할 수도 없다.

흙(문자적으로 '땅')은 여러 단계를 거쳐 자라나는 곡식을 생산해 낸다. 땅은 이 모든 것을 스스로 해낸다(아우토마테[αὐτομάτη]). 이 중요한 헬라어 단어는(강조의 위치에 있음) '인간의 어떤 행위 없이'를 의미하는 '보이는 원인이 없이'라고 번역될 수 있다. 그러므로 그것은 하나님에 의해 이뤄진 일이라는 사실을 언급한다(여호수아 6장 5절, 욥기 24장 24절, 사도행전 12장 10절에 유사한 상황이 나타난다). 좋은 땅에 심겼을 때는 인간의 개입 없이도 한 단계씩 자라서 곡식을 생산해 내는, 생명을 낳는 씨앗 속에서 하나님은 역사하신다.

4:29 씨 뿌리는 자의 궁극적인 관심은 세 번째 단계, 즉 추수이다. 곡식이 **익을 때마다**(미래) **추수할 때가 되었기 때문에**(파레스테켄[παρέστηκεν]: 준비하여 서다) 그는 **즉시**(유쒸스[εὐθύς], 참조, 1:10) 곡식에 낫을 댄다(문자적으로 '낫을 보낸다', '추수꾼들을 보낸다'는 상징적인 표현. 참조, 욜 3:13).

몇몇 해석자들은 이 비유를 전도에 대한 묘사로 본다. 또 어떤 사람들은 신자에게 나타나는 영적인 성장을 묘사하는 것이라고 생각한다. 그리고 다른 사람들은 신비하고도 주권적인 하나님의 역사에 의해 도래하는 하나님 나라에 대한 묘사로 보기도 한다. 이 비유의 강조점은 예수님(씨 뿌리는 자)과 그분의 제자들에 의한 선포와 예수님(전능하신 추수자)에 의한 하나님 나라의 궁극적인 도래 사이의 중간 단계에서 하나님의 주권 하에 이루어지는 성장이다. 마가복음 4장 26상반절과 도처에 있는 하나님 나라의 비유에서 볼 때, 세 번째 견해가 더 적절하다.

5. 겨자씨의 비유(4:30~32; 마 13:31~32; 눅 13:18~19)

4:30~32 이 비유는 서론 부분에 정교하게 짜인 두 가지 질문을 담고 있는데, 그것은 본질적으로 하나님의 나라의 출현은 땅에 뿌려진 겨자씨 (보통의 검은 겨자씨, 시나피스 니그라[σίναπις νίγρα])에 일어나는 일과 유사하다는 것을 말해 준다. 유대인들의 생각에는 겨자씨가 밭에 뿌려지는 씨앗 중에서 가장 작은 것이기 때문에 그 작은 크기가 격언의 요소가 되었던 것이다. 겨자씨는 725~760개가 1g에 불과하다. 겨자 나무는 씨에서 자라서 몇 주 안에 4~5미터 크기에 도달하는, 팔레스타인 지역에 있는 모든 **정원수 중 가장 큰 나무**(타 라카나[τὰ λαχάνα], 크고 아주 빨리 자라는 1년생 식물)가 되는 식물이다. 겨자씨와 커다란 **가지의 그늘** 때문에 **공중의 새들**(길들여지지 않은 새)이 와서 깃들게 된다(참조, TDNT, s.v. 7:287~91의 시나피[σίναπι]). 이 비유는 가장 큰 나무로 자라는 가장 작은 씨 사이의 대조를 강조한다. 그것은 또한 예수님의 현존에서 구체화된, 미미하면서도 수수께끼 같은 하나님 나라의 시작을 능력과 영광에 있어서 모든 지상의 왕국을 초월하는, 예수님의 재림 때 완성될 최종 결과의 위대함과 대조한 것이다.

새들에 대한 언급은 단순히 최종적으로 드러난 놀라운 크기를 나타낸 것일지도 모른다. 혹은 새들이 악의 세력(참조, 4절)을 나타낼 수도 있는데, 이것은 보통과는 다른 하나님 나라의 발전을 의미할 것이다. 아마 그것들은 하나님 나라에 대한 이방인들의 비협조를 의미하는 것일 수도 있다(참조, 겔 17:22~24; 31:6). 하나님이 하시겠다고 약속하신 것을(겔

17장) 예수님의 사역 안에서 행하기 시작하셨던 것이다(그러나 하나님의 나라가 교회와 동일할 수는 없다. 참조, 막 1:15의 주해).

6. 결론적 요약(4:33~34)

4:33~34 이 구절들은 예수님의 비유적 가르침의 목적과 접근 방법을 요약하고 있다(참조, 11~12절). 그분의 임무는 사람들의 수준에 맞춰 채택한 비유를 통해 그들에게, 제자들뿐만 아니라 군중에게도 말씀(참조, 1:15)을 전하시는 것이었다.

하나님 나라에 대한 사람들의 잘못된 생각 때문에 예수님은 비유(상징적 언어)를 사용하지 않고서는 그것에 대해 가르치시지 않았다. 그러나 자신의 제자들에게는 하나님 나라와 연관된 자신의 사명에 관한 모든 것을 개인적으로(카타 이디안[κατὰ ἰδίαν]. 참조, 6:31~32; 7:33; 9:2, 28; 13:3) 설명해 주셨다(문자적으로 '계속하여 설명하다'). 4장에 설명된 이런 이중적인 접근 방법은 마가복음 나머지 부분에도 계속 사용되고 있다.

E. 주권적 능력을 확증하는 예수님의 기적들(4:35~5:43)

마가가 선택한 비유들 다음에는 예수님이 행하신 것(그분의 사역)이 예수님이 말씀하신 것(그분의 말씀)을 입증해 준다는 사실을 나타내는 일련의 기적들이 나온다. 둘 다 하나님의 주권적 통치(나라)가 예수님 안에 나타났다는 것과 관련되어 있다.

세 가지 기적을 제외하고 마가는 모든 기적을 8장 27절 이전에 기록해 놓았다(참조, 요한복음 2장 1~11절 주해에 있는 도표 〈예수님의 기적들〉). 이것은 예수님의 제자들이 그분을 하나님의 메시아로 공공연하게 인정할 때까지 예수님이 다가오는 자신의 죽음과 부활을 제자들에게 알리지 않으려 하셨다는 사실을 말해 주는 것이다.

이 부분은 네 가지 기적들을 수록하고 있는데, 이 기적들은 모든 적대 세력들, 즉 바다의 폭풍(4:35~41), 귀신에 사로잡힘(5:1~20), 고칠 수 없는 육체적 질병(5:25~34), 그리고 죽음(5:21~24, 35~43)에 대한 예수님의 주권적 권위를 분명히 보여 주는 것이다.

1. 호수에서 폭풍을 잠잠케 하심
   (4:35~41 ; 마 8:23~27 ; 눅 8:22~25)

4:35~37 생생한 세부 사항을 그린 것은 베드로가 목격한 것을 마가가 직접 듣고 기록했다는 사실을 암시해 준다. 갈릴리 호숫가에서 가르치시던 날 저녁에(참조, 1절) 예수님은 주도권을 쥐고 **열두** 제자와 함께 갈릴리 바다 **저편**(동쪽)으로 건너가실 것을 결정하셨다. 특별한 언급은 전혀 없지만 아마 예수님은 많은 군중을 피해 쉬기를 바라셨을지 모른다. 또한 새로운 사역지를 찾으시려고 했을지도 모른다(참조, 1:38). 그런데 예수님과 함께 계속 남아 있기를 원하는 사람들은 다른 배를 타고 쫓아왔다.

그분의 제자들이(그들 중 여러 명이 어부였다) 항해를 맡았다. "예수를 배에 계신 그대로"라는 말은 4장 1절을 언급하는 말이다. 그리고 예수님이 배에서 선포하신 가르침과 배에서 행하신 기적을 연관시켜 주는 말이다(참조, 38절의 "선생님이여"라는 제자들의 말).

그 여행은 높은 산과 낮은 골짜기에 둘러싸여 있어서 바람이 지나가는 터널 역할을 하는 이 호수에 자주 나타나는 갑작스럽고 격렬한 폭풍에 의해 방해를 받게 되었다. 저녁 때의 폭풍은 특히 위험했다. 이때도 사나운 파도가 배가 거의 가라앉을 정도로 배를 흔들어 놓았다(문자적으로 '계속해서 뒤흔들어 대다').

4:38~39 예수님은 하루 종일 가르치셨기 때문에 피곤해서 고물에서 베개를 베고 주무시고 계셨다. 폭풍 때문에 고생하던 제자들은 그들이 처한 상황에 무관심한 예수님을 원망하는 듯한 외침으로(참조, 5:31; 6:37; 8:4, 32) 그분을 깨웠다. 그들은 그분을 선생님(히브리어 '랍비'에 해당하는 헬라어)이라고 불렀다. 그들은 아직 그분의 가르침을 이해하지 못했던 것이다.

예수님은 바람을 꾸짖으시고(문자적으로 '명령하셨다.' 참조, 1:25) "잠잠하라! 고요하게 있으라!"(완료 시제 페피모소[πεφίμωσο])라고 파도에게 말씀하셨다. '잠잠하다'라는 동사는 귀신에게서 능력을 빼앗는 데 사용하는 용어였다. 그러므로 이 동사는 격렬한 폭풍 이면에 귀신의 세력이 있다는 것을 예수님이 인정하셨음을 암시하는 말일 수도 있다. 어쨌든 그분의 명령에 바람이 멈추고 호수가 완전히 잠잠해졌다.

4:40~41 예수님은 위기 속에서 두려워했다고(데일로이[δειλοί]: 겁쟁이처럼 두려워하다) 제자들을 꾸짖으셨다. 예수님의 개인적인 가르침에도 불구하고(11, 34절) 하나님의 능력과 권위가 예수님 안에 있다는 것을 그들은 여전히 보지 못했다. 이것이 그분의 두 번째 질문이 뜻하는 바였다. "너희가 어찌 믿음이 없느냐?"(참조, 7:18; 8:17~21, 33; 9:19)

예수님은 폭풍을 잠잠케 하심으로 구약성경에서 하나님에 의해서만 나타났던 권위를(참조, 시 89:8~9; 104:5~9; 106:8~9; 107:23~32) 보여 주셨다. 그래서 제자들은 자연의 힘조차 예수님께 복종하는 것을 보고 두려워했던(문자적으로 '크나큰 두려움에 떨다') 이유이다. '두려워하다'라는 동사(포베오마이[φοβέομαι : 경외하다]에서 파생됨. 참조, 마가복음 4장 40절에 사용된 데일로스[δειλός : 겁에 질려 떨다])는 초자연적인 세력(참조, 16:8)에 직면한 사람들이 갖는 경외감을 말한다. 그러나 서로에게 던진 "이 사람은 누구냐?"라는 질문은 그들이 아직도 그 모든 의미를 완전히 이해하지 못했다는 것을 의미한다.

2. 귀신 들린 거라사인을 고치심
   (5:1~20; 마 8:28~34; 눅 8:26~39)

a. 귀신 들린 자에 대한 설명(5:1~5)

5:1 예수님과 제자들은 호수(갈릴리 바다) 동편 거라사인의 지방으로 가셨다. 헬라어 사본은 이곳의 정확한 위치와 인용된 지명, 즉 가다라(마 8:28), 게르게사(오리겐), 그리고 거라사에 따라 구분된다. (눅 8:26의 주해를 보라.) 아마 호수 동편 해안가에 위치한 작은 도시 게르사(현대어로 케르사)를 언급한 것 같은 '거라사'라는 이름이 신빙성이 있는 것 같다. 그곳 주민들의 대부분은 이방인이었다(참조, 막 5:11, 19).

5:2~5 전체 이야기에 대한 생생한 기록은 눈으로 직접 목격한 자의 보고와 귀신 들렸던 사람과 오랫동안 친숙했던 동네 사람들의 보고를 반영

하고 있다. 예수님이 배에서 내리자마자 곧(유쒸스[εὐθύς]. 참조, 1:10) 무덤에서 나온(에크[ἐκ]: ~으로부터) 더러운 귀신 들린 사람(참조, 1:23; 5:8, 13)을 만나셨다. 이 무덤은 동산의 바위를 파서 만든 동굴 같은 것으로, 때로는 정신이 이상한 자들의 거처로, 때로는 무덤으로 사용된 석실이었을 것이다. 마태는 귀신 들린 사람들을 언급했으나, 마가나 누가는 한 사람, 아마 가장 증세가 심한 사람에게 초점을 맞추고 말했을 것이다.

마가복음 5장 3~5절은 그의 불행한 상황을 정교하게 묘사하고 있다. 그는 무덤에서 살았다(추방당한 사람). 발에 고랑을 채우고 손에 사슬을 묶어도 그를 복종시킬(다마조[δαμάζω]에서 온 단어. '야생동물을 길들이다') 수가 없었으므로 어느 누구도 그를 제어하지 못했다. 악마적인 예배 형식에서 볼 수 있듯이, 그는 밤낮 크게 소리 지르고 날카로운 돌로 자신의 몸에 상처를 내며 돌아다녔던 것 같다.

그러한 행동은 귀신에 사로잡힌 것이 단순한 질병이나 정신이상이 아니라 인간 안에 있는 하나님의 형상을 왜곡하고 파괴하려는 필사적인 사탄의 시도라는 것을 보여 준다(참조, TDNT, s.v. 2:18~19의 다이몬[δαίμων]).

b. 귀신에게 명령하심(5:6~10)

5:6~7 귀신 들린 자와 예수님의 만남에 대한 간단한 서술이(2절) 여기에 더 상세하게 서술되고 있다. 그 사람을 사로잡은 귀신이 예수님의 신적인 기원과 초월적인 권능을 완전히 알고 있었다는 것을 다음 세 가지가 암시해 준다. 첫째, 그는 예수님 앞에 무릎을 꿇었다(경배가 아니라 존경의 표시로). 둘째, 그는 예수님을 통제하려고 그분의 신적 이름을 사용

했다(참조, 1:24). 셋째, 그는 뻔뻔스럽게 자기를 괴롭히지 말라고 **예수님**께 호소했다. '지극히 높으신 하나님'이라는 말은 인간들이 만들어 낸 모든 신보다 이스라엘의 참 하나님이 우월하다는 것을 말하기 위해 구약성경에서 이방인들에 의해 종종 사용되었던 말이다(참조, 창 14:18~24; 민 24:16; 사 14:14; 단 3:36; 4:2; 막 1:23~24의 주해).

"하나님 앞에 맹세하라"는 청원은 축귀(귀신을 쫓아냄) 때 사용된 것으로, 다음과 같이 번역되어야 한다. "내가 하나님(께 호소함으로)으로 당신께 간곡히 부탁하노니." 귀신은 예수님께 그를 최후 형벌에 처함으로써 **괴롭히지** 말아 줄 것을 원했다(참조, 1:24; 마 8:29; 눅 8:31).

5:8 이 구절은 마가의 간단한 보충 설명이다(참조, 6:52). 예수님은 귀신에게 그 사람을 떠나라고 명령하셨던 것이다. 이 부분 전체를 볼 때, 그 사람의 자아와 그를 사로잡은 귀신 사이에 동요가 있었음을 알 수 있다.

5:9~10 여기에서는 7절의 대화를 다시 시작하고 있다. 귀신은 그 사람을 통해 "우리는 숫자가 많으므로 나의 이름은 군대니이다"라고 대답했다. 많은 악한 세력들이 이 사람을 통제하고 강하게 억압했다. 그들은 귀신, 즉 그들의 대변인의 지도 하에 결합된 하나의 힘으로 그 사람을 괴롭혔다. 이것이 단수 대명사('나의')와 복수 대명사('우리')가 혼동해서 사용되고 있는 것에 대한 설명이 된다. 우두머리 귀신은 예수님께 자기들을 이 지방(문자적으로 '지역,' 참조, 1절)에서 쫓아내지 말아 달라고, 그리고 자기들이 더 이상 사람들을 괴롭힐 수 없는 지역으로 추방하지 말아 달라고 반복해서 간절하게 간청했다.

보통 팔레스타인에 알려져 있는 '군대'라는 라틴어는 약 600명으로 이루어진 로마 군대의 한 연대를 의미한다. 때로는 많은 숫자를 의미하기도 한다(참조, 15절). 로마의 지배 아래 있던 사람들에게 그 단어는 의심할 여지없이 위대한 힘과 억압을 의미했다.

c. 돼지 떼의 손실(5:11~13)

5:11 유대인들은 돼지를 불결한 동물로 생각했다(참조, 레 11:7). 그러나 대부분 이방인이었던 갈릴리 동편의 농부들은 그 지방의 '10개 도시'로 이루어진 데가볼리의 고기 시장을 위해 돼지를 사육했다(참조, 막 5:20).

5:12~13 귀신들은(참조, 9절) 자기들을 돼지에게(에이스[$\epsilon\iota\varsigma$]: 어떤 것을 향한 움직임을 암시한다) 보내 달라고, 그래서 돼지에게 들어갈 수 있게 해 달라고 예수님께 특별히 간청했다. 그들은 예수님의 명령에 복종할 수밖에 없다는 것을 알았다. 그래서 그들은 최후의 심판 때까지 육체에서 이탈되는 것을 피하려는 필사적인 시도로 이런 호소를 했던 것이다.

예수님은 그렇게 하라고 허락하셨다. 귀신들이 그 사람을 떠나 돼지 떼에게 들어가자 약 2천 마리의 돼지 떼가 가파른 비탈로 뛰어 호수로 내려가더니 전부 몰사하고 말았다(문자적으로는 '그들은 하나씩 몰사했다'). '바다'는 아마 사탄의 영역을 상징했던 것 같다.

d. 동네 사람들의 간청(5:14~17)

5:14~15 돼지를 치던 자들이 두려움에 떨며 도망하여 읍내(게르사인 듯하다. 참조, 1절)와 주변 시골 마을에 이 놀라운 사건을 보고했다. 많은

사람들이 그 보고를 믿지 못하고 그 사건을 조사하러 갔다. 그들은 전에 귀신 들렸던 자가 옷을 입고(참조, 눅 8:27) 온전한 정신으로 자신을 통제하면서(비교, 막 5:3~5) 거기에 앉아 있는 것을 보았다. 완전히 변했기 때문에 동네 사람들은 두려워했다(경외하였다. 참조, 4:41).

5:16~17 돼지 치던 자들이(아마 제자들도) 그 사람에게 일어난 일과 돼지에게 일어난 일을 반복해서 말했다. 그리고 마가가 강조한, 돼지에게 무슨 일이 있었는지에 대한 상세한 묘사는 그 사람들의 주요 관심이 (그 사람이 아니라) 경제적 손실에 있었다는 것을 보여 준다. 결과적으로 동네 사람들은 예수님께 떠나 달라고 간청하기 시작했다. 만일 예수님이 머물러 계신다면 더 많은 손실이 있을 것 같아 두려워했음이 분명하다. 예수님이 다시 그 지역으로 가셨다는 기록은 없다.

e. 회복된 사람의 요청(5:18~20)

5:18~20 그 지역 주민들과는 달리(참조, 17절) 귀신에 사로잡혔던 사람은 예수님와 함께 있기를 간청했다(파레칼레이[παρεχάλει], 귀신이 사용했던 말과 같은 말이다. 10절). 예수님의 기적이 어떤 사람들은 물리치고(15~17절) 어떤 사람들은 끌어들였다(18~20절).

'함께 있기를'(문자적으로 '함께 지내기 위해')이라는 말은 예수님이 열두 제자를 부르신 목적 중의 하나를 설명하는 3장 14절을 생각나게 한다. 이런 의미에서 예수님은 그 사람의 요구를 거절하셨다.

예수님은 그 사람을 소외시켰던 집(직접적인 가족)과 가족(문자적으로 '너의 것, 네 자신의 사람들')에게 가서 지극히 높으신 하나님(참조, 5:7;

눅 8:39), 즉 주께서 그에게 무슨 일을 하셨는가, 그리고 그분이 어떻게 그에게 자비를 베푸셨는가를 모두에게 고하라고 말씀하셨다. 그 사람은 그 말씀에 복종하여 예수님(참조, '주'[5"19])이 자기에게 행하신 놀라운 일들을 데가볼리(요단 강 동편에 있는 헬라 도시 중 한 곳을 제외한 10개 도시들의 동맹)에서 전파하기(막 1:4, 14) 시작했다. 그의 말을 들은 사람들은 **놀랐다**(에싸우마존[ἐθαύμαζον]: 기이히 여기다. 참조, 6:6상; 12:17; 15:5, 44).

이 사람은 이방인이었고, 그의 전파 활동이 예수님이 환영받지 못한 이방인 지역에 제한되어 있었기 때문에 예수님은 다른 때와 달리 잠잠하라는 명령을 내리시지 않았던 것이다(참조, 1:44; 5:43; 7:36).

3. 혈루증 앓는 여인과 야이로의 딸
   (5:21~43; 마 9:18~26; 눅 8:40~56)

마가복음 3장 20~35절처럼 이 부분도 '샌드위치' 구조를 이루고 있다. 죽은 야이로의 딸을 살리신 이야기는(5:21~24, 35~43) 혈루증을 가진 여인 사건(5:25~34)에 의해 둘로 나뉘어 있다. 여인의 병을 고치시면서 위험하게 지체하시는 것처럼 보인 것은 사실 야이로의 딸의 회복을 확인시켜 주는 것이었다. 그 사건은 야이로의 믿음을 시험하고 강화시키기 위한 섭리로 마련된 사건이었다.

   a. 야이로의 간절한 요구(5:21~24; 마 9:18~19; 눅 8:40~42)

5:21~24 예수님과 제자들이 갈릴리 바다 서편(아마 가버나움인 것 같

다)으로 되돌아왔다. 전처럼 많은 군중이 예수님 주위로 몰려들었고, 예수님은 여전히 호숫가에 계셨다.

이때 야이로가 예수님께 왔다. 회당장 중의 한 사람인 그는 회당의 물질적인 관리와 예배를 책임지는 평신도 관리였다. 그는 마을에서 존경받는 지도자였다. 모든 종교 지도자들이 예수님을 반대했던 것은 아니다.

야이로의 어린 딸(외딸, 눅 8:42)이 죽어 가고 있었다(문자적으로는 '죽음의 순간에 있었다'). 이 사건을 축약한 마태의 기록은(마가가 374단어를 사용한 반면, 마태는 135단어를 사용함) 그 소녀가 이미 죽었다는 것을 설명해 준다(마 9:18) 야이로는 겸손하게 엎드려 예수님께 자기 딸이 고침을 받고(문자적으로 '구원받고,' 육체의 죽음에서 건짐을 받고) 살 수 있도록 오셔서 딸에게 손을 얹어 달라고 간절히 청원했다(문자적으로 '많은 것을 구하다.' 참조, 막 5:10). 병을 고칠 때 손을 얹는 의식은 곤경에 처한 사람에게 생기를 가져다주는 것을 상징한다. 그러나 그것은 일반적으로 예수님의 치료와 관련이 있었다(참조, 6:5; 7:32; 8:23, 25). 야이로는 지난번의 교제로(참조, 1:21~28) 예수님의 능력을 알고 있었던 것 같다. 그래서 그는 자기 딸의 생명을 예수님이 살려 주실 수 있다고 확신했다.

예수님이 야이로와 함께 가실 때 많은 무리가 따라가면서 그분을 에워쌌다('계속해서 밀려들다.' 쉰쓸리보[συνθλίβω]에서 파생된 단어. 참조, 31절).

b. 혈루증 앓는 여인을 고치심
(5:25~34; 마 9:20~22; 눅 8:43~48)

5:25~27 치료할 수 없는 병을 가진 한 이름 없는 여인이 군중 속에 끼

어 있었다. 그녀는 12년 동안(참조, 42절) 혈루증으로 고생해 왔었다(문자적으로 피 흘리는 '가운데 있었다'). 이것은 고질적인 월경불순이 아니면 자궁출혈이었을 것이다. 그러므로 그녀는 의식상 부정한 상태였다(레 15:25~27). 그녀와 접촉한 모든 사람도 '부정하게' 될 것이기 때문에 그녀는 일상적인 인간관계에서 제외될 수밖에 없었다.

그녀는 많은 의사에게 여러 가지 치료를 받으면서 크게 고통을 당했다. 병을 고치려는 필사적인 노력으로 자기가 가진 모든 것을 다 소비했다. 그러나 아무런 소용이 없었다. 실제로는 점점 더 악화될 뿐이었다.

그러나 그녀는 병을 고치시는 예수님의 능력에(그녀의 믿음을 유발시킨) 대해 들었기 때문에 많은 무리 가운데 섞여 그분 뒤로 와서 그분의 옷(겉옷)에 손을 대었다. 그녀는 자기가 '부정함'에도 불구하고 자기 병에 대해 공공연히 드러내지 않으려는 마음으로 이렇게 했던 것이다.

5:28 그녀는 만일 그분의 옷에 손을 댈 수만 있다면 나음을 받을 수 있고, 그 다음엔 아무도 모르게 빠져나갈 수 있을 것이라고 혼자 계속해서 중얼거렸다. 아마 그녀는 병 고치는 사람은 옷에도 능력이 있다는 일반적인 믿음에 사로잡혀 있었던 것 같다. 아니면 그렇게 해서 병을 고친 사람을 알고 있었을지도 모른다(참조, 3:10; 6:56).

5:29 그 여인이 예수님의 옷에 손을 대었을 때 즉시(유쒸스[εὐθύς]. 참조, 1:10) 그녀의 혈루가 멈췄다. 그녀는 몸에서 느껴지는 육체적 감각으로 질병에서 해방되었다(문자적으로 '고침을 받았다')는 것을 느꼈다(문자적으로 '알았다.' 기노스코[γινώσκω]에서 온 단어, '경험적으로 알다.' 참조, 5:30). 그 치료는 예수님의 공공연한 개입 없이 이루어졌다.

5:30 그러나 예수님은 곧(유쒸스[εὐθύς]) 자신에게서 능력이 나갔다는 것을 알아차리셨다(에피그노스코[ἐπιγνώσκω]에서 온 단어, '완전히 알다.' 참조, 29절).

이런 이상한 표현은 두 가지로 이해되어 왔다. 하나는 하나님 아버지께서 그 여인을 고치셨고, 예수님은 그때까지 그것을 알지 못하셨다는 견해다. 또 다른 하나는 예수님 자신이 그 여인의 믿음을 높이고 싶으셔서 그분의 치유 능력을 기꺼이 그녀에게 확장하셨다는 견해. 후자의 견해가 예수님의 치유 사역과 더 일치한다. 그분의 능력은 그분이 알지 못한 상태에서, 원하지 않는 상태에서 그분을 떠나지 않는다. 그분은 아버지께서 명하실 때에만 능력을 행하셨다(참조, 13:32). 옷에 손을 댄 것이 마술적 결과를 가져온 것은 아니었다.

예수님은 기적이 어떻게 일어났는지를 아시고 돌이키사 누가 나의 옷에 손을 대었느냐고 물으셨다. 그분은 마법적 생각을 갖고 계시지 않았기 때문에 고침을 받은 자와 인격적인 관계를 맺고자 하셨다.

5:31~32 많은 무리가 그분을 에워싸고 있었고(쉰쓸리보[συνθλίβω]. 참조, 막 5:24), 많은 사람이 그분을 밀치고 있었기 때문에 예수님의 질문이 제자들에게는(참조, 눅 8:45) 불합리한 것처럼 들렸다. 이것은 그분을 둘러싸고 있는 사람들이 무의식적으로 손을 댄 것과 신앙 가운데서 구원을 기대했던 한 사람이 손을 댄 것을 분명히 구분하신 예수님의 능력을 강조한 것이다. 그 둘 사이에는 큰 차이점이 있었고, 여전히 차이점이 남아 있다. 그래서 예수님은 그렇게 자신에게 손을 댄 사람이 누구인지 알아보기 위해 주변에 있는 사람들을 계속해서 둘러보셨다(페리에블레페토[περιεβλέπετο]: 뚫어지게 보다. 참조, 3:5, 34).

5:33~34 그때 예수님의 질문을 이해한 유일한 사람인 그 여인은 자기에게 일어난 것이 무엇인지 알고 있었기 때문에 겸손하게 예수님 앞에 와서 엎드렸다. 그녀는 두려워 떨었지만(포베오마이[φοβέομαι]에서 유래됨. '기이히 여기다, 존경심을 갖다.' 참조, 4:41), 용기를 가지고 감사하는 마음으로 모든 것을 말씀드렸다.

다정한 호칭인 "딸아"는(예수님이 이 호칭을 사용하신 기록은 이 구절이 유일하다) 그분과의 새로운 관계를 의미한다(참조, 3:33~35). 예수님은 그녀가 치료를 받은 원인이 그분의 옷에 손을 댄 것보다는 그녀의 신앙에 있다고 선언하셨다. 그녀의 신앙이 그녀로 하여금 예수님에게서 치유를 구하도록 했다는 점에서 그녀의 신앙이 그녀를 고친 것이다(문자적으로 "너를 구원하였느니라" 혹은 "너를 건졌느니라." 참조, 5:28; 10:52). 믿음, 즉 확신과 신뢰는 그것을 표현하는 사람에게서가 아니라 의존하고 있는 대상으로부터 그 가치가 나온다(참조, 10:52; 11:22).

예수님은 "평안히 가라 네 병에서 해방될지어다(건강할지어다)"라고 말씀하셨다(참조, 5:29). 이것은 그녀의 치료가 완전하고 영원한 것이라는 점을 그녀에게 확신시켜 주는 말씀이었다. 그녀는 12년간 극단적인 곤궁함(치료할 수 없는 병과 사회적, 종교적 고립) 속에서 산 '송장'이었다. 완전한 삶으로의 회복은 12년 동안 살다가 죽은 야이로의 딸의 극적인 부활을 예기하는 것이었다.

c. 야이로의 딸을 살리심(5:35~43; 마 9:23~26; 눅 8:49~56)

5:35~36 여인의 치료 때문에 지체된 것(참조, 22~24절)은 야이로의 신앙에 대한 심각한 시험이었다. 예수님이 도착하시기 전에 그의 어린 딸이

죽을지도 모른다는 두려움은 그의 **집**에서 온 사람들(신원이 밝혀지지 않은 친구들과 친척들)이 아이가 죽었다고 알려 준 것에 의해 사실로 확인되었다. 그들은 아이가 죽었기 때문에 예수님이 도와줄 수 있다는 희망도 끝나 버렸다고 결론을 내렸다. 그래서 더 이상 **선생**을(참조, 4:38) **괴롭히는 것은**(수고롭게 하는 것은) 소용없는 일이라고 제안했던 것이다.

예수님은 그 소식을 곁에서 들으셨으나 그 사실을 받아들이지 않으셨다. 이것이 '무시하는'(파라쿠사스[παρακούσας]. NIV에는 'Ignoring'으로, 개역성경에는 '곁에서는 들으시고'로 번역됨)으로 번역된 동사의 어감인데, 그 동사는 '듣기를 거절하다'를 뜻한다(참조, 마 18:17). 야이로에게 하신 예수님의 위로의 말씀(현재 명령형)은 다음과 같이 번역될 수 있다: "두려움(즉 불신앙 속에 있는 것)을 멈추라. 다만 계속해서 믿으라." 그는 이미 예수님께 왔을 때 믿음을 보여 주었다. 그리고 믿음과 예수님의 능력 사이의 관계를 목격했다(막 5:25~34). 지금 그는 예수님이 생명 없는 그의 딸을 고치실 수 있다는 사실을 믿으라고 권고 받고 있다.

5:37~40상 예수님은 증인으로(참조, 신 17:6) 야이로를 포함해 베드로, 야고보, 요한만 자기를 따라 **집**으로 들어오게 하셨다. 이 세 제자는 여기에서는 예수님의 부활의 예표적인 사건에 대해, 그리고 그분의 용모가 변하신 사건(막 9:2)과 겟세마네 동산에서의 일(14:33)에 대해 법적 증인 역할을 했다.

야이로의 집에서는 이미 유대인들의 곡이 시작되었다. '떠들다'(쏘뤼본[θόρυβον]: 소란스러움)는 고용된 곡하는 자(참조, 렘 9:17; 암 5:16)의 활동, 즉 우는 것과 교대로 **통곡하는 것을** 포함한다.

예수님은 집으로 들어가셔서 곡하는 자들을 꾸짖으셨다. 그리고 그

아이가 죽은 것이 아니라 잔다고 말씀하셨다. 그 아이가 잔다는 말씀은 그 아이가 혼수상태에 있다는 것을 의미한 것인가? 그러나 곡하는 사람들 뿐 아니라 친구나 친척들도(참조, 막 5:35) 그분의 말을 비웃었으며, 그 아이가 죽은 것을 알았다(참조, 눅 8:53). 그러면 예수님은 단순히 죽은 것을 잠자는 것으로 묘사해 죽음과 부활 사이의 잠자는 상태를 의미하신 것인가? 이런 의견은 신약성경의 어디에서도 지지를 받지 못한다(참조, 눅 23:42~43; 고후 5:6~8; 빌 1:23~24). 아마 예수님은 죽음이 잠과 같은 것이라고 말씀하셨을 것이다. 곡하는 자의 관점에서 볼 때, 소녀가 나중에 깨어났기 때문에 소녀의 죽음이 '잠과 같은 것으로 나타났을 것이다. 소녀의 상태는 궁극적인 종말이나 다시 돌이킬 수 없는 것은 아니었다(참조, 눅 8:55; 요 11:11~14).

5:40하~42 예수님은 곡하는 자들을 다 내보내신 후에 그 소녀의 부모와 그분과 함께한 세 제자들(참조, 37절)을 데리고 방으로 들어가셨다. 그러고 나서 소녀의 손을 잡고서 아람어로 "달리다굼"이라고 하셨다. 이것은 주문이 아니라 명령이었다. 마가는 헬라어를 사용하는 독자들을 위해 이 명령을 "소녀야 일어나라"고 번역해 놓았다. 그리고 죽음에 대한 예수님의 권위를 강조하기 위해 "내가 네게 말하노니"라는 구절을 첨가했다. 갈릴리인들은 두 가지 언어를 사용했기 때문에 예수님도 모국어인 아람어(히브리어와 관련된 셈어)와 그리이스-로마 세계의 혼성 외국어인 헬라어를 사용하셨다. 그리고 히브리어도 사용하셨을 것이다.

예수님의 명령에 그 소녀는 곧(유쒸스[εὐθύς]. 참조, 1:10) 일어나서 이리저리 걸어 다녔다. "왜냐하면(가르[γάρ]) 소녀가 열두 살이었기 때문이다"라고 마가는 설명해 놓았다. 부모와 세 제자들은 크게 놀랐다(엑시스테미[ἐξίστημι]에서 온 말, 문자적으로 '크게 놀라 정신이 나가다.' 참조, 2:12; 6:51).

5:43 예수님은 두 가지를 **명령하셨다**. 첫째는 침묵을 지키라는 엄한 명령이었다. 예수님은 잘못된 동기로 사람들을 자기에게 끌어들이기 위한 기적을 원치 않으셨다(참조, 1:43~45의 주해).

소녀에게 먹을 것을 주라는 두 번째 명령은 그분의 사랑을 보여 주신 것이다. 또한 소녀가 회복되어 건강하게 되었다는 것을 확증해 주신 것이다. 소녀의 몸이 회복되어 정상적인 삶으로 돌아왔지만, 그래도 여전히 죽을 수밖에 없는 사람이었다. 그래서 음식에 의해 생명이 유지되어야 한다. 이것은 부활된 몸과는 대조적이다(참조, 고전 15:35~57).

F. 결론: 나사렛에서 배척당하신 예수님 (6:1~6상; 마 13:53~58)

6:1 예수님은 가버나움에서 남서쪽으로 약 32킬로미터 떨어진 그분의 고향인 나사렛(참조, 1:9, 24)으로 가셨다. 그곳은 예수님이 전에 사셨던 곳이고, 사역하셨던 곳이다(참조, 눅 4:16~30). 제자들이 그분의 뒤를 따랐다. 그분은 제자들에 의해 둘러싸인 선생(랍비)으로서 돌아오신 것이다. 이것은 공적인 선교였다. 그분은 제자들의 선교 사역을 위해 그들을 직접 준비시키신다(참조, 막 6:7~13).

6:2~3 예수님은 안식일에 회당에서 가르치셨다(참조, 1:21). 아마 율법과

예언서에 대해 설명하셨을 것이다. **많은 사람이 그분의 가르침에 놀랐다**(엑세플레손토[ἐξεπλήσοντο]: 놀라다, 마구 두들기다, 당혹해 하다. 참조, 1:22; 7:37; 10:26; 11:18).

그러나 어떤 사람들은 그분의 가르침('이런 것'), 그분('이 사람')이 받은 지혜, 기적을 행하는 능력(참조, 6:5)의 기원에 대해 무시하는 질문을 했다. 단지 두 가지 대답만이 가능했다: 그 근원은 하나님 아니면 사탄이다(참조, 3:22).

그분의 감동적인 말과 행위에도 불구하고 그들에게 예수님은 아주 평범한 사람이었다. "이 사람이 목수가 아니냐?"라는 품위를 떨어뜨리는 질문은 '그는 우리와 같은 평범한 노동자'라는 의미를 내포한 질문이었다. 그분의 모든 직계 가족(어머니, 형제들, 누이들)은 동네 사람들 모두가 알고 있는 평범한 사람들이었다. 유대인의 관습에 의하면, 어머니가 과부라 할지라도 모욕하는 의도가 아니고서는 '어머니의 아들'이라고 묘사하지 않으므로, '마리아의 아들'이라는 표현은 모욕적인 언사였다(참조, 삿 11:1~2; 요 8:41; 9:29). 그들의 말은 모욕을 의도한 것이었을 뿐 아니라, 예수님의 출생에 비정상적인 무엇이 있다는 사실을 알고 있었음을 암시하는 것이었다.

예수님의 형제와 누이들(참조, 막 3:31~35)은 이전의 결혼에 의해 태어난 요셉의 자녀라든가 예수님의 사촌이 아니라 분명히 예수님의 출생 후에 태어난 요셉과 마리아의 자녀일 것이다. 야고보는 초대 예루살렘 교회의 지도자가 되고(참조, 행 15:13~21), 야고보서를 기록한 사람이다(약 1:1). 유다는 유다서의 저자일 가능성이 있다(유 1장). 요셉이나 **시몬** 그리고 그의 누이들에 대해서는 알려진 것이 없다. 아버지 요셉은 이미 죽었기 때문에 언급되지 않은 것 같다.

동네 사람들은 예수님의 가르침과 능력에 대해 설명할 수 없었기 때문에, 그분이 하나님의 기름 부음 받은 자라고 믿을 만한 근거가 없다고 그분을 공격했던 것이다(스칸달리조마이[σκανδαλίζομαι]에서 옴, '걸려 넘어지게 되다, 추방되다.' 참조, 막 14:27의 주해).

6:4 예수님은 선지자가 고향에서는 환영을 받지 못한다는 속담으로 그들의 배척에 응수하셨다. 그분은 선포한 말이 종종 거부당하고 그를 잘 알고 있는 사람들에 의해 가장 많이 무시당했던(참조, 6:17~29) 구약성경의 예언자와 같았다(참조, 15절; 8:28).

6:5~6상 그러한 계속적인 불신 때문에 예수님은 거기에서 **몇몇 병자들**에게 손을 얹어 그들을 고쳐 주신 것(참조, 5:23) 외에는 어떤 기적도 행하실 수 없었다. 그분의 능력에 한계가 있었기 때문이 아니다. 다만 그분의 목적이 믿음 가운데서 기적을 행하시는 것이었기 때문이다. 단지 몇 사람만 믿음을 가지고 병을 고치러 그분께 왔던 것이다.

예수님은 그들의 불신앙에, 그들이 그분의 지혜와 능력이 하나님께로부터 왔다는 것을 믿지 않으려는 것에 **놀라셨다**(에싸우마센[ἐθαύμασεν]: 이상히 여기다. 참조, 5:20; 12:17; 15:5, 44). 성경을 보면, 그분은 결코 나사렛으로 돌아가시지 않았다.

나사렛 사람들은 이스라엘이 눈멀었음을 대표한다. 그들이 예수님 믿기를 거부한 것은 제자들이 곧 경험하게 될 것이 무엇인지(참조, 6:7~13), 그리고 마가의 독자들(그때와 현재의 독자들)이 복음을 전파할 때 경험하게 될 것이 무엇인지를 보여 준 것이었다.

Ⅴ. 갈릴리 안팎에서의 예수님의 사역(6:6하~8:30)

예수님의 공생애를 다루는 마가복음의 세 번째 단락도 구조적으로 앞의 두 단락처럼 시작한다(참조, 6:6하와 1:14~15과 3:7~12; 6:7~34과 1:16~20과 3:13~19). 그러나 거부의 진술(참조, 3:6; 6:1~6상) 대신 예수님을 메시아로 고백하는 베드로의 고백으로(8:27~30) 끝을 맺는다. 이 단계의 사역 동안 예수님은 제자들에게 더 많은 관심을 기울이셨다. 반대에 부딪쳤을 때 그분은 자기가 실제로 누구인지를 말씀과 행위를 통해 그들에게 보여 주셨다. 그는 이 기간의 대부분을 갈릴리 밖에서 보내셨다.

A. 서론적 요약: 예수님의 갈릴리 전도 여행 (6:6하; 마 9:35~38)

6:6하 이 문장은 예수님의 3차 갈릴리 여행을 요약하고 있다(첫 번째 여행에 대해서는 1장 35~39절 참조. 마가는 두 번째 여행에 대해서는 언급하지 않았다. 참조, 눅 8:1~3). 나사렛에서의 배척에도 불구하고 예수님은 이웃 마을을 돌아다니면서 가르치셨다(참조, 막 1:21). 이것은 열두 제자의 선교 무대를 설정해 주신 것이다.

B. 예수님이 열두 제자를 보내심, 세례 요한의 죽음(6:7~31)

이 부분은 '샌드위치' 구조로 되어 있다(참조, 3:20~35; 5:21~43). 열두 제자의 선교에 대한 기사는(6:7~13, 30~31) 세례 요한의 죽음 기사(6:14~19)에 의해 둘로 나뉘어 있다. 이것은 사자(messenger) 요한의 죽음이 그의 메시지(message)를 잠잠케 하지 못했다는 것을 나타낸다. 예수님의 예비자의 죽음은 그분의 죽음을 예시한 것이다. 그리고 예수님의 메시지는 여전히 그분의 추종자들에 의해 선포될 것이다.

1. 열두 제자의 선교(6:7~13; 마 10:1, 5~15; 눅 9:1~6)

6:7 이 갈릴리 여행에서 사역을 확장시키기 위해 예수님은 열두 제자를 실천적이고 법적인 이유로 그 당시 일반적인 관습에 따라 두 명씩 짝을 지어(참조, 11:1; 14:13; 요 8:17; 신 17:6; 19:15) 보내셨다(아포스텔로[ἀποστέλλω]에서 온 단어. 참조, 3:14; 6:30).

제자는 유대인들의 쉴루힘(שלוחים) 개념과 일치하는 그분의 권위를 부여받은 대리자였다. 대리자(샬리아שליח)는 보낸 사람 자신으로 간주되었다(참조, 마 10:40과 TDNT의 아포스톨로스[ἀπόστολος], 1:413~27). 그들은 특별한 임무를 수행하고 소식을 가져와야 했다(참조, 막 6:30). 그러므로 예수님의 독특한 교훈은(8~11절) 특별한 사명에만 관련된 것이다.

예수님은 그들에게 더러운 귀신을 이길 수 있는 권능(엑수시안

[ἐξουσίαν]: 권리, 능력. 참조, 2:10; 3:15)을 주셨다. 귀신들을 쫓아낼 수 있는 이런 능력은(참조, 1:26) 그들의 설교가 참됨을 입증해 줄 것이다(참조, 6:13; 1:15).

6:8~9 긴급한 그들의 선교는 그들이 가볍게 여행해야 한다는 것을 요구했다. 그들은 **지팡이**(라브돈[ῥάβδον]: 걷기 위한 지팡이)를 가질 수 있었고 **신발**(일상적인 신발)을 신을 수 있었다. 그러나 **빵**(음식), **가방**(아마 양식을 담는 여행자들의 가방인 듯), **돈**(헝겊 허리띠 속에 쉽게 넣고 다니는 작은 구리 동전) 혹은 **여분의 옷**, 즉 밤에 덮개로 사용하던 여분의 옷을 가져갈 수 **없었다**. 그들은 유대인들 가정의 친절한 대접을 통해 음식과 잠자리를 제공받기 위해 하나님께 의존해야 했다.

지팡이와 신발, 두 가지를 허용한 것은 마가복음에만 독특하게 나타나는 것이다. 마태복음 10장 9~10절에는 둘 다 금지되어 있고, 누가복음 9장 3절에는 지팡이가 금지되어 있다. 마태는 **아이로**(αἴρω : 취하다, 가지다)라는 말 대신에 **크타오마이**(κτάομαι : 얻다, 획득하다)를 사용했다. 그래서 제자들은 이미 가진 것들을 제외하고 여분의 지팡이나 신발을 가질 수 없었다. 마가와 누가는 둘 다 '취하다, 함께 운반하다'라는 뜻인 **아이로**(αἴρω)를 사용하고 있다. 그러나 누가는 "여행을 위해 아무것도 가지지 말라 지팡이나 … 가지지 말며"라고 말한다. 이것은 아마 여분의 지팡이를 가지지 말라는 의미일 것이다. 반면에 마가는 "하나의 지팡이(라브돈[ῥάβδον]: 아마 이미 사용하고 있는 지팡이인 듯) 외에는(참조, 막 6:5) 아무것도 가지지 말라"고 말한다. 각 저자는 예수님의 교훈의 다른 측면을 강조한다.

6:10~11 제자들은 초대받은 손님으로서 어떤 집에 들어갈 때마다 거기 머물면서 그 도시를 떠날 때까지 그곳을 선교 본부로 삼아야 했다. 그들은 많은 사람의 호의를 강요해서도 안 되고, 일단 정착을 하면 더 좋은 조건들을 받아들여서도 안 된다.

그들은 또한 배척을 예견해야 한다. 어느 곳(가정, 회당, 마을)에서든지 호의를 베풀지 않거나 그들의 메시지를 듣지 않으려 하면, 그들은 거기를 떠나면서 발에서 먼지를 떨어버려야 한다. 경건한 유대인들은 이방(다른) 지역을 떠날 때 그들이 이방 지역과 관계가 없다는 것을 보여 주기 위해 이런 행동을 했다. 이것은 제자들의 메시지를 거부하는 데 있어서 이방인처럼 행동하는 유대인들에게도 해당될 것이다.

이것은 그 주민들에 대해 반대한다는 하나의 증거로 행해지는 것이었다(참조, 1:44; 13:9). 그것은 그들에 대해 제자들은 책임을 다했으며, 그 메시지를 거부하는 자들은 스스로 하나님께 응답해야 한다고 경고하는 것이다(참조, 행 13:51; 18:6). 그것이 여러 생각들을 일으켰을 뿐 아니라 또 어떤 사람들에게는 회개를 불러일으켰음이 확실하다. 소돔과 고모라와 관련된 KJV의 문장은 마가복음 텍스트 중 가장 오래된 고대 사본에는 나타나 있지 않다(참조, 마 10:15).

6:12~13 열두 제자는 예수님의 말씀에 순종하여 회개를 전파하고(참조, 1:4, 14~15) 많은 귀신을 쫓아내며(참조, 1:32~34, 39) 많은 병자를 고쳤다(참조, 3:10). 예수님의 대리자로서(참조, 6:7; 9:37) 그들은 예수님의 능력이 자기의 개인적인 현존을 넘어서 확장된 것을 알았다. 그들의 선교는 하나님 나라의 도래(참조, 1:15)를 보여 주었다.

기름을 병자에게 바르는 것은 마가복음에 독특한 기사이다. 이렇게 감람유를 사용한 것은 의학적 특성(참조, 눅 10:34; 약 5:14) 때문에, 그리고 그들이 행한 것이 그들의 권세와 능력에 의해서가 아니라 예수님의 권세와 능력에 의한 것이라는 점을 의미하는 상징적 가치 때문이었다.

2. 세례 요한의 목 베임
(6:14~29; 마 14:1~12; 눅 3:19~20; 9:7~9)

a. 예수님의 정체에 대한 일반적 설명(6:14~16)

6:14~16 갈릴리 전역에 걸친 예수님과 열두 제자의 기적적인 활동은 헤롯 대왕의 아들인 헤롯 안티파스(누가복음 1장 5절 주해에 있는 〈헤롯의 가계도〉를 보라)의 관심을 끌었다. 헤롯 안티파스는 BC 4년에서 AD 39년까지 로마의 지배 아래 있던(참조, 마 14:1; 눅 3:19; 9:7) 갈릴리와 베레아의 분봉 왕(아버지 영토의 4분의 1을 다스린 통치자)이었다. 공식적으로 그는 왕이 아니었다. 그러나 마가가 그 칭호를 사용한 것은 아마 헤롯의 탐욕적인 야망의 관점에 대한 지역적 관습을 반영한 것 같다.

마가복음 6장 14하~15절은 예수님의 기적적인 능력을 설명하려는 세 가지 의견을 제시한다: 그분은 (1) 죽음에서 부활한 세례 요한(참조, 1:4~9), (2) 엘리야(참조, 말 3:1; 4:5~6), 혹은 (3) 끊어진 이스라엘 예언자들의 계보를 다시 잇는 예언자이다.

헤롯은 죄의식에 사로잡혀 있었으므로 다른 여론에도 불구하고 예수님이 자기가 목을 벤 그 사람이라고 여전히 확신하게 되었다. 헤롯은 세례 요한이 죽은 자 가운데서 살아나 기적적인 능력을 사용하고 있다고 믿었다. 마가복음 6장 17~29절은 16절을 자세히 설명하고 있다.

b. 세례 요한의 처형(6:17~29)

마가는 1장 14절을 보충하고 6장 16절을 좀 더 분명히 하기 위해, 또한 예수님의 고통과 죽음을 미리 알려 주고 그분의 고통, 죽음과 유사한 예비자의 '수난 기사'를 제공해 주기 위해 이 부분을 포함시켰다. 마가는 헤롯과 헤로디아가 요한에게 무슨 일을 행했는지에 초점을 맞추었다. 예수님이 후에 요한을 엘리야라고 하신 것을 볼 때(9:11~13) 아마 마가는 엘리야-이세벨의 충돌과 유사하다는 것을 묘사하기 위해 그 많은 내용을 포함시킨 것 같다.

6:17~18 마가는 헤롯이 요한을 옥에 가두도록 명령한 이유를 설명한다 (가르[γάρ]: ~ 고로). 요세푸스에 따르면, 이 감옥은 사해 북동쪽 해변에 위치한 마카이루스의 요새-궁전에 있었다(*The Antiquities of the Jews* 18. 5. 2). 헤롯은 헤로디아(헤롯의 두 번째 아내인 야망 있는 여자) 때문에 그렇게 했던 것이다. 헤롯은 처음 아라비아 왕 아레타스 4세의 딸과 결혼했다. 그때 그는 이복동생(동생은 이복동생을 뜻한다) 빌립(그녀의 이복 사촌. 참조, 요세푸스의 *The Antiquities of Jews* 18. 5. 1~2)과 결혼한 그의 이복 조카인 헤로디아(그의 이복형제 아리스토불루스의 딸)에게 반하게 되었다. 그들에게는 살로메라는 딸이 있었다.

헤롯은 빌립(누가복음 3장 1절의 빌립이 아님)과 이혼한 헤로디아와 결혼하기 위해 자기 아내와 이혼했다. 요한은 이 결혼이 불법적인 것이라고 반복해서 비난했던 것이다(참조, 레 18:16; 20:21).

6:19~20 요한의 대담한 비난은 그를 원수로 여기고 있던(문자적으로 '그

에게 원한을 가지고 있다) 헤로디아를 화나게 만들었다. 그녀는 요한의 투옥에 만족하지 못하고 **그를 죽이고자 했다**. 그러나 그녀의 계획은 성공하지 못했다. 왜냐하면 헤롯은 자기가 **옳은 사람**이며 **거룩한 사람**이라고 여겼던 요한을 두려워했기 때문이다(그는 미신적일 정도로 요한을 두려워했다). 그래서 그는 요한을 옥에 가둠으로써(현명한 협상) 헤로디아의 살인 음모에서 그를 **보호해 주었다**.

헤롯은 비록 비도덕적인 삶을 살았지만 요한에게 매력을 느꼈다. 그는 요한의 설교에 어떤 매력을 느꼈고, 그 설교는 그를 **크게 번민케 했다**. '크게 번민했다'(폴라 에포레이[πολλὰ ἠπόρει])라는 말은 많은 사본의 지지를 받고 있다. 문맥으로 보아, 서기관들이 들리는 대로 받아 적는 과정에서 발생하는 청취상의 오류를 반영하는 번역인 "그는 많은 것을 했다"(폴라 에포이에이[πολλὰ ἐποίει]. NIV 난외주, KJV)라는 번역보다 '크게 번민했다'가 더 나은 번역이다. 헤로디아에 대한 연민과 요한에 대한 존경심 사이에서 비롯된 헤롯의 갈등은 그의 우유부단한 도덕적인 약점을 잘 보여 준다.

6:21~23 마침(참조, 19절) 헤로디아는 살인 계획을 실천할 기회를 찾았다. 그 기회는 헤롯이 생일을 맞아 자기 고위 관리들(시민 정부에 있는), 군사 지도자, 그리고 갈릴리의 지도자(저명한 시민들)들을 위해 베푼 화려한 축제, 즉 **생일 축하연**이었다. 헤로디아는 조심스럽게 자기 딸 살로메를 연회장에 보내(24~25절에 암시됨) 춤을 추게 함으로써 헤롯을 기쁘게 하도록 했다.

살로메는 대략 10대 중반의 결혼 적령기에 있는 젊은 여자(코라시온[κοράσιον]: 소녀. 참조, 에 2:2, 9; 막 5:41~42)였다. 그녀의 능숙하고도 자극적인 춤은 **헤롯**과 그의 손님들을 즐겁게 했고, 헤롯으로 하여금 그에 대한 보상으로 허식적이고도 성급한 제안을 하도록 했다. 그는 그녀가 원하는 것을 무엇이든지 주겠다고 **그녀에게 거만하게 약속했다**. 그리고 "내 나라의 절반까지라도"(참조, 에 7:2 참조)라는 말을 포함한 **맹세로**(참조, 에 5:6) 그것을 보증했다. 실제로 헤롯은 나눠 줄 수 있는 '나라'(영토)가 없었다(참조, 막 6:14의 주해). 그는 자비로움을 나타내기 위해 속담과 같은 말을 사용했는데, 살로메는 그 말을 문자 그대로 받아들일 수 없다는 것을 알았다(참조, 왕상 13:8).

6:24~25 살로메가 무엇을 요구해야 할 것인지 그녀의 어머니에게 물었을 때, 헤로디아는 미리 생각해 두었기 때문에 즉시 세례 요한의 머리라고 대답하였다. 그녀는 그가 죽었다는 증거를 원했다. 살로메는 **즉시**(유쒸스[εὐθύς]. 참조, 1:10) 소름끼치는 요구를 가지고 서둘러 왕에게 돌아왔다. 그녀는 헤롯이 그것을 피할 길을 찾기 전에 바로 **지금**(엑사우테스 [ἐξαυτῆς : 즉시]) 그 일을 해야 한다고 요구했다. 그녀는 "소반에 얹어"라는 말을 첨가했는데, 아마 축제 자리였기 때문에 그렇게 제안한 것 같다.

6:26~28 살로메의 요구는 헤롯을 매우 근심케 만들었다(참조, 14:34). 그러나 그의 맹세(취소할 수 없는 것으로 생각되었던) 때문에, 그리고 만찬 손님들 앞에서 체면을 손상시키지 않기 위해 그는 거절하지 못했다. 그래서 그는 **즉시**(유쒸스[εὐθύς]) 그 요구를 실행하도록 명령했다.

시위병(스페쿨라토라[σπεκουλάτορα]: 라틴어에서 온 단어로, 아마 호위병인 듯) 하나가 성의 감옥에서 요한의 목을 베어 그의 머리를 소반에 담아 연회장에 있는 살로메에게 가져왔다. 그녀는 그것을 헤로디아에게 갖다 주었다(참조, 9:12~13). 요한은 말이 없었으나, 그의 메시지는 여전히 헤롯에게 남아 있었다.

6:29 요한의 제자들이(참조, 마 11:2~6) 그의 죽음에 대해 듣고서는 와서 그의 시체를 가져다가 장사지냈다.

3. 열두 제자가 돌아옴(6:30~31; 눅 9:10상)

6:30~31 사도들은(아포스톨로이[ἀπόστολοι]: 대리인, 사자) 예수님께 돌아와서(아마도 가버나움에서 기다리고 계시기로 약속했던 것 같다) 그들이 사명을(참조, 7~13절) 완수하면서 행하고(처음에 그들의 '사역들'을 언급했다) 가르친('말씀들') 모든 것을 그분께 보고했다. 열두 제자에 대한 '사도'라는 칭호는 마가복음에 두 번밖에 나타나지 않는다(참조, 3:14). 그것은 공식적인 칭호를 나타내기 위한 것이라기보다는(참조, 엡 2:10~20) 그들의 역할을 '선교사'로(참조, 6:7~9; 행 14:14) 설명하기 위해 비전문적인 의미로 사용된 것이다.

예수님은 그들에게 한적한 곳에 가서 잠깐 따로 쉬라고 말씀하셨다. 이것은 많은 사람이 오고가고 하였으므로 그들이 식사할 겨를도 없었기 때문이다(참조, 막 3:20). 그들은 따로(카타 이디안[κατ' ἰδίαν]. 참조, 4:34) 한적한(에레몬[ἔρημον]: 멀리 떨어진. 참조, 1:35, 45) 장소로 가야 했다(참조, 6:32).

C. 예수님이 열두 제자에게 자신을 나타내심(6:32~8:26)

이 부분은 예수님이 여러 번 갈릴리에서 떠나 다른 곳에서 사역하셨는데(참조, 6:31; 7:24, 31; 8:22), 그 가운데 어떤 한 기간을 집중해서 보여 준다. 이 기간 동안 예수님은 열두 제자와 마가의 독자들에게 그분이 자신의 백성을 어떻게 돌보시는가를 보여 주었다.

1. 오천 명을 먹이심
(6:32~44; 마 14:13~21; 눅 9:10하~17; 요 6:1~14)

6:32~34 이 구절들은 열두 제자의 성공적인 선교의 결과로 먼 거리에서 군중이 모여든 상황을 말하고 있다. 예수님의 지시를 시행하는 데 있어서 두 어구가 연결고리를 제공하고 있다: 개인에 대한 예수님의 은밀한 교훈을 위해 마가가 사용한(참조, 4:34상; 6:31~32; 7:33; 9:2, 28; 13:3) '따로'(카타 이디안[κατ' ἰδίαν]: '은밀히'를 의미하는 헬라어 숙어)와 '한적한(에레몬[ἔρημον]: 멀리 떨어진) 곳에'(참조, 1:3~4, 12~13, 35, 45; 6:31~32, 35). 마가가 분명히 밝히지 않았지만, 그들이 배를 타고 간 곳은 갈릴리 바다 북동쪽 요단 강 건너편 도시인 벳새다 율리아 근처였다(참조, 눅 9:10).

많은 사람이 그들의 목적지를 예견하고 걸어서 그들보다 앞서 거기에 도착했다. 제자들의 휴식은 어려움에 처한 사람들에 의해 무산되었다.

예수님은 큰 무리를 보셨을 때 그들을 향한 연민(성가신 것이 아니라)

을 느끼셨다. 이러한 내적인 감정이 그분을 움직여 그들을 돕도록 하셨다(예를 들어, 막 6:39~44). 그분은 그들을 양육이나 보호를 받지 못한 채 버림받고 도움을 받지 못하는 **목자 없는 양**으로 여기셨다. 구약성경의 여러 구절에는(민 27:17; 왕상 22:17; 겔 34:5, 23~25) 양, 혹은 목자의 모습이 '광야(에레모스[ἔρημος]. 참조, 막 6:31~32)와 연관되어 있다. 이스라엘 백성을 나타내는 이 군중은 참 목자(참조, 요 10:1~21)이신 예수님께로부터 불쌍히 여김을 받았고, 하나님 나라에 관한 광범위한 가르침(참조, 눅 9:11)과 필요한 양식을(막 6:35~44) 받았다.

6:35~38 이 구절들은 예수님이 온 종일 군중을 가르치신 후에 열두 제자와 나누신 중요한 대화를 보여 준다. 시간이 너무 늦었고(유대 시간으로 오후 3시 이후) 그들이 먼(에레모스[ἔρημος]. 참조, 31~32절) 장소에 있었으므로 제자들은 해지기 전에 근처 마을에서 음식을 살 수 있도록 사람들을 보내자고 예수님께 말씀드렸다.

그런데 예수님은 제자들에게 "너희가 먹을 것을 주라"고 말씀하셨다. 예수님은 '너희가'(휘메이스[ὑμεῖς])라는 말을 강조했다. 제자들의 대답은 그들이 가진 것이 충분치 않다는 것과 그분의 말씀대로 할 수 없다는 것을 말한다. 그들의 계산에 따르면, 그런 군중을 먹이려면 200데나리온이 들 것이다(NIV 난외주). 팔레스타인에서 사용된 기본적인 로마 은화인 데나리온은 농장 노동자들의 평균 하루 품삯이었다. 결과적으로 200데나리온은 제자들이 마련할 수 있는 것을 넘어서는 액수, 대략 성인 남자의 8개월치 임금에 해당하는 액수였다. 예수님은 혹시 배에서나 군중에게서 떡을 얼마나 얻을 수 있는지 찾아보라고 촉구하셨다. 제자들은 이런 대답을 가지고 돌아왔다: "떡 다섯 개와 물고기(소금에 절여서 말리거나 구운 것) 두 마리뿐입니다."

6:39~44 그 기적에 대한 마가의 생생한 묘사는 직접 목격한 자의 보고—아마 베드로의 보고인 듯—임을 나타내준다.

질서 있게 배분하기 위해 예수님은 모든 사람을 떼를 지어 푸른 잔디(봄철을 암시한다) 위에 앉히라고 제자들에게 명하셨다. 39절의 '떼를 지어'라는 말은 '식탁 친구별로'(쉼포시아 쉼포시아[συμπόσια συμπόσια]: 문자적으로 '먹고 마시는 잔치')라는 말로 번역할 수 있다. 그러나 40절의 '떼로'라는 말은 문자적으로 '정원지 별로'(프라시아이 프라시아이[πρασιαὶ πρασιαί])를 의미한다. 이 말은 상징적으로 사용되었는데, **백 명씩 또는 오십 명씩 떼를 지어** 잔디 위에 앉아 있는 사람들(아마 형형색색의 옷을 입었을 것이다)이 잘 정리된 모습을 묘사하고 있다. 예수님의 명령은 제자들과 군중의 신앙에 대한 도전이었다. 예수님은 무리를 떼로 앉히시고 떡 다섯 개(둥근 밀 혹은 보리 떡)와 물고기 두 마리(참조, 레 19:24; 신 8:10)를 가지고 유대 관습에 따라 축복을 선언하셨다. '축사하시고'라는 말은 율로게오(εὐλόγεω : 문자적으로 [하나님을] '찬양하다, 격찬하다' 혹은 '축복하다.' 참조, 막 14:22)에서 온 말이다. 그런 기도에서 축복의 대상은 음식이 아니라 그것을 주신 하나님이다. 예수님은 기적적인 음식 준비를 위해 아버지께 의존하시면서 하나님이 계신 곳이라고 간주되었던(참조, 마 23:22) 하늘을 쳐다보셨다.

그 다음 떡을 떼시고 고기를 여러 개로 나누셔서 사람들 앞에 갖다 놓도록 제자들에게 주셨다(문자적으로 '계속하여 주다'). 기적 자체가 어떻게 일어났는지 설명되어 있지는 않지만 '주었다'라는 미완료 시제 동사는 떡이 예수님의 손에서 증가했다는 것을 의미해 준다(참조, 막 8:6).

음식의 공급은 기적이었고 충분했다. 마가는 모든 사람이 먹었고 또 완전히 만족하였다고 강조했다. 이것은 제자들이 남은 조각을 열두 바구니 가득(코피노이[κοφίνοι]: 버들가지로 된 작은 바구니. 대조, 8:8, 20) 모았다는 사실로 입증된다(아마 제자마다 한 바구니씩). 그 지역 기준으로는 아주 거대한 무리인 오천 명(안드레스[ἄνδρες]: 남성)이라는 수는 여자들과 아이들을 제외한 숫자였다(참조, 마 14:21). 왜냐하면 여자들과 아이들은 유대 관습에 따라 따로 모였을 것이기 때문이다.

보통 기적 기사의 끝에는 놀랐다는 주제가 나타나게 마련인데, 여기에는 이 주제가 포함되어 있지 않다. 이 사건에 대해 마가복음 6장 52절, 8장 14~21절에서 설명을 이어 하고 있는 것으로 보아, 이것은 마가가 그 사건을 예수님이 자기가 누구인가를 제자들에게 드러내신 중요한 계시로 보았다는 것을 나타내 준다. 그러나 그들은 그 사건의 의미를 이해하지 못했다(참조, 6:52).

2. 예수님이 물 위로 걸어오심
(6:45~52; 마 14:22~33; 요 6:15~21)

6:45~46 예수님은 오천 명을 먹이신 후 즉시(유쒸스[εὐθύς]. 참조, 1:10) 제자들을 그들의 배 있는 데로 보내시고, 배를 타고(문자적으로 '[그]보다 먼저 다른 편으로 가다') 벳새다('고기잡이의 집')로 가게 하셨다(문자적으로 '강제적으로 하셨다'). '가게 하셨다'라는 동사는 설명할 수 없는 긴박함을 의미한다. 요한복음 6장 14~15절에는 사람들이 예수님을 약속된 미래의 선지자(참조, 막 6:14~15)로 여기고, 강제로 그분을 왕으로 삼으려 했다고 설명한다. 예수님은 잠재해 있는 이 '메시아 열광주의'의 위험

과 그것이 **제자들**에게 미칠 영향을 느끼시고 **무리를 보내시는 동안** 제자들을 강제로 배에 태워 떠나게 하셨던 것이다.

'벳새다'의 위치를 파악하는 데 있어서 지리적인 어려움이 있다(참조, 6:32; 눅 9:10; 요 12:21). 가장 간단한 대답은 벳새다 율리아(요단 동편)가 요단 서편까지 펼쳐져 있어서 가버나움의 외각 어촌 지역인(참조, 요 6:17 참조) '갈릴리 벳새다'(참조, 요 12:21; 1:44; 막 1:21, 29)로 불렸다는 것이다. 제자들은 갈릴리 바다 북쪽 해변에서 이 도시를 향해 항해하고 있었다. 그러나 바람이 불어 항로가 남쪽으로 바뀌어 마침내 서쪽 해안에 있는 게네사렛에 도착하게 되었다(참조, 막 6:53).

예수님은 흥분한 무리를 보내시고 난 후에 기도하시기 위해 가까이 있는 산으로 올라가셨다(참조, 1:35의 주해).

6:47 **저물매**(해질 무렵) 제자들의 배는 그 바다 가운데 있었고(위치상 한 가운데는 아님) 예수님은 **홀로 뭍에 계셨다.** 그분이 계시지 아니할 때(혹은 안 계신 것처럼 보일 때) 제자들은 종종 곤경을 경험했고 신앙이 부족함을 드러내었다(참조, 4:35~41; 9:14~32).

6:48 예수님은 거의 자정까지 기도하셨다. 그러는 동안 제자들은 강한 북풍이 그들을 향해 불어왔기 때문에 바다에서 거의 방향을 잃어버렸다. 이른 새벽 미명, 밤 사경에(로마식 계산에 의한 것, 오전 3시에서 6시 사이. 참조, 13:35) 예수님은 물결치는 물 위를 걸어오셔서 애써 노 젓는 것을 보시고 제자들에게 오셨다. '**지나가려고 하시매**'라는 말은 그분이 그들 옆을 '단순히 그냥 스쳐 지나가려고' 하셨다는 것을 뜻하는 말이 아니라 그들을 안심시키기 위해 구약성경에 나타난 신의 현현의 의미로(참조, 출

33:19, 22; 왕상 19:11; 막 6:50하) 그들 '옆을 지나가려고' 하셨다는 것을 의미하는 말이다.

6:49~50상 예수님이 물 위로 나타나시자 제자들은 두려워 소리를 질렀다(참조, 1:23). 그들은 그분이 유령(판타스마[φάντασμά]: 물귀신)이라고 생각했다. 그들이 다 그분을 보고(몇 사람의 착각이 아니라) 놀랐기 때문에 이렇게 반응했다고 마가는 설명한다.

6:50하~52 예수님은 즉시(유쒸스[εὐθύς]. 참조, 1:10) 그들의 두려움을 잠잠케 하시고 확신의 말씀을 하셨다. "안심하라(싸르세이테[θαρσεῖτε]) 두려워하지 말라"(문자적으로 '두려워하는 것을 멈추라')라는 말은 구약성경에 자주 나오는 말로써, 곤경에 처한 사람들을 향해 하는 말이다(참조, 70인역, 사 41:10, 13~14; 43:1; 44:2). 첫 번째 명령은 신약성경에 7번 나타나는데, 마가복음 10장 49절을 제외하고는 모두 예수님이 직접 하신 말씀들이다(마 9:2, 22; 14:27; 막 6:50; 요 16:33; 행 23:11). "내니"(에고 에이미[ἐγώ εἰμι], 문자적으로 '나는 ~이다')라는 말은 단순히 자기 정체가 누구인가("나는 예수다")를 전달해 주는 말일지도 모른다. 그러나 여기서는 구약성경에 나타난 하나님의 자기 계시의 형태, 즉 "나는 스스로 있는 자니라"(참조, 출 3:14; 사 41:4; 43:10; 51:12; 52:6)를 반영하려는 의도로 사용된 것 같다. 예수님이 배에 올라 제자들과 함께 계시자 바람이 그쳤다(에코파센[ἐκόπασεν]: 멈추었다, 잠잠해졌다. 참조, 막 4:39). 이것은 예수님이 자연도 지배하신다는 첨언적인 확증이었다(참조, 4:35~41).

제자들은 예수님의 현존과 능력의 계시에 심히 놀랐다(엑시스탄토[ἐξίσταντο]: 문자적으로 '정신이 나가다.' 참조, 2:12; 5:42). 마가만이 예수님의 참 정체를 가리키는 떡 떼는 기적(참조, 6:35~44)의 의미를 제자들이 이해하지 못했다고 설명해 놓았다. 그래서 그들은 예수님이 물 위로 걸어오실 때도 그분을 깨닫지 못했던 것이다(참조, 3:5).

3. 요약적 진술: 게네사렛에서 예수님의 치유 사역
   (6:53~56; 마 14:34~36)

이 요약적인 진술은 두로와 시돈 근처 해안 지역으로 출발하시기 바로 전 갈릴리에서 행하신 예수님의 사역의 절정을 나타내 준다(막 7:24).

6:53 예수님과 제자들은 북동쪽에서 서쪽으로(참조, 45절) 갈릴리 바다를 가로질러 남서쪽 해안에 있는 가버나움의 남쪽, 비옥하고 인구가 많은 평지(너비 3.2킬로미터, 길이 6.4킬로미터)인 게네사렛에 정박했다(닻을 내렸다). 랍비들은 이 평지를 '하나님의 동산', 즉 '낙원'이라고 불렀다. 거기의 한 작은 도시를 또한 게네사렛이라 불렀다.

6:54~56 사람들은 즉시(유쒸스[εὐθύς], 참조, 1:10) 예수님을 알아보았다. 그분이 그 지역을 돌아다니실 때, 그들은 병든 자를 치료해 달라고 침상 채 메고 나왔다. 그분이 가시는 곳마다 병자들이 시장(넓은 공간)에 놓여 있었다. 이 지역에는 약효가 있는 광천이 있어서 환자들을 위한 휴양지가 되었다.

병자들은 그분이 지나갈 때 그분의 옷 가에라도 손을 대게 해 달라고 거듭 간청했다(파레칼룬[παρεκάλουν]; 참조, 5:10, 23). 그 '끝' 혹은 '가장자리'라 함은 신앙이 돈독한 유대인이 달고 다니던, 겉옷에 붙어 있는 청색

술의 가장자리를 말하는 것이다(참조, 민 15:37~41; 신 22:12).

그분께 손을 댄 모든 사람은 고침을 받았다(문자적으로 '구원을 받고 있었다.' 참조, 막 5:28). 이 말은 예수님과 병자 사이의 인격적인 신앙 관계에 대한 마가의 초기 언급을 다시 거론하는 것이다(참조, 3:7~10; 5:25~34). 손을 댔다고 해서 치료가 된 것이 아니라 그분에 대한 신앙을 이런 방식으로 표현하는 것을 높이 보신 예수님의 은혜에 의해 치료가 이루어진 것이다.

4. 부정함에 대한 논쟁(7:1~23; 마 15:1~20)

예수님과 종교 지도자들의 갈등이라는 주제로 되돌아온다(막 2:1~3:6). 예수님이 공적으로 널리 알려졌음에도 불구하고(참조, 6:53~56) 이스라엘 가운데서 당하신 배척을 강조하고 있다(참조, 3:6, 19~30; 6:1~6상). 그것은 또한 그분의 이방인 사역을 위한 적당한 서곡 역할을 하고 있다(7:24~8:10). '부정한'(7:2, 5, 15, 18, 20, 23)과 '유전'(3, 5, 8, 9, 13절)이라는 말이 그 부분을 함께 묶어 놓는다.

a. 종교 지도자들의 비난(7:1~5; 마 15:1~2)

7:1~2 바리새인들(참조, 2:16; 3:6)과 몇 명의 서기관들이(참조, 1:22) 예루살렘에서(참조, 3:22~30) 와서(아마 가버나움인 듯. 참조, 7:17) 예수님과 제자들을 다시 조사했다.

그들은 '부정한' 손으로 음식을 먹고 있는 몇몇 제자들을 비판적으로 보았다. '부정한'(코이나이스[κοιναῖς]: 비속한)이라는 말은 마가가 이방인 독자들에게 설명한 대로 정결례에 따라 손을 씻지 않은 것을 뜻하는 말이었다. 그것은 유대인들의 종교 의식에 따라 더러워진 **모든** 것을 지칭하는, 그래서 거룩하다고 부르기에 합당치 않거나 하나님께 바칠 수 없는 모든 것을 지칭하는 용어이다.

7:3~4 이 구절은 긴 괄호로 묶여 있는데, 마가는 여기에서 팔레스타인 밖에 살았던 이방인 독자를 위해, 유대인들의 일반적인 **정결규례를** 설명해 놓았다(가르[γάρ]. 참조, 1:16).

정결례 규정은 **바리새인들과 모든 유대인이** 조심스럽게 따랐던 **장로들의 전통의** 한 부분으로, 그들에 의해 준수되었다(그들의 습관을 묘사하는 하나의 통칙). 유대인들의 모든 생활을 통제하기 위해 고안된 이런 해석들은 성문화된 율법만큼이나 구속력 있는 것으로 간주되었고, 충실한 서기관들에 의해 각 세대에 전달되었다. AD 3세기에 구전되던 것들이 수집되어 미슈나에 수록되었는데, 그것이 탈무드에 기초를 제공해 주고 탈무드의 구조를 세워 주었다.

가장 일반적인 정결규례는 한 손 가득 물을 떠서 손을 씻는 것이었다. 이런 관습은 음식 먹기 전에 요구되는 공식적인 의식이었다(참조, TDNT, 동사 **카싸로스**[κάθαρος], 3:418~24). 이것은 유대인이 '부정한' 이방인, 혹은 부정한 돈이나 도구 같은 것들과 접촉하기 쉬운 **시장에** 갔다 온 후에 특히 중요했다.

유대인들이 **많은 다른 전통들**(마가는 그 중 몇 개를 열거했다)을 준수했다는 설명은 토론 중인 문제가 정결규례의 전체적이고 상세한 문제를 포함하고 있다는 것을 의미한다. 신실한 유대인들에게는 이런 규정을 무시하는 것이 죄였다. 그것을 따르는 것은 선한 삶과 하나님을 섬기는 것의 핵심이었다.

7:5 종교 지도자들은 제자들의 선생으로서 제자들의 행위에 책임을 지고 있는(참조, 2:18, 24) 예수님께 와서 비판적인 질문을 했다. 유대 지도자들은 정결규례를 따르지 않은 제자들의 실수가 좀 더 큰 문제의 징후라고 생각했던 것이다. 그들의 관심은 제자들과 예수님이 **장로들의 전통**을 따라 살지 않았다는 것이다(참조, 7:3).

b. 예수님의 응답과 책망(7:6~13; 마 15:3~9)

예수님은 제자들의 행위에 대해서는 아무런 언급도 하지 않으셨다. 오히려 바리새인들과 서기관들의 질문 이면에 있는 두 가지 문제를 말씀하셨다. (1) 종교적인 권위의 진정한 근원: 전통이냐, 성경이냐?(막 7:6~13) (2) 부정함의 참 성격: 의식적이냐, 도덕적이냐?(14~23절).

7:6~8 예수님은 이사야 29장 13절을 인용하시면서(70인역에서 거의 그대로 인용) 이사야 시대 사람들에 대한 묘사를 질문자들에게 적용시키셨다. 예수님은 그들을 **외식하는 자들**(마가복음에서는 여기만 이 말이 나타난다)이라고 부르셨다.

그들은 하나님께 예배한다고 큰소리쳤으나, 진심으로 참 예배를 드리지도 않았고, 마음속에 감춰진 그들의 생각과 확고한 선택을 그분께 드리지 않았기 때문에 '외식하는 자들'이었다(참조, 막 7:21; 12:30). 하나님에 대한 그들의 예배는(경건한 행위는) **헛된**(마텐[$\mu\acute{\alpha}\tau\eta\nu$]: 쓸데없는) 것이었다. 왜냐하면 이사야 시대의 유대인들처럼 그들도 인간의 **규례**를 권위 있는(신적인) 교훈으로 가르치고 있었기 때문이다.

결과적으로 예수님은 그들이 하나님의 명령, 즉 율법을 버리고 인간의 **전통**을 고수하고 있다고 책망하셨다. 그분은 그들의 구전이 인간에게서 나온 것이라고 강조함으로써(참조, 9, 13절) 그것을 재정의하시고(참조, 7:3, 5) 즉시 그것의 권위를 부인하셨다.

7:9 예수님은 종교 지도자들이 그들의 **전통**을 지키기 위해(참조, 8절) 하나님의 율법을 제쳐놓았다는 책망을 다시 설명하신다. 그분은 그들의 죄를 드러내는 인상적인 설명을 인용하심으로써(10~12절) 이 판단을 뒷받침했다.

7:10 모세는 분명히 부모에 대한 각 개인의 의무와 관계되는 하나님의 명령을 기록해 놓았다(참조, 13절). 그는 그것을 긍정 명령문으로도(참조, 출 20:12, 70인역, 제5계명; 신 5:16), 부정 명령문으로도(참조, 출 21:17, 70인역; 레 20:9) 설명했다. 그런 책임에는 충분한 경제적 지원과 부모가 나이 들었을 때 그들의 궁핍을 실제적으로 돌보는 것(참조, 딤전 5:4, 8) 포함되어 있었다. 부모를 멸시하는 자는 사형을 당해야 했다.

7:11~12 예수님은 여기서 하나님의 명령을 저버린 서기관들의 전통을 인용하셨다. "너희는 이르되"라는 말은 모세의 율법(10절)과 대조된다는 것을 보여 주는 강조어이다. 그들의 '전통'에 따르면, 자기 모든 재산에 대해 "**고르반**"이라 선언하고 제5계명을 지키지 않아도 되었다.

'**고르반**'은 하나님께 바쳐진 선물과 관련되곤 했던 히브리 용어의 헬라어(그리고 영어) 음역이다. 그것은 깨뜨릴 수 없는 서약에 의해 성전과 성전 예배에 바쳐졌던 돈과 재산에 대해 선언하는 헌신의 한 형식이었다. 그런 선물들은 종교적 목적을 위해서만 사용될 수 있었다.

어떤 사람이 나이 많은 부모를 부양하기에 필요한 재산이라도 "고르반"이라고 선언해 버리면 그는 서기관들의 전통에 따라 하나님의 명령을 지키지 않아도 되었고, 부모는 법적으로 그에 대해 어떤 요구도 할 수 없었다. 그의 서약은 변경할 수 없는 것이고, 가족에 대한 책임보다 더 우선한다고 서기관들은 강조했다(참조, 민 30장). 그래서 그들은 그로 하여금 부모에게 더 이상 아무것도 하지 못하게 했다.

7:13 유대인들은 전통에 의하여 하나님의 말씀을 폐하여 버렸다. '폐하다'라는 말은 아퀴로오(ἀκυρόω)에서 온 아퀴룬테스(ἀκυροῦντες)를 번역한 것으로, 파피루스에서는 계약을 폐기시키는 말로 사용되었다. 부모에 대한 의무와 관련된 하나님의 명령을 깨뜨려가면서까지 종교적인 기부를 인정하는 것은 인간의 유전을 하나님의 말씀 위에 두는 행위이다.

'고르반' 서약은 서기관들의 전승이 구약성경을 왜곡하고 모호하게 해 버린 많은 일 중의 한 예에 불과하다(예를 들면, 엄격한 안식일 규정들. 참조, 2:23~3:5).

c. 진짜 부정한 것에 대한 예수님의 설명(7:14~23; 마 15:10~20)

이 시점에서 예수님은 부정한 것이 무엇이냐에 대해 직접적인 답을 주셨다(참조, 막 7:5). 그분은 우선 무리를 부르시고(14~15절) 모든 사람에게 해당되는 일반적인 원칙을 제시하셨다. 그 다음에 제자들에게 그 원칙을 설명해 주셨다(17~23절).

7:14~16 예수님은 주의 깊게 듣고 조심스럽게 생각하라고 모든 사람에게 엄숙하게 요구하신 다음(참조, 4:3), 부정함의 참 원천을 무리에게 밝혀 주었다. "무엇이든지 사람(총칭, '인간') 밖에서 사람 안으로 들어가는 것은 사람을 '부정하게' 할 수 없다"(참조, 7:2)라고 설명하셨다. 예수님은 의학적인 의미가 아니라 도덕적인 의미로 말씀하신 것이다. 사람은 비록 자기의 손을 의식상 씻지 않았다 할지라도 자기가 먹는 것에 의해 도덕적으로 더러워지지 않는다.

예수님은 사람(개인. 참조, 21~23절)으로부터 나오는 것이 사람을 '부정하게' 한다고 설명하셨다. 사람이 비록 조심스럽게 외적인 정결례를 지킨다 하더라도 마음속 생각으로 인해 도덕적으로 부정하게 된다. 그래서 예수님은 죄가 외부로부터 비롯되는 것이 아니라 안에서 나온다고 설명함으로써 랍비들의 견해를 반박하셨던 것이다(렘 17:9~10). 그분은 또한 모세 율법에 있는 정결한 음식과 부정한 음식에 관한 율법(참조, 레 11장; 신 14장)의 참된 의도를 보여 주셨다. '부정한' 음식을 먹은 유대인은 그 음식에 의해 부정하게 되는 것이 아니라 하나님의 명령에 불복종한 것 때문에 부정하게 되는 것이다.

7:17 그들이 무리를 떠나 집으로 들어간 후에(가버나움일 가능성이 높다. 참조, 2:1~2; 3:20) 그분의 제자들은 7장 15절에 주어진 비유를 설명해 달라고 요구했다. 예수님의 말씀과 행위를 제자들이 이해하지 못하고 있다는 것이 6장 32절~8장 26절에서 내내 강조되고 있다. 그것은 그들의 마음이 둔하기 때문이다(참조, 6:52; 8:14~21).

7:18~19 "너희도 이렇게 깨달음이 없느냐"라는 예수님의 질문은 "너희

는 왜 그렇게 둔하냐?"라는 의미를 내포한다. 그것은 예수님이 이미 그들에게 교훈을 주셨음에도 불구하고 그들이 무리처럼 그분의 가르침을 이해하지 못했다는 것을 보여 준다.

예수님은 밖에서 들어가는 것은 **아무것도 사람을 도덕적으로 더럽게 할 수 없다**는 진리를 확대하셨다(참조, 15상). 그 이유는 음식(어떤 다른 것도)이 인간의 인격을 통제하는 중심인 **마음속**에 들어가서 도덕적 본성에 영향을 주지 못하기 때문이다. 단지 그것은 그의 위(비도덕적 기관)로 들어갈 뿐이다.

19절의 결론적인 문장은 마가가 로마에 있는 독자들을 – 그들 중 몇몇은 유대교의 음식법에 대해 혼동했을지도 모른다(참조, 롬 14:14; 갈 2:11~17; 골 2:20~22) – 염두에 두고 예수님이 설명하신 것의 중요성을 강조하기 위해 편집해 놓은 설명이다(참조, 2:10, 28; 3:30; 13:14). 그는 단순히 예수님이 기독교인들에게는 모든 음식이 정결하다고 선언하셨다는 것을 지적했다. 초대교회는 이 진리를 빨리 이해하지 못했다.

7:20~23 예수님은 사람에게서 나오는 것이 그를 도덕적으로 더럽게 한다(참조, 15하)는 진리를 반복하고 확대하신다. 모든 것은 안에서, 즉 사람의 마음속에서(참조, 19절) 나온다는 것을 보여 줌으로써 이것을 입증하셨다.

헬라어 본문에는 '악한 생각'이라고 번역된 용어가 동사보다 먼저 나와 강조되면서, 그에 따르는 여러 악한 것들의 뿌리로 간주된다. 마음속에서 나오는 악한 생각들은 악한 말과 행동을 하려는 의지와 연관되어 있다.

예수님이 나열하신 악의 종류는 구약성경의 느낌을 강하게 갖고 있으며, 12항목으로 되어 있다. 첫째, 개별적으로 관찰되는 사악한 행동을 묘사하는 6개의 헬라어 복수 명사가 있다: 음란(포르네이아이[πορνεῖαι]: 여러 종류의 부정한 성적 행위), 도둑질(클로파이[κλοπαί]), 살인(포노이[φόνοι]), 간음(모이케이아이[μοιχεῖαι]: 결혼한 사람의 부정한 성관계), 다른 사람의 것에 대한 끊임없는 욕구인 **탐욕**(플레오넥시아이[πλεονεξίαι]: 욕심), 악한 생각들이 그 자체를 표현하는 여러 방법인 **악독**(포네리아이[πονηρίαι]: 사악함).

둘째, 악한 성향들을 묘사하는 6개의 헬라어 단수 명사가 있다: 자신의 개인적인 이익을 위해 다른 사람을 함정에 빠뜨리려고 마련한 교활한 계략인 **속임**(돌로스[δόλος]), 무제한적이고 공공연한 비도덕적 행위인 **음탕**(아셀게이아[ἀσέλγεια]. 참조, 롬 13:13; 갈 5:19; 엡 4:19; 벧후 2:2, 7), 다른 사람의 소유물에 대해 시기하는 태도인 **질투**(옵쌀모스 포네로스[ὀφθαλμὸς πονηρός]: 문자적으로 '사악한 눈', 인색함에 대한 히브리적 표현. 참조, 잠 23:6), 하나님이나 인간에 대한 해롭고도 모욕적인 언사인 **비방**(블라스페미아[βλασφημία]), 다른 사람보다 자신을 높여서 다른 사람을 경멸하는 **교만**(휘페레파니아[ὑπερηφανία], 신약성경에는 여기에만 사용되었다), 그리고 도덕적, 영적 무감각을 의미하는 **우매함**(아프로쉬네[ἀφροσύνη]).

이 모든 악은 사람을 더럽게 하는 것이고 내부에서, 즉 사람의 마음에서 나오는 것이다. 그래서 예수님은 관심의 초점을 외적인 의식에 두지 않으시고, 하나님을 위해 자신의 악한 마음을 깨끗케 해야 할 필요성에 두셨던 것이다(참조, 시 51편).

5. 수로보니게 여인의 딸을 고치심
   (7:24~30; 마 15:21~28)

마가는 예수님이 갈릴리 지역을 벗어나서 여행하신 세 번째 여행 중에 일어난 세 가지 사건을 기록했는데, 여기에 기록된 사건이 그중 첫 번째 것이다(세 번의 여행에 대해서는 마가복음 4장 35절, 5장 20절, 6장 32~52절, 7장 24절~8장 10절을 보라). 이 여행에서 그분은 실제로 외관상 단 한 번 팔레스타인을 벗어나셨다. 이방인 지방에서 일어난 이 사건들은 1~23절에 있는 예수님의 교훈에 대한 타당한 결과요, 이방 세계에 복음이 선포된다는 것에 대한 적절한 예고이다(참조, 13:10; 14:9).

7:24 예수님은 그 장소(아마 가버나움인 듯함)를 떠나 가버나움에서 약 65킬로미터 북서쪽에 위치한 베니게(현재의 레바논)의 항구 도시인 두로 근처로 가셨다. 그런데 신뢰할 만한 초기 헬라어 사본에는 '~과 시돈'(참조, NIV 난외주)이라는 말이 포함되어 있다(참조, 31절).

예수님이 그곳에 가신 것은 공적으로 사람들을 위해 사역하시려는 것이 아니라 제자들을 가르치시기 위한 기회를 만들려는 것이었다. 이전에 군중으로 인해 방해를 받았기 때문이다(참조, 6:32~34, 53~56). 그래서 예수님은 자신이 그곳에 있는 것을 **아무도 모르기를 바라셨다**. 그러나 병을 고치는 그분의 능력에 대한 소식이 이미 전파되었기 때문에(참조, 3:8) 그분이 오셨다는 것을 숨길 수가 없었다.

7:25~26 자기의 어린 딸이 귀신에 사로잡혀 있었던(참조, 1:23; 5:2) 한 이름 없는 여인이 즉시(유쒸스[εὐθύς]. 참조, 1:10) 와서, 딸의 상황에 대한

슬픔의 표현으로, 또한 깊은 존경의 표현으로(9:17~18, 20~22, 26 참조) 그분의 발 아래에 엎드렸다. 그녀는 자기 딸에게서 귀신을 쫓아내 달라고 예수님께 계속해서 간청했다.

마가는 그 여인이 유대인이 아님을 강조했다: "그 여자는 헬라인이요." 이 말은 단순히 그녀가 헬라 출신이라는 말이 아니라 문화적, 종교적으로 이방인이라는 말이다. 그녀는 시리아 지방의 일부인 베니게에서 태어난 수로보니게 족속이었다. 마태는 그녀를 가나안 여인이라고 불렀다(마 15:22).

7:27 예수님의 대답은 그곳에 있었던 예수님의 목적에 타당했던 것이고(참조, 24절), 어떤 면에서 그 이방 여인이 이해할 수 있는 것이었다. 그것은 상징적인 언어로 묘사되었다: '자녀들'은 제자들을 뜻하고(참조, 9:35~37), 자녀들의 떡은 그들을 위한 그분의 사역의 유익을 의미하며, 개들(문자적으로 '작은 개', 들짐승이 아니라 집에서 기르는 애완용 개)은 이방인들을 의미한다(여기서는 경멸적인 의미로 사용된 것이 아님).

예수님은 그때 자기의 첫 번째 우선권이 제자들을 가르치는 것임을 설명하신 것이다. 식탁에서 음식을 취해서 개들에게 음식을 주기 위해 가족 식사를 중단하는 것은 타당하지 못하다. 그래서 이방인인 그녀를 돌보시기 위해 제자들에 대한 사역을 중단하는 것은 옳지 못하다고 하신 것이다. 그러나 예수님의 이런 말씀이 그녀의 신앙을 자극시켰다.

다른 해석자들은 예수님의 말 속에서 보다 더 넓은 신학적 의미를 발견한다: 자녀들(믿지 않는 이스라엘)을 먹여야 한다(예수님의 선교). 그들의 식사 시간(복음의 전 세계적 전파)이 아직 오지 않았기 때문에 그들의 떡(예수님의 사역을 우선 요구할 수 있는 특권을 포함한 특별한 권리)이 개들(이방인)에게 던져져서는 안 된다. 이런 견해가 신학적으로 옳기는 하지만 그것은 마가의 초점을 과장하는 것이 되어 버린다.

7:28 그 여인은 "주여('선생님'의 존칭) 옳소이다"라는 말로 예수님의 말씀에 응했다. 그녀는 예수님이 그녀의 요구를 거절할 권한을 가지고 있다는 것을 알아차렸던 것이다. 그러나 그녀는 그분이 사용하신 비유에 모욕감을 느끼지 않고 그것을 좀 더 깊이 표현했다: "상 아래 개들도 아이들이 먹던 부스러기를 먹나이다."

그녀의 요점은 개들도 자녀들과 동시에 부스러기 음식이라도 얻기 때문에 기다릴 필요가 없다는 것이다. 그녀가 겸손하게 요구한 모든 것이 부스러기, 즉 처절한 곤경에 대한 자그마한 은총과 자비였기 때문에 예수님이 제자들을 가르치는 데 방해될 이유가 없었다.

7:29~30 그녀의 겸손함과 신앙을 입증한 그러한 대답 때문에 예수님은 그녀에게 집으로 돌아가라고 말씀하시면서(참조, 2:11; 5:34; 10:52) 귀신이 그녀의 딸에게서 나갔다고 안심시켜 주셨다. '나갔다'(완료 시제)라는 말은 이미 치유가 이루어졌다는 것을 의미한다.

그녀가 집으로 돌아왔을 때, 그녀는 아이가 평화롭게 쉬고 있는 것과 귀신이 나간 것을 알게 되었다. 이것은 마가복음에 기록된 기적 가운데 예수님이 직접 명령하시지 않고 먼 거리에서 행하신 유일한 기적이다.

6. 귀먹고 말 더듬는 자를 고치심(7:31~37)

이 기적은 마가에 의해서만 기록되어 있다. 마가는 예수님에 대한 사람들의 고백(7:37)을 끝으로 일련의 이야기, 즉 6장 32절~7장 37절의 결론을 내리고 있다. 이 사건은 제자들의 '귀'가 열리는 것을 미리 보여 준 것이다(참조, 8:18, 27~30). 두 번째 이야기의 주기가 8장 1절에서 시작하여 제자들의 고백(참조, 8:27~30)에서 그 절정을 이루고 있다.

7:31~32 예수님은 두로를 떠나(참조, 24절) 북쪽으로 32킬로미터 떨어져 있는 해안 도시인 **시돈**을 지나가셨다. 그리고 남동쪽으로 돌아 갈릴리를 피해 데가볼리(참조, 5:20) 경내의 갈릴리 바다 동편에 위치한 어떤 곳으로 가셨다.

사람들이 거기에서 귀먹고 거의 말을 할 수 없는(모길랄론[μογιλάλον]: 말할 때 어려움을 느끼는) 어떤 사람에게 손 얹어 주시기를(참조, 5:23) 예수님께 간청했다. 거의 사용되지 않는 이 단어는 이 곳과 이 세상에 하나님의 통치가 임할 것임을 약속해 주는 이사야 35장 6절(70인역)에만 나타난다. 이 약속된 개입은 이미 예수님의 사역 속에서 일어나고 있었다(참조, 막 7:37; 1:15).

7:33~35 예수님은 그 사람을 치료하시면서 그가 겪고 있는 곤경에 아주 잘 어울리는, 또한 신앙을 보여 주도록 하는 기호 언어와 상징적인 행위(마가가 설명하지 않은)를 사용하셨다. 예수님은 그와 일대일로 대화를 나누시기 위해 **군중**과 떨어져 그를 따로 데리고 가셨다(참조, 6:32). 침을 뱉어 (땅에) 그의 귀와 혀에 대시고 **하늘**(하나님을. 참조, 6:41)을 우러러보심으로써 그분이 무엇을 하려고 하는지를 보여 주셨다. **깊은 탄식**은 그 사람에 대한 연민을 반영한 것일 수도 있다. 그러나 그것은 고통당하는 사람을 노예로 만들어 버린 사탄의 세력과 싸울 때 예수님이 나타내

신 강한 감정의 표현이었던 것 같다.

그 다음 예수님은 **"열리라"**(문자적으로 '완전히 열리라')를 뜻하는 **"에바다"**라는 아람어로 명령하셨다. 이 말은 귀먹은 사람도 쉽게 독순술로 해독할 수 있는 말이었다. 이 아람어는 그 사람이 이방인이 아니었다는 것을 의미하는 것일지도 모른다.

예수님이 명령하시자 **곧**(유쒸스[εὐθύς]. 참조, 1:10) 그 사람의 귀가 열리고 혀가 풀리며 분명히 말할 수 있게 되었다. 말을 잘하지 못한다는 것은 보통 육체적으로나 영적으로나 잘 듣지 못하는 데서 온다.

7:36 예수님이 사람들에게 침묵을 지키라고 **명령하시면**(문자적으로 '계속해서 명령하다') 할수록 그들은 계속해서 더욱 더 널리 소식을 전파했다(참조, 1:44~45; 5:20, 43). 예수님은 데가볼리 지방에서 '기적 베푸는 자'로 사람들에게 알려지지 않고 사람들 돌보기를 원하셨다.

7:37 예수님의 기적은 예상 밖으로(휘페르페릿소스[ὑπερπερισσῶς], 신약성경에서 오직 여기에만 사용된 강한 어감의 부사) 사람들을 **크게 놀라게 했다**(엑세플렛손토[ἐξεπλήσσοντο]: 기습당하다, 당혹케 하다. 참조, 1:22; 6:2; 10:26; 11:18).

절정에 다다른 군중의 고백은 전에 들은 것에 근거한(참조, 3:8; 5:20) 것으로, 그들이 예수님을 이해한 것에 대한 일반적인 진술이다. '못 듣는 사람'과 '말 못하는 사람'이라는 단어는 헬라어로 복수형인데, 사람들을 두 계층의 사람으로 보고 있는 것을 나타낸다. 마가는 군중의 고백 속에서 이사야 35장 3~6절을 언급하려고 했을 가능성이 높다.

7. 사천 명을 먹이심(8:1~10; 마 15:32~39)

마가는 6장 32절~7장 37절에서 언급한 일련의 사건과 평행을 이루는 연속된 사건을 8장 1~30절에서 제시한다. 사건들과 교훈을 재배열했음에도 불구하고 제자들은 여전히 예수님이 누구신가를 '보고 듣는 데' 더뎠다(참조, 8:18). 반복된 유사한 일련의 사건들 속에서 많은 사람을 먹이신 것이 중요한 역할을 한다(참조, 6:52; 8:14~21).

8:1~3 예수님이 데가볼리 지방에서 사역하시는 동안(참조, 7:31) 또 다른 많은 군중이(유대인과 이방인 둘 다일 가능성이 높다) 모여 들었다(참조, 6:34).

3일 동안 예수님의 가르침을 들은 후였기에 그들에게는 먹을 것이 없었다. 그들은 굶주려 약해져 있었으므로 만일 예수님이 그들을 그냥 집으로 보내신다면 먼 데서 온 사람은 길에서 쓰러질 수도 있었다.

예수님은 육체적 곤경 속에 있는 그들에게 연민을 가지셨다(참조, 6:34). 그래서 그것에 관심을 갖도록 제자들에게 요구하셨던 것이다(6:35~36과 대조). 그분은 주도권을 가지시고 그분의 말씀을 듣기 위해 음식 없이 지내기로 선택한 군중을 먹이셨다.

8:4~5 제자들의 질문은 새로운 위기 상황 속에서 예수님이 그들과 함께 있다는 것의 의미를 빨리 이해하지 못했음을 잘 보여 준다. 또한 제자들이 무리의 필요를 채워 주는 데 부족하다는 것을 보여 준다. 제자들은 그 문제를 예수님께 다시 떠넘겼다(6:37과 대조).

필요한 떡의 양에 관한 예수님의 질문은 그분의 의도를 분명히 보여 준다. 그것은 그들이 가진 재료(일곱 개의 떡)를 **제자들이** 사용하게끔 하는 것이었다. 그들은 또한 '작은 생선 몇 마리'도 가지고 있었다(참조, 8:7; 마 15:34).

8:6~7 수천의 군중을 먹이신 이 기사는 오천 명을 먹이신 기사와 아주 비슷하게 나타나 있다(참조, 6:39~42). 헬라어 분사들은 '가지사', '축사하시고'(유카리스테사스[εὐχαριστήσας]. 참조, 14:23)로 번역되었고, '떼어'라는 동사는 결정적인 행동을 나타내는 단순과거 시제이다. 반면에 '주어'라는 동사는 미완료 시제로써, 예수님이 나누어 주시기 위해 제자들에게 계속해서 떡을 주셨다는 것을 의미한다(참조, 6:41). 그분은 작은 생선 두어 마리를 가지고도 똑같이 하셨다.

8:8~9상 마가는 갑작스럽게 문체의 형태를 바꾸어 그 기적의 충족성(모든 사람이 배불리 먹었다), 풍부한 음식(남은 조각 일곱 광주리 가득), 많은 군중(여자들과 어린이를 제외하고 약 사천 명. 참조, 마 15:38)을 강조했다.

이때 사용된 광주리(스퓌리다스[σπυρίδας])는 오천 명을 먹이실 때 사용된 바구니(코피노이[κοφίνοι]. 참조, 막 6:43; 8:19~20)와는 다른 것이었다. 그것은 사람을 운반할 수 있을 만큼 큰 줄이나 거적으로 만든 광주리였다(참조, 행 9:25). 그러므로 마가복음의 일곱 광주리(각 덩어리를 위해 사용된 바구니인 듯)는 6장 43절에 나오는 열두 바구니보다 더 많았다는 것을 강조하는 것 같다.

8:9하~10 예수님은 군중을 흩어 보내시고 제자들과 함께 즉시(유쒸스

[εὐθύς]. 참조, 1:10) 배에 오르셔서 갈릴리 바다를 건너 서쪽 디베랴(참조, 막 8:13, 22) 근처에 있는 도시인 달마누다('마가단'이라고 불리기도 했다. 참조, 마 15:39) 지방으로 가셨다.

8. 표적을 요구하는 바리새인들(8:11~13; 마 16:1~4)

8:11 유대교의 권위자들이(참조, 3:22~30; 7:1~5) 와서 예수님께 질문하기 시작했다(쉬제테인[συζητεῖν]: 논박하다, 토론하다). 그들은 예수님이 자신의 권위의 근원을 증명해 보이도록 하기 위해(참조, 3:22~30; 11:30; 신 13:2~5; 18:18~22) 그분을 시험하고(페이라조[πειράζω]에서 온 말. 참조, 1:13; 10:2; 12:15) 싶어 했다. 그들은 하늘로부터 오는 표적, 즉 신적인 권위를 받았음을 증명하는 표적을 구했던 것이다(제테오[ζητέω]. 참조, 막 11:18; 12:12; 14:1, 11, 55). 구약성경에 나타난 '표적'은 능력의 과시라기보다는 어떤 말이나 행동이 참되고 진실하다는 것을 입증하는 증거였다(참조, TDNT, s.v. 세메이온[σεμεῖον], 7:210~6, 234~6). 바리새인들은 하나의 구경거리 정도의 기적을 요구한 것이 아니라 예수님과 그분의 사역이 하나님에 의해 권위를 부여받았다는 분명한 증거를 보여 주기를 요구했던 것이다. 그들은 정반대로 믿었다(참조, 3:22).

8:12 예수님은 깊이 탄식하시고(참조, 7:34) 그들의 완고한 불신에 그분의 곤경을 반영하는 수사적인 질문을 하셨다. '이 세대'라는 말은 그런 종교 지도자들로 대표되는 이스라엘 백성을 의미하는 것이다(참조, 8:38; 9:19; 13:30). 그들은 끊임없이 하나님의 은혜로운 대우를 거부했다(참조, 신 32:5~20; 시 95:10).

예수님은 엄숙한 강조 문구("내가 진실로 너희에게 이르니." 참조, 막 3:28)와 강한 부정의 히브리어 관용구("이 세대에게 표적을 주지 아니하리라." 참조, 시 95:11; 히 3:11; 4:3, 5)로 그들의 요구를 거절하셨다. 마태는 단 한 가지 예외를 두었는데, 그것은 '요나의 표적'(마 16:4), 즉 예수님의 부활(참조, 마 12:39~40)이다.

마가복음을 보면, 기적(뒤나미스[δύναμις])과 표적(세메이온[σημεῖον])에는 분명한 차이가 있다. 전자는 예수님 안에 있는 하나님의 현존과 능력을 증명하는 것이다. 기적에 호소하는 것이 자기 신앙의 바른 표현일 수 있다(예를 들면, 막 5:23; 7:26, 32). 그러나 그러한 호소가 바리새인들의 경우처럼 불신앙에서 나오는 것이라면 정당하지 못한 것이다.

8:13 예수님이 갑자기 떠나신 것은 그분이 분노하셨다는 것을 말해 준다. 예수님은 갈릴리 바다를 건너 다시 한 번 북동쪽 해안으로 가셨다. 이것이 갈릴리에서 사역하신 그분의 공생애의 마지막이었다.

9. 예수님의 말씀과 행위를 제자들이 이해하지 못함
(8:14~21 ; 마 16:5~12)

8:14 제자들이 떡을 가져오지 못했다는 것을 급한 출발(13절)이 잘 설명해 주는 것 같다. 그들은 배에 있는 예수께는 충분한 양인 한 조각의 떡 외에는 아무 음식도 가지고 있지 않았다(참조, 6:35~44).

8:15 예수님은 디베랴(11~13절, 헤롯 궁전이 위치한 곳) 근처에서의 만남을 여전히 염두에 두시고 바리새인들과 헤롯 안디바의 누룩을 계속해서

주의하라고 제자들에게 경고하셨다(문자적으로 '계속 명령하다.' 참조, 7:36).

적은 양의 누룩이라도 떡 반죽과 섞였을 때 많은 양의 떡 반죽에 영향을 줄 수 있다. 누룩은 보이지 않지만 지속적으로 영향을 끼치는 유대인들에 대한 일반적인 비유였다. 그것은 종종 여기서처럼 나쁜 영향을 암시하기도 한다. 이 문맥에서 누룩은 점점 증가하는 불신앙을 언급한 것이다. 이것은 바리새인들이 이미 결정을 내렸으면서도 표적을 요구한 그들의 질문 이면에 놓여 있다(참조, 8:11~2; 3:6). 헤롯도 마찬가지다(참조, 6:14~16; 눅 13:31~33; 23:8~9). 예수님의 질문에 나타난 대로(8:12) 이런 태도는 이스라엘 백성 모두에게 영향을 미쳤다. 그래서 예수님은 그것에 대해 제자들에게 경고하셨던 것이다. 대조적으로 그분은 표적 없는 믿음과 이해를 그들에게 요구했다(17~21절).

8:16 제자들은 바리새인과 헤롯에 대한 예수님의 말씀을 전혀 깨닫지 못했다. 그들은 '누룩'이라는 말을 듣고 떡이 모자란 것에 대해 예수님이 말씀하는 것이라고 생각했다.

8:17~18 예수님의 꾸짖음은 제자들의 계속적인 영적 이해의 결핍을 보여 준, 생생히 침투해 들어오는 질문으로 표현되어 있다(참조, 4:13, 40; 6:52). 그분은 제자들이 서로 의논하는 것을 아시고 그들을 꾸짖으셨는데(참조, 8:16), 그 이유는 자기의 경고의 의미(15절)를 제자들이 이해하지 못했기 때문이 아니라 그분이 제자들과 함께 있다는 것의 의미를 그들이 이해하지 못했기 때문이다. 그들의 마음은 둔했다(참조, 6:52). 그들은 눈을 가졌으나 보지 못했고, 귀를 가졌으나 듣지 못했다(참조, 렘 5:21; 겔

12:2). 이런 의미에서 그들은 '밖에' 있는 자들보다 나은 것이 없었다(참조, 막 4:11~12). 그들은 또한 짧은 기억력을 가지고 있었다.

8:19~20 많은 사람을 먹이신 두 이적(참조, 6:35~44; 8:1~9)에 대한 질문은 제자들이 지금까지 봐 온 것을 이해하지 못했고, 또 실제로 예수님이 누구신지 알지 못했다는 것을 나타내 준다.

8:21 "너희는 아직도 깨닫지 못하느냐?"라는 절정에 달하는 질문은 꾸짖음이라기보다는 호소에 더 가깝다. '깨달음'을 강조한 것은(17~18, 21절) 아직 도달하지 못한 예수님의 말씀과 사역의 목표가 더 있다는 것을 표현한 것이다.

10. 벳새다에서 눈먼 사람을 고치심(8:22~26)

이 기적과 구조적으로 평행을 이루는 또 다른 기적(7:31~37)은 마가복음에만 기록된 것이다. 그것은 예수님이 행하신 기적 가운데 두 단계로 이루어진 유일한 기적이다. 본다는 것은 깨달음을 뜻하는 비유이다. 이 기적은 바르지만 여전히 불완전한 제자들의 깨달음을 묘사해 준다.

8:22 예수님과 제자들이 율리아 벳새다에 도착했을 때(참조, 13절; 6:32) 사람들이 눈먼 사람을 데리고 와서 그에게 손을 대어 고쳐 달라고 예수님께 간청했다(참조, 5:23; 7:32).

8:23~24 예수님은 그 사람을 마을 밖으로 데리고 나가셨다. 아마 그와

일대일로 대면하시고(참조, 7:33) 대중을 피하시기 위함인 듯하다(8:26). 일반적으로 예수님의 기적은 공개적인 사건이었다(1:23~28, 32~34; 3:1~12; 6:53~56; 9:14~27; 10:46~52). 그러나 마가복음에는 세 가지 예외가 나온다(5:35~43; 7:31~37; 8:22~26). 나중에 나오는 두 개의 사건은 예수님에 대한 참 이해가 군중의 의견과는 상관없이 그분과의 인격적인 관계에서 비롯된다는 것을 가르쳐 주는 것인지도 모른다.

침을 바르고 손을 대신 것은(참조, 7:33) 예수님의 의도를 전달하고 눈먼 사람의 신앙을 자극하는 것이었다. 치료가 처음에는 단지 부분적이었다: 그는 눈을 들어(참조, 8:25) 사람들이(문자적으로 '남자들.' 아마 열둘인 듯) 이리저리 걸어다니는 나무들처럼 움직이는 것을 희미하게 보았다. "무엇이 보이느냐?"라는 예수님의 질문은 부분적인 기적이 그분의 편에서 의도적이었음(인간의 신앙이 연약해서가 아니라)을 알려 준다. 그것은 제자들을 꾸짖으신 그분의 책망(17~21절)에 뒤따르는 타당한 조처였다. 그 사람은 온전하게 본 것이 아니라 여전히 희미하게 보는 상태였다. 이는 제자들의 영적 상태와 얼마나 비슷한가!

8:25 예수님이 그 사람의 눈에 손을 다시 대셨다. 그는 주목해 보았다(디아블레포[διαβλέπω]에서 옴. 24절은 아나블레포[ἀναβλέπω]의 형태를 가지고 있다. 이 단어의 뜻은 '분명하게 보다, 초점을 맞추다'이다). 그의 눈이 회복되어 그는 모든 것을 분명하게 보기(엠블레포[ἐμβλέπω]에서 옴. '똑바로 보다, 응시하다') 시작했다. 그의 눈은 완전해졌다. 이것은 비록 과정에서 어려움이 있었음에도 불구하고 제자들이 예견할 수 있는 결과였다.

8:26 예수님이 마을에는 들어가지 말라(즉 '거기에 먼저 가지 말라')고 충

고를 하시고 **그를 집으로 보내신** 것으로 보아 그 사람은 벳새다에 살고 있지 않은 것이 확실하다. 이것은 마찬가지로 그분의 계획된 활동을 안전하게 하기 위한 침묵 명령의 한 예라고 할 수 있다(참조, 1:44~45; 5:43; 7:36).

D. 결론: 예수님은 그리스도라는 베드로의 고백
(8:27~30; 마 16:13~20; 눅 9:18~21)

마가는 복음서의 중심에 '예수님은 메시아'라는 베드로의 고백을 갖다 놓았다. 이 지점까지의 근본적인 물음은 "그가 누구냐?" 하는 것이었다. 열두 제자를 대표한 베드로의 선언 후에 마가의 기사는 십자가와 부활을 향해 집중되어 있다. 이후의 근본적인 이중적 질문은 "그분은 어떤 종류의 메시아이며, 그분을 따른다는 것은 무엇을 의미하는가?"이다. 이 결정적인 단락이 이 복음서의 전반부가 향하는 초점이고, 후반부가 나아갈 출발점이다.

8:27 예수님은 제자들을 데리고 벳새다에서 40킬로미터 북쪽(참조, 22절)에 있는 **가이사랴 빌립보**(헬몬 산 남쪽 기슭의 요단 강 근원지에 위치한 도시) 근방 마을로 가셨다. 그곳은 지중해 해안에 있는 가이사랴와 구분하기 위해 자기 이름을 따서 지역 이름을 붙인 헤롯 빌립의 영토였다.

예수님은 **길에서**(엔 테 호도[ἐν τῇ ὁδῷ]. 참조, 1:2; 9:33~34; 10:17, 32, 52) 사람들이 자신에 대해서 무엇이라고 말하는지 제자들에게 물어보셨다. 일반적으로 예수님의 질문은 새로운 가르침을 위한 발판이었다

(참조, 8:29; 9:33; 12:24~25).

8:28 제자들의 대답은 6장 14~16절에 주어진 것과 같다: 세례 요한, 엘리야, 선지자 중의 하나. 세 가지 대답 모두 잘못된 것이고, 예수님의 정체와 사역이 사람들에게 가려져 있었다는 것을 보여 준다.

8:29 이때 예수님은 더 직접적으로, 그리고 더 개인적으로 "너희는 나를 누구라 하느냐?"라고 제자들에게 물으셨다. 강조점은 너희, 즉 예수님이 선택하시고 훈련시켜 온 사람들이다. 열두 제자의 대변인으로 행동하던 베드로(참조, 3:16; 9:5; 10:28; 11:21; 14:29)가 "주는 하나님의 기름 부음을 받은 메시아 그리스도이십니다"(참조, 1:1)라고 공개적으로 선언했다.

이 시점에서 그분에 대한 그들의 공개적인 고백이(참조, 요 1:41, 51) 필요했다. 왜냐하면 사람들은 그분의 참 정체가 무엇인지 모르고 있었고, 종교 지도자들은 그분을 강하게 반대하고 있었기 때문이다. 또한 그분이 제자들에게는 희생적인 의미를 가지게 될, 자기 자신에 대한 부가적인 계시를 그들에게 밝히려고 하셨기 때문이다. 그분의 정체에 대한 의문이 확실히 해결되어야 했던 것이다. 예수님에 대한 신앙의 확증은 그들의 일시적인 실수와 결점에도 불구하고 그들이 따라야 할 제자도를 확고하게 해 주는 것이었다(참조, 막 14:50, 66~72).

마가는 예수님의 메시아직의 성격에 대한 그분의 가르침에 초점을 맞추기 위해(참조, 막 8:31; 9:30~32; 10:32~34, 45) 가장 단순하고 직접적인 형태로 베드로의 신앙고백을 표현했다(참조, 마 16:16~19).

8:30 예수님은 자신이 메시아라는 것을 아무에게도 말하지 말라고 그들

에게 엄히 경고하셨다(문자적으로 '명령하였다.' 참조, 1:25; 3:12). 사람들은 '메시아' 개념에 대해 잘못된 생각들을 많이 가지고 있었다. 사람들은 보통 약속된 다윗의 혈통으로 오는 메시아(참조, 삼하 7:14~16; 사 55:3~5; 렘 23:5)를 로마의 지배에서 유대를 해방시켜 줄 정치적, 민족적 인물로 생각했다(참조, 막 11:9~10). 그러나 예수님의 메시아적 사명은 영역에 있어서는 훨씬 더 넓은 것이었고, 성격상으로는 아주 다른 것이었다. 그래서 그분은 이 칭호를 사용하는 것을 좋아하지 않으셨다(참조, 12:35~37; 14:61~62). 그리고 제자들은 그분의 메시아직의 참 의미를 선포할 준비가 아직 되어 있지 않았다.

예수님은 자신이 하나님의 기름 부음을 받은 자라는 것을 아셨다(참조, 9:41; 14:62). 그래서 그는 베드로의 선언을 옳다고 인정하셨다. 그러나 그분은 제자들의 오해 때문에(참조, 8:32~33) 자신이 메시아로서 하나님의 뜻에 따라 고난을 받고 죽는 것이 필요하다고 설명하실 수 있을 때까지(참조, 8:31) 침묵하라고 명령하셨다(참조, 1:44).

Ⅵ. 예수님의 예루살렘 여행(8:31~10:52)

마가복음의 네 번째 주요 단락인 이 부분은 베드로가 예수님을 메시아라고 고백했던 북쪽 마을 가이사랴 빌립보에서 예수님이 메시아적 사명을 완성하신 남쪽 마을 예루살렘으로 향하는 그분의 여정 가운데 설정되어 있다(참조, 8:27; 9:30; 10:1, 17, 32; 11:1; 또한 14:28; 16:7).

예수님은 자기를 따르고자 하는 사람들에게 자기의 메시아적 사명의 성격과 그 의미를 설명하였다. 수난 가운데 감춰져 있음과 영광 중에 나타날 그분의 미래 계시 사이에는 균형 잡힌 긴장이 있다. 이 부분은 구조적으로 세 개의 수난 예고로 구성되어 있다(8:31~9:29; 9:30~10:31; 10:32~52). 각 단락마다 예언(8:31; 9:30~31; 10:32~34), 제자들의 반응(8:32~33; 9:32; 10:35~41), 제자도에 대한 몇 가지 교훈(8:34~9:29; 9:33~10:31; 10:42~52)을 담고 있다.

A. 첫 번째 수난 예고(8:31~9:29)

1. 죽음과 부활에 대한 예수님의 첫 번째 예고
   (8:31; 마 16:21; 눅 9:22)

8:31 베드로가 예수님은 메시아라고 선언하고 나자(29절), 그분은 그것이 무엇을 의미하는지를 그들에게 가르치기 시작하셨다. 이것은 그분의 가르침에 있어서 새로운 내용으로의 전환을 나타내는 것이다.

일반 대중의 기대와는 반대로 예수님은 지상의 메시아 왕국을 세우기 위해 오신 것이 아니었다. 오히려 그분은 인자가 많은 고난을 받아야 하고(참조, 사 53:4, 11), 유대 권위자들에 의해 배척을 당하고 죽임을 당해 삼 일 후에('세 번째 날에.' 참조, 마 16:21; 눅 9:22) 다시 **부활하리라**(참조, 사 52:13; 53:10~12)고 선언하셨다. 이것은 제자들이 예비하지 못한 하나님 나라의 계획 속에 새로운 요소가 있다는 것을 그들에게 소개하신 것이다(참조, 막 8:32). '해야 한다'(데이[δεῖ]: 필요하다)는 강제성을 암시한다. 이것은 이 문맥 속에서 하나님의 뜻의 강제성, 즉 예수님의 메시아적 사명에 대한 하나님의 계획(참조, 1:11)을 언급하는 것이다. 이런 예고는 그것에 대한 복종을 보여 준다(참조, 14:35~36).

세 집단, 즉 **장로들**(영향력 있는 평신도 지도자들), **대제사장들**(사두개인들. 참조, 12:18. 전직 대제사장들을 포함), **율법 선생들**(서기관들, 대부분 바리새인들)은 예루살렘에서 모이는 유대의 최고 재판정인 산헤드린을 구성하고 있었다(참조, 11:27; 14:53).

베드로가 예수님을 '그리스도'라고 밝히긴 했지만(8:29), 그분은 자신의 정체에 대한 문제나 칭호에 대해 논하지 않으셨다. 오히려 그분의 사명에 초점을 맞추셨고, '인자'라는 칭호를 사용하셨다. 이 표현은 이제까지 마가복음에 단 두 번만 사용되었다(참조, 2:10, 28). 마가는 두 번 다 독자들에게 한 사건의 중요성을 보여 주기 위해 그것을 사용했다. 이제부터는 그 표현이 더 자주 나타나는데, 예수님이 자신에 대해 말씀하실 때에만 사용된다(참조, 8:31, 38; 9:9, 12, 31; 10:33, 45; 13:26; 14:21[두 번], 41, 62).

특히 이 칭호는 예수님의 전체적인 사명에 알맞은 것이다. 그것은 정치적 의미와는 상관없는 것이어서 잘못된 기대를 방지해 준다. 그러나 예수님의 삶과 사역에 있어서 숨김과 드러냄 사이의 균형을 유지하는 데 있어서(참조, 4:11~12) 상당히 모호한 칭호였다(비유처럼). 그것은 어떤 다른 칭호로는 불가능한 방법으로 고난과 영광의 요소를 결합시켰다. 또한 메시아로서 그분의 독특한 역할을 정의하는 데 도움이 되었다.

2. 베드로의 간청과 예수님의 꾸짖음(8:32~33; 마 16:22~23)

8:32~33 전에 암시적인 언급과는 대조적으로(참조, 2:20) 예수님은 분명한 용어로 자신의 죽음과 부활에 대해 분명히 말씀하셨다.

베드로는 예수님의 말을 분명히 이해했으나(8:31) 예수님이 예고하신 수난과 죽음을 자신이 가지고 있는 '메시아관(29절)과 조화시킬 수 없었다. 그래서 베드로는 이런 패배주의적인 방법에 대해 항변하기 시작했다.

아마 다른 제자들도 동참했을 법한 베드로의 반응은 예수님으로 하여금 십자가를 지지 못하게 하기 위한, 광야 시험(참조, 1:12~13)과 유사한 사탄적인 시도였다. 예수님은 모두의 유익을 위한 것이라고 하시면서 **베드로를 꾸짖으셨다**(참조, 8:32). 이것은 인격적인 책망이 아니었다. "내 뒤로 물러가라"라는 말은 제자로서 바른 자리에 서라는 명령은 아닐 것이다(대조, 1:17; 8:34). 왜냐하면 예수님은 베드로의 생각의 원천을 사탄이라고 지적하셨기 때문이다.

베드로는 하나님의 일, 그분의 방법과 목적(사 55:8~9)이 아니라 인간의 일, 인간의 가치와 관점에 마음을 두고 있었기 때문에(프로네오 [φρονέω]: ~에 정신적 경향을 갖다. 참조, 골 3:2) 부지중에 사탄의 대변인이 되어 버렸다. 십자가의 길이 하나님의 뜻이었기 때문에 예수님은 그 길에서 떠나기를 거절하셨던 것이다.

3. 제자도의 의미에 관한 예수님의 가르침
   (8:34~9:1; 막 16:24~28; 눅 9:23~27)

수난 받는 메시아는 그분을 따르려는 사람들에게 있어서 중요한 의미를 띠고 있다. 이 단락은 예수님에 대한 개인적인 충성을 언급한 일련의 짧은 어록들을 담고 있다(참조, 막 9:43~50; 10:24~31). 핵심 진술(8:34) 다음에 그것을 설명하는(가르[γάρ]: 왜냐하면) 네 구절과 결론적인 확신이(9:1) 뒤이어 나온다. 이 교훈은 미래 사역을 위한 제자들의 준비의 일부였다. 그것은 로마의 박해에 직면해 있는 마가복음 독자들에게 용기를 주었다.

8:34 예수님은 제자들과 함께 무리, 즉 관심 있는 구경꾼들(참조, 4:1, 10~12; 7:14~15)을 부르시고 그들 모두에게 말씀하셨다. "**누구든지**(열두 제자뿐 아니라) **나를 따라오려거든**"(참조, 1:17)이라는 말씀은 제자로서 그분을 따르는 것에 대해 예수님이 말씀하고 있다는 것을 암시해 준다(참조, 1:16~20). 그 다음에 그분은 회개와 믿음처럼(참조, 1:15) 서로 연관되어 있는 두 가지 요구 조건을 말씀하셨다.

사람은 이기적 관심과 지상에서의 안전을 부정함으로써 자신을 결정적으로 부인해야(단순과거 명령형) 한다. 자기부인은 자신의 인격을 부인하거나 순교자로서 죽는다거나 '모든 것'을 부인한다거나(회의주의처럼) 하는 것이 아니다. 오히려 자기중심의 우상과 이기주의의 명령에 따라 자신의 삶의 방향을 정하려는 모든 시도에서 벗어나는 것, 즉 '자아'의 부정을 말한다(TDNT, s.v. 아르네오마이[ἀρνέομαι]. 참조, 1:469~71). 그러나 자기부인은 제자도의 한 측면일 뿐이다. 자기부인은 그 자체만을 목적으로 하는 것이 아니다.

제자도의 또 다른 측면은 하나님의 뜻과 방법을 결정적으로 인정함으로써 **자기 십자가를 지는 것이다**('져야 한다' 역시 단순과거 명령형). 십자가를 진다는 것은 원래 유대인들의 상징이 아니었다. 그러나 그것은 로마의 점령 하에 있는 팔레스타인 지역에서는 적당한 상징이었다. 그것은 십자가를 지고 도시를 지나 자신의 처형 장소까지 감으로써 로마에 자신이 복종한다는 것을 강제로 보여 주는, 일종의 구경거리가 되어 버린 죄인을 연상시켜 준다. 그러므로 '자기 십자가를 지는 것'은 자신이 이제까지 반항했던 권위에 굴복하고 복종한다는 것을 공식적으로 입증하는 것이다.

예수님이 하나님의 뜻에 복종하시는 것은 자아의 요구에 대한 하나님의 요구에 마땅히 응답하는 것이다. 그분께 있어서 그것은 십자가 위에서의 죽음을 의미한다. 예수님을 따르는 사람들은 그분의 추종자로서 하나님의 뜻 가운데 자기들에게 무엇이 오든지 간에 자기 십자가(예수님의 십자가가 아니다)를 져야 한다. 이것은 전과 같이 고통을 당하거나 십자가에 달린다는 것을 의미하는 것이 아니다. 또한 금욕주의처럼 삶의 고통을 참는 것을 의미하는 것도 아니다. 오히려 그것은 예수님과 복음을 위해(참조, 8:35) 어떤 조건 없이 그 결과를 받아들임으로써 그분의 말씀 속에 계시된 하나님의 뜻에 순종하는 것을 의미한다. 몇몇 사람들에게 있어서 이것은, 역사가 입증해 주듯이(참조, 10:38~39), 육체적 고통과 죽음을 가져다준다.

"나를 따르라"는 예수님의 말씀 가운데 "따르라"는 현재 명령이다: "(그래서) 나를 계속해서 따르도록 하라"(참조, 1:17~18; 2:14; 10:21, 52하; 눅 9:23의 '날마다'). 자신을 부인하고 하나님을 인정하는 것은 예수님을 따르는 내내 계속되어야 한다(참조, 롬 13:14; 빌 3:7~11).

8:35 35~38절은 모두 설명을 이끄는 헬라어 가르(γάρ : 왜냐하면)라는 말로 시작한다. 이 구절들은 제자가 되는 것에 초점을 맞추면서, 이생에 충성하던 옛 충성을 버리게 하고 제자로서 예수님께 충성을 서약하게 함으로써 34절에 나타나 있는 예수님의 명령을 설명하고 있다.

자기 목숨(프쉬케[ψυχή]: 영혼, 생명)을 구원(소조[σῴζω]에서 온 단어, '보존하다')코자 하는 사람은 역설적으로 그것을 잃어버릴 것이다. 즉 영원한 생명을 얻지 못할 것이다. 그러나 예수님과 복음(참조, 1:1)을 위하여 자기 목숨(프쉬케[ψυχή])을 잃는(문자적으로 '잃을 것이다') 사람은 그것을 얻을(소조[σῴζω]: 보존하다) 것이다. 즉 영생을 얻을 것이다(참조, 10:26~27; 13:13의 주해).

예수님은 '잃다'와 '생명'이라는 말로 언어유희를 만들어 사용하셨다. 프쉬케(ψυχή)라는 말은 한편으로는 사람의 자연적, 육체적 생명을 의미한다. 그러나 다른 한편으로 사람의 참 자아, 즉 세상적인 영역을 초월하는 본질적인 인간을 언급하기도 한다(참조, 8:36; 마 10:28; TDNT, s.v. 프쉬케[ψυχή], 9:642~4). 예수님의 명령(8:34)을 거부하고 이 세상에서 자기 중심적 삶을 유지하려고 하는 자는 궁극적으로 자기 목숨을 잃어버리고 영원한 멸망으로 나아갈 것이다. 반대로 그분의 명령(8:34)을 받아들이고 예수님과 복음을 위해 충성함으로써(참조, 10:29) 자기의 생명을 '잃는'(포기하다, '자기를 부인하다.' 때로는 실제로 순교를 당하다) 자는 그것을 영원히 보존할 것이다. 예수님의 제자로서 그는 영원히 하나님과 함께 하는 영생의 상속자이다(참조, 10:29~30; 롬 8:16~17).

8:36~37 예수님은 영생이 갖는 최상의 가치를 보여 주시고 35절의 역설을 강화하시기 위해 통찰력 있는 수사의문문과 경제적 용어를 사용하

였다.

"그러므로(가르[γάρ], 35절의 확증) 사람이 전 세계, 즉 지상의 모든 기쁨과 재산을 얻었으나 하나님과 함께하는 영생을 얻지 못하고 자기 영혼(프쉬케[ψυχή])을 잃는다면(~의 손실을 맛보다) 무슨 유익(이익)이 있겠느냐?" 기대할 수 있는 답은 다음과 같다. "아무 유익이 없다!"(참조, 시 49편, 특히 16~20절)

"그러므로(가르[γάρ], 36절의 확증) 사람이 무엇을 주고 자기 목숨(프쉬케[ψυχή]), 즉 하나님의 영생과 바꿀 수 있는가?" 그 대답은 "아무것도 없다"이다. 왜냐하면 그가 '세상을 얻었기 때문에' 결국 하나님과 함께 누릴 영생을 잃어버릴 것이고, 어떤 것을 가지고도 그것을 대신할 수 없기 때문이다.

8:38 구조적으로 이 구절은 궁극적인 결과에 대한 생각을 전해 줌으로써 35절과 평행을 이루면서 35절을 보충해 준다.

그러므로(가르[γάρ], 35절을 확증함) 누구든지 이 음란하고(영적인 의미로는 '신앙이 없는') 죄 많은 세대(게네아[γενεᾶ]. 참조, 8:12; 마 12:39; 사 1:4; 호 1:2)에서 예수님과 그분의 말씀을(참조, 13:31) 부끄러워하면(부인하는) 인자(참조, 막 8:31의 주해)도 또한 아버지의 영광 중에(하나님의 위엄이 볼 수 있게 나타난) 거룩한 천사들과 함께(참조, 13:26~27) 오실 때(문자적으로 '오실 때마다') 그를 부끄러워하실 것이다.

분명히 예수님(참조, '나와, 내')과 인자는 동일 인물이다(참조, 14:41하~42, 62). 심판자로서 그분의 미래 역할에 대해 신비롭게 언급한 것은 군중 앞이었기 때문이다.

예수님을 '부끄러워하는 것'은 그분을 거부하는 것이요(참조,

8:34~35상), 불신과 세상의 멸시에 대한 두려움 때문에 이 '세대'에 충성하는 것이다. 그래서 예수님이 심판자로 영광 중에 오실 때 그런 사람들을 자신의 백성이라고 주장하기를 거부하실 것이고(참조, 마 7:20~23; 눅 13:22~30), 그들은 부끄러움을 맛보게 될 것이다(참조, 사 28:16; 45:20~25; 롬 9:33; 10:11; 벧전 2:6, 8).

9:1 이 구절은 8장 38절의 긍정적인 측면이다(참조, 마 10:32~33; 눅 12:8~9). 그리고 이 단락(막 8:34~9:1)에 대한 확신적인 결론이다.

"또 그들에게 이르시되"(참조, 2:27)라는 말은 권위적인 예수님의 말씀을 이끄는 역할을 한다. 예수님은 거기에 서서 자신의 말을 듣고 있는 사람들은 하나님 나라가 권능으로 임하는 것을 보기 **전에는**(문자적으로 '~까지는') **죽음을 맛보지 않을 것**(우메[οὐ μή]: 문자적으로 '결코 ~않을 것이다')이라고 선언하셨다. '죽음을 맛보다'라는 말은 모든 사람이 조만간 처해야 할 치명적인 독약 같은 육체적 죽음을 경험하는 것에 대한 히브리 관용구이다(참조, 히 2:9).

'하나님의 나라가 권능으로 임한다'는 말의 의미에 대해서는 여러 해석이 제시되어 왔다: (1) 예수님의 변모, (2) 예수님의 부활과 승천, (3) 오순절 성령님의 오심(행 2:1~4)과 초대교회에 의한 기독교의 확장, (4) AD 70년 예루살렘 성전 파괴, (5) 예수님의 재림.

이 문맥 속에서 가장 타당한 견해는 첫 번째 것이다. 다음에 나오는 예수님의 변모 기사에서 특별한 시기에 대한 언급은(막 9:2상) 마가가 예수님의 예고(1절)와 이 사건 사이에 분명한 연관이 있다고 이해했음을 암시한다. 예수님의 변모는 놀라운 예고였고, 예수님이 장차 영광 중에 오실 것에 대한 보증이었다(참조, 벧후 1:16~19).

4. 예수님의 변모(9:2~13; 마 17:1~13; 눅 9:28~36)

a. 그분의 영광이 드러남(9:2~8)

이 사건은 베드로의 고백(8:29)을 확증하고 예수님의 예고(9:1)를 완성한 사건이다. 그것은 또한 예수님의 수난의 서곡 역할도 한다(14:1~16:8). 급박한 죽음에도 불구하고(8:31~32), 예수님은 이 사건을 통해 그분이 영광 중에 분명히 돌아오실 것이며(8:38하), 그분에 대한 그들의 헌신이 분명한 이유가 있다(8:34~37)고 그들에게 확신시켜 주었다. 미래의 영광은 그분과 그들이 현재 겪는 고난에 뒤이어 나타날 것이다.

9:2~4 '엿새 후에'라는 말은 예수님의 변모와 1절에 있는 예수님의 예고를 연결시켜 준다. 그 사건은 예고 후 제7일에 – 완성과 특별계시를 연상시켜 주는 날(참조, 출 24:15~16) – 일어났다.

마태는 마가와 똑같이 시간 계산을 했으나, 누가는 변모가 '약 8일' 후에 일어났다고 설명했다(눅 9:28). 누가의 언급은 하루 중 일부분도 온전한 하루로 계산되는 시간 측정방법을 사용했다는 것을 반영한다(누가복음 9:28의 주해를 보라).

예수님은 베드로, 야고보, 요한을 선택하셔서(참조, 막 5:37; 14:33) 그들을 데리고 따로(카타 이디안[κατ' ἰδίαν]. 참조, 4:34) 높은 산에 올라가셨다. 이름이 나타나 있지 않은 이 장소는 아마 가이사랴 빌립보(참조, 8:27; 9:30, 33)에서 약 32킬로미터 북쪽에 있는 헬몬 산(약 2,800 미터) 남쪽 기슭이었을 것이다. 이 산이 갈릴리에 있는 다볼 산보다 더 적절하다. 그 '높은 산'은 전에 시내 산에서 하나님이 자신을 모세와 엘리야에게 나타내셨다는 것을(참조, 호렙; 출 24:12~18; 왕상 19:8~18) 고려해 볼 때 타당한 장소이다.

예수님은 세 제자가 보는 앞에서 변형되셨다(참조, 벧후 1:16). '변형되셨다'(메테모르포쎄[μετεμορφώθη], 영어로는 'metamorphosis')라는 말은 단지 외모의 변화가 아니라 다른 형태로 변화되었다는 것을 의미한다(참조, 롬 12:2; 고후 3:18). 잠시 동안 예수님의 육신이 변화되었고(영화롭게 되었고), 제자들은 지상에 자신의 나라를 세우기 위해 영광과 권능으로 볼 수 있게 오실 그분의 미래의 모습을 보았던 것이다(참조, 행 15:14~18; 고전 15:20~28; 계 1:14~15; 19:15; 20:4~6). 그의 옷이 이 세상에서 빨래하는 자가 그렇게 희게 할 수 없을 정도로 희게 되었다고 극적으로 묘사되어 있다. 이것은 마가복음에만 나오는 설명인데, 아마 그것을 직접 목격한 베드로의 증언을 반영하는 듯하다.

구약성경에 나오는 주요한 두 사람(엘리야와 모세)이 기적적으로 나타나서 예수님과 대화를 나누고 있었다(참조, 눅 9:31). 마가가 엘리야를 먼저 언급한 것은 이 문맥 속에서 엘리야를 더 강조하기 위한 것 같다(막 8:28; 9:11~13). 이스라엘의 구원자요 율법 수여자 역할을 했던 모세는 율법을 대표한다. 야웨 숭배의 방어자요, 미래에 모든 것을 회복시킬 자인 엘리야(말 4:4~5)는 예언자를 대표하는 인물이다. 둘 다 하나님의 통치를 이스라엘 백성에게 전해 준 뛰어난 중보자였다(참조, 출 3:6; 4:16; 7:1; 신 18:15~18; 왕상 19:13; 행 7:35). 그들이 나타났다는 것은 메시아로서 예수님의 역할을 확증해 준 셈이다.

9:5~6 히브리 칭호인 랍비(참조, 11:21; 14:45, 또한 4:38; 9:17; 10:35; 13:1의 '선생님')라는 말을 사용하면서 베드로가 보인 충동적인 반응은

그가 이 사건을 이해하지 못했다는 것을 의미한다. 그는 자기들이 거기에 있는 것이 좋다고 말했다. 이것은 그가 그 영광스런 경험을 오래 끌려고 했다는 것을 의미한다. 초막 세 개(회막, 장막. 참조, 레 23:33~43)를 짓되, 하나는 주를 위하여, 하나는 모세를 위하여, 또 하나는 엘리야를 위하여 짓겠다는 그의 생각이 이것을 확증한다. 그는 세 개를 똑같이 중요한 것으로 보았다는 것을 의미할 수도 있다. 베드로는 그 나라가 왔다고 생각하고 장막절을 위한 초막을 짓는 것이(슥 14:16) 합당하다고 느꼈던 것이다. 몰라서 그랬든지, 아니든지 간에 베드로는(참조, 막 8:32) 영광보다 앞서 선행되어야 할, 예수님이 전에 말씀하셨던 고난을 또다시 저지한 셈이 되었다.

마가의 설명적인 구절(가르[γάρ]: 왜냐하면, 그러므로)은 괄호 안에 따로 넣을 수 있다. 그 구절은 초자연적인 영광의 눈부신 출현에 그들이 심히 놀랐기(에크포보이[ἔκφοβοι]: 두려워했다. 오직 이곳과 히브리서 12장 21절에만 사용된 강한 어감의 형용사로서, '두려움'으로 번역되었다. 참조, 마가복음 4장 41절과 16장 8절에 사용된 동사 포베오마이[φοβέομαι]) 때문에(가르[γάρ]) 베드로가 대변인으로서 잘못 반응했다는 것을 보여 준다.

9:7~8 베드로의 제안에 대해 하나님 아버지의 응답이 이 사건의 참 의미를 설명해 준다. 그들을(예수님, 모세, 엘리야) 둘러싼 구름은 하나님의 경이로운 현존을 의미한다(참조, 출 16:10; 19:9). 거기에서 하나님의 음성이 들려왔다. 예수님이 세례 받으실 때처럼 다시 한 번 아버지께서는 사랑하는 아들을 무조건적으로 보증하셨다(참조, 막 1:11의 주해). 예수님의 아들 됨은 모세나 엘리야를 포함한 모든 다른 사람들 위에 그분을 올

려놓았다는 것을 의미한다.

"그의 말을 들으라"(현재 명령)는 "그에게 순종하라"를 의미한다. 이것은 신명기의 예언을 반영하고(참조, 신 18:19, 22), 현재나 미래에 있어서 하나님의 통치의 새로운, 최종적인 중보자이신 예수님의 정체를 밝혀 준다(참조, 시 2:4~7; 벧후 1:16~19). 예수님은 모세나 엘리야를 계승하신 분인데, 그들은 예수님만 남겨 놓고 갑작스럽게 사라졌다. 그들의 사역은 완성되었고, 그들은 대치되었다. 이제 하나님의 권위를 부여받은 통치자와 대변인은 모세나 엘리야가 아니라 예수님이시다.

b. 예수님의 침묵 명령(9:9~10)

9:9 그들이 산에서 내려오자 예수님은 자신이 부활할 때까지 그들이 본 것을 아무에게도 말하지 말라고 제자들에게 말씀하셨다. 그분의 메시야적 사명에 대한 그들의 오해가(8:29~33) 예수님의 변모 시에도 여전히 남아 있었다(참조, 9:5~6, 10; 8:30의 주해).

이것은 마가에 기록된, 침묵을 지키라는 마지막 명령이었고, 시간적인 한계를 정해 주신 유일한 명령이었다. 이것은 침묵의 시기가 지나고 선포의 시기가(참조, 13:10; 14:9) 올 것임을 의미했다. 부활의 관점에서 볼 때에만 그들은 변형을 이해할 것이고, 그래야만 그 의미를 바로 선포할 수 있기 때문이다.

9:10 세 제자들은 예수님의 명령에 당황했다. 그들은 죽은 자 가운데서 살아나는 것이 무엇을 의미하는지에 대해 자기들끼리 서로 의논했다. 그들은 미래의 부활을 믿었으나, 예수님의 죽음과 부활에 대한 예기치 못한

선포로 당황했던 것이다.

c. 엘리야에 대한 예수님의 선언(9:11~13)

9:11 변화 시에(4절) 엘리야가 나타난 것, 예수님을 메시아로 확증한 것(8:29; 9:7), 부활에 대해 예수님이 언급한 사실(9절)은 만물의 마지막이 가까웠다는 것을 암시해 준 것이다. 그렇다면 먼저 와서 백성으로 하여금 메시야의 도래를 영적으로 준비하게 할 **엘리야는**(참조, 말 3:1~4; 4:5~6) 어디 있는가? 아마 제자들은 엘리야의 회복 사역이 메시아가 고난을 받을 필요가 없다는 것을 의미할지도 모른다고 생각했을 것이다.

9:12~13 그에 대한 대답으로 예수님은 두 가지 사실을 분명하게 해 주셨다. 첫째, 예수님은 한편으로 **엘리야가 먼저**(메시아보다 앞서) **와서**(문자적으로 '오고 있다') 영적인 갱신을 통해 **모든 것을 회복한다**(회복하려 한다)는 것을(말 4:5~6) 인정하셨다. 그러나 다른 한편으로는 이것이 인자가 많은 고난을 받고 배척을 당해야 할(참조, 시 22편; 사 53장, 특히 3절) 필요성을 없애지 않는다.

둘째, 그러나(헬라어로는 강한 어감의 반전어) 예수님은 실제로 엘리야가 이미 왔다고 선언하셨다. 마가는 예수님이 세례 요한을 마지막 때 엘리야에게 기대된 역할을 그 당시에 수행한 사람으로 보셨음을 은밀히 기록해 놓았다(참조, 막 1:2~8; 마 17:13; 눅 1:17). 예수님은 지금까지 요한이 자신에 대해 인정하지 않았던 그 참 의미를 요한에게 부여하셨다(참조, 요 1:21; 마 11:14의 주해).

"사람들이 함부로 대우하였느니라"라는 표현은 세례 요한이 헤롯 안티파스와 헤로디아의 잔인하고도 전횡적인 횡포에 의해 고통과 죽음을 당한 것(참조, 6:14~29)을 의미한다. 마찬가지로 엘리야도 아합과 이세벨의 손에 의해(참조, 왕상 19:1~3, 10) 박해를 받았다. 이런 적대자들이 요한과 엘리야에게 행한 일을 하나님을 반대하는 백성이 예수님께 행할 것이다.

세례 요한은 전형적으로 예수님의 초림 때 엘리야 예언을(말 4:5~6) 성취했다. 그러나 말라기의 예언(말 4:5~6)은 또한 그리스도께서 재림하시기 바로 전에 엘리야가 나타날 것임을 의미하기도 한다(참조, 계 11장).

5. 귀신 들린 아이를 치료하심
(9:14~29; 마 17:14~21; 눅 9:37~43)

철저한 인간의 욕구와 제자들의 실패에 대한 이 일화는 예수님의 영광스러운 변모와 날카롭게 대조된다. 그것은 예수님이 없는 세상의 삶의 현실을 보여 주는 것이다.

도움을 줄 수 있을 것으로 기대되었던 제자들은(참조, 막 6:7) 무기력했다. 마가복음 9장 28~29절은 이 사건을 이해하는 열쇠를 제공해 준다. 예수님이 안 계실 동안 그들은 하나님에 대한 믿음으로 살고 일해야 하는데, 그것은 기도를 통해 나타난다. 확장된 기사(마태나 누가와 대조해 볼 때)와 생생한 세부 사항에 대한 묘사는 베드로의 직접적인 증언이 있었음을 다시 한 번 말해 준다.

9:14~15 예수님과 세 제자들이(참조, 2절) 다른 아홉 명의 제자들에게 돌아왔을 때 아홉 명의 제자들 주위에 모여 있는 많은 무리와 제자들과

논쟁하고 있는 서기관들을 보았다. 논쟁의 주제는 나타나 있지 않다.

무리는 예수님을 보자마자(유쒸스[εὐθύς]. 참조, 1:10) 크게 놀라(엑세쌈베쎄산[ἐξεθαμβήθησαν]: 놀랐다. 참조, 14:33; 16:5~6) 달려와 그분께 문안했다. 그들이 놀란 것은 변화된 모습에서 나오는 후광(참조, 9:9) 때문이 아니라 예수님이 예기치 못한 때에, 그러나 적절한 때에 오셨기 때문이다.

9:16~18 예수님은 논쟁이 무엇에 대한 것이냐고 아홉에게 물으셨다. 귀신 들린 아이의 아버지였던 군중 가운데 한 사람이 그 상황을 예수님께 설명 드렸다. 그 아버지는 존경의 의미로 예수님을 '선생님'이라고 부르면서 자기 아들이 언어 능력을 빼앗아 가버린(듣는 능력도. 참조, 9:25) 한 영(참조, 1:23~24의 주해)에 사로잡혀 있기 때문에 자기 아들을 고쳐 달라고 예수께로 데리고 왔다고 말했다. 귀신은 간질병의 징후인 격렬한 발작으로 종종 경련을 일으키게 했다. 그 아이를 파멸시키려는 귀신의 시도는(참조, 18, 21~22, 26절) 그 목적을 다시 한 번 보여 주는 것이다(참조, 5:1~5의 주해).

예수님이 제자들에게 악령을 쫓아낼 수 있는 권한을 주셨기 때문에(참조, 6:7) 귀신을 쫓아 달라는 그 아버지의 호소는 타당한 것이었다.

9:19 예수님은 군중에게, 특히 제자들에게 깊은 감정을 가지고 말씀하셨다(참조, 3:5; 8:12). "믿음이 없는 세대여"는 모든 영적 실패의 특징적인 원인, 즉 하나님에 대한 믿음의 부족을 강조한다(참조, 9:23; 10:27). 예수님의 수사적 질문은 제자들의 영적 둔감함에 대한 그분의 계속적인 고민을 잘 반영해 준다(참조, 4:40; 6:50~52; 8:17~21). 그러나 그분은 제

자들이 실패한 그 장소에서 그분의 능력으로 대처하려 하셨다. 그래서 "아이를 내게로 데려오라"고 명하셨다.

9:20~24 귀신의 영이 예수님을 보자 곧(유쒸스[εὐθύς]. 참조, 1:10) 그 아이로 심한 경련을 일으키게 하여 아무도 도울 수 없는 지경에 처하도록 만들어 버렸다(참조, 9:18).

예수님의 애정 어린 질문에 아버지는 자기 아들이 어릴 때부터 그렇게 애처롭고 거의 죽을 지경에까지 이르는 경련을 경험했다고 대답했다. 그 아이의 고통은 오래 계속된 비관적인 것이었다. "무엇을 하실 수 있거든"이라는 말은 귀신을 쫓아내지 못한 제자들의 무능력이(18절) 예수님의 능력에 대한 그의 믿음을 흔들리게 했음을 의미한다.

예수님은 "할 수 있거든"이라는 의심의 말을 받아, 중요한 것은 그 아이를 고치는 예수님의 능력이 아니라 인간적으로 불가능한 것을 가능케 하시는 하나님을 믿는 믿음의 능력이라는 것을 보여 주셨다(참조, 10:27). 그 다음에 예수님은 의심하지 말라고 그에게 말씀하셨다: "믿는 자에게는 능히 하지 못할 일이 없느니라"(참조, 9:29). 믿음은 하나님의 능력에 한계를 두지 않는 것이며, 그분의 뜻에 순종하는 것이다(참조, 14:35~36; 요일 5:14~15).

그 아버지는 즉시 대답했다. 그는 자기의 믿음을 선언했으나("내가 믿나이다"), 동시에 자기의 약점도 인정했다("나의 믿음 없는 것을 도와주소서!"). 이것이 바로 기독교 신앙의 필수 요소를 가져온다. 그것은 신앙의 대상이 되는 분의 도움으로만 가능하다.

9:25~27 예수님은 호기심 많은 군중이 즉시 몰려드는 것을 보시고 두 가

지 명령("나오라 그리고 다시는 그에게 들어가지 말라")으로 악한(문자적으로 '불결한.' 참조, 1:23, 34) 영을 꾸짖으셨다('명령하였다.' 참조, 1:25).

귀신들은 소리 지르고 마지막으로 심한 경련을 일으키면서 나갔다. 그 아이는 기운을 다 소진하여 마치 죽은 송장처럼 힘없이 누워 있었다. 그래서 많은 사람이 "그가 죽었다"라고 결론지었다. 그러나 예수님을 그를 잡아 일으키셨다. 야이로의 딸을 다시 살리신 기사(참조, 5:39~42)와 유사한 말을 마가가 배열해 놓은 것은 사탄의 세력과의 단절이 죽음에서 삶으로 옮겨 가는 것과 같음을 암시한다. 궁극적인 의미로 죽음에서 삶으로 옮겨 가는 것을 완성하려면 필연적으로 예수님의 죽음과 부활이 수반되어야 한다.

9:28~29 이 구절들은 이 사건의 결론을 내리고 제자들이 왜 실패했는가를 설명해 준다. 집에 들어간 후에(참조, 7:17. 위치는 언급되어 있지 않다) 제자들은 개인적으로(카타 이디안[κατ' ἰδίαν]. 참조, 4:34) 왜 자기들은 귀신을 쫓아낼 수 없었는지를 여쭈었다.

예수님은 이렇게 답변하셨다. "이런 종류(어떤 특별한 형태의 귀신이라기보다는 오히려 일반적인 귀신들의 영을 말하는 듯하다)는 기도 외에 다른 것으로는 나갈 수 없느니라." 그들은 기도함으로 하나님의 능력에 의존하지 않았기 때문에 실패했던 것이다. 그들은 과거의 성공을(참조, 6:7, 13) 믿었다가 실패했던 것이 분명하다.

거의 모든 고대 헬라어 사본들이 9장 29절 끝에 '기도와 금식'이라는 말을 포함하고 있다(NIV 난외주). 아마 그 말은 금욕주의를 지지하기 위해 몇몇 서기관들이 덧붙여 놓은 말일 것이다. 그러나 그 말이 원래 있는 것이라면, 일정 기간 어떤 특별한 목적을 위해 자신의 관심을 하나님께 더욱 완전히 집중시키려는 일종의 실제적인 수단을 언급하는 것이다.

B. 두 번째 수난 예고(9:30~10:31)

1. 죽음과 부활에 대한 예수님의 두 번째 예고
(9:30~31; 마 17:22~23상; 눅 9:43하~44)

9:30~31 예수님과 그분의 제자들은 그곳을(참조, 14, 28절. 아마 가이사랴 빌립보 근처인 듯) 떠나 북동쪽 갈릴리를 거쳐(참조, 1:9) 가버나움으로 향했다(9:33). 이는 남쪽 예루살렘을 향한 그들의 마지막 여행의 첫 발자국이었다. 갈릴리에서의 공적 사역이 끝난 시점에서 예수님은 제자들에게 미래를 준비시키고 싶었기 때문에 사람들에게 알려지게 되는 것을 원치 않으셨다.

다가오는 그분의 죽음은 이 여행에서 그분의 가르침의 끊임없는 주제였다. 그분은 인자(참조, 8:31)가 유대인과 이방인에게 넘겨질(파라디도타이[παραδίδοται]) 것이라고 말씀하셨다. 이 말은 유다의 배신에도 사용되었고(3:19; 14:41; 눅 24:7), 죄인들을 구원하기 위해 예수님을 죽음에 내어주었다고 할 때도 사용되었다(사 53:6, 12; 행 2:23; 롬 8:32). 아마 여기서는 후자의 의미로 사용된 것 같다. 수동태 동사의 행위자는 유다가 아니라 하나님이시라는 것을 암시하기 때문이다.

2. 제자들의 이해 부족(9:32; 마 17:23하; 눅 9:45)

9:32 제자들은 예수님이 말씀하신 것을 이해하지 못했다(참조, 10절). 그리고 감히 더 묻지도 못했다. 이것은 아마 예수님이 베드로를 꾸짖으셨던 것을 그들이 기억했거나(8:33), 더 나아가 그분의 말씀이 통치하는 메시아에 대한 그들의 희망을 산산이 깨뜨려 놓았기 때문이었을 것이다.

3. 제자도의 의미에 대한 예수님의 교훈(9:33~10:31)

이 부분은 두 가지 지리적 배경을 가지고 있다. 첫째, 예수님은 갈릴리 가버나움에 있는 한 집에서 제자들을 가르치셨다(9:33~50). 둘째, 예수님은 유대와 베레아에서 사적으로 가르치셨을 뿐 아니라 공적으로 가르치시는 사역을 다시 시작하셨다.

a. 참으로 위대한 것의 본질(9:33~37; 마 18:1~5; 눅 9:46~48)

9:33~34 예수님과 제자들은 여러 달 동안 가지 않다가(참조, 8:13, 22, 27) 마지막으로 가버나움에 갔다. 그들이 집으로 들어가자(참조, 2:1~2; 3:20; 7:17) 예수님이 길에서(엔 테 호도[ἐν τῇ ὁδῷ]: 도중에. 참조, 1:2의 주해) 서로 토론한 것이 무엇이냐고 그들에게 직설적으로 물으셨다. 여기에서도 마찬가지로 그분의 질문은 몇 가지 교훈을 덧붙여 가르치시기 위한 길을 열어 놓는 것이었다(참조, 8:27, 29).

제자들은 자기들 중에 누가 가장 위대한가에 대해 그들이 논쟁한 것을 인정하는 게 부끄러웠다. 유대인들에게는 서열의 문제가 중요했다(참조,

눅 14:7~11). 그래서 제자들이 다가오는 메시아 왕국에서 그들의 지위에 관해 관심을 갖는 것은 당연한 일이었다. 아마 베드로, 야고보, 요한에게 주어진 특권이(참조, 막 5:37; 9:2) 그 논쟁을 가열시켰을 것이다. 원인이야 어떻든 열두 제자는 예수님의 수난 예고가(참조, 31절) 그들에게 무엇을 뜻하는지 이해하지도, 받아들이지도 못했다.

9:35 예수님은 유대 선생의 지위를 가지고(참조, 마 5:1; 13:1) 앉으신 후에 열두 제자를 부르셨다. 그분은 그들에게 참 위대한 것이 무엇인지를 가르쳐 주셨다: "누구든지 첫째가 되고자 하면(참조, 막 8:34), 하나님의 나라에서 가장 '위대한 자'의 자리를 차지하려고 하면 뭇 사람의 끝이 되어야 하며(문자적으로, 신중하고 자발적인 선택에 의해 '그 사람은 모든 사람의 끝이 될 것이라'의 의미) 뭇 사람의 종이 되어야 하리라." 여기서 '종'(디아코노스[διάκονος])은 노예의 위치에 있는 자(둘로스[δοῦλος]: 노예)를 말하는 것이 아니라, 자유롭게 다른 사람의 곤경에 관심을 갖는 자를 말한다. 예수님은 삶 속에서 자신의 위치를 개선하려는 욕망을 꾸짖은 것이 아니었다. 오히려 하나님 나라에서 위대함은 지위에 의해 결정되는 것이 아니라 봉사에 의해 결정된다는 것을 가르치신 것이다(참조, 10:43~45).

9:36~37 종의 직분을 설명하기 위해 예수님은 그 집의 어린아이를(아마 베드로의 아이인 듯하다. 참조, 33절) 그들 사이에 세우셨다. '모든 사람의 종'이 되는 것은, 성숙한 성인을 이상으로 하는 그리이스-로마 사회에서 뿐 아니라 유대 사회에서도 가장 보잘것없는('아주 끝.' 참조, 35절) 사람인 어린아이에게 관심을 갖는 것을 포함한다(TDNT, s.v. 파이스[παῖς]. 참조, 5:639~52).

예수님은 어린아이를 자기 팔에 안으셨다(참조, 10:13~16). 이런 어린아이 하나(가장 비천한 제자들을 나타내는. 참조, 막 9:42)를 예수님의 이름으로(그분을 위해) 환영하는 것, 즉 섬기고 친절을 베푸는 것(참조, 6:11, 눅 9:53)이 바로 예수님을 환영하는 것에 해당한다(참조, 마 25:40과 막 6:7의 주해). 또한 예수님을 환영하는 것일 뿐 아니라, 그분을 세상에 보내신 하늘의 아버지를 환영하는 것이다(참조, 요 3:17; 8:42). 이것은 다른 사람에게 봉사하는 임무에 권위를 부여해 주는 것이다.

b. 당파적 태도를 꾸짖으심(9:38~42; 눅 9:49~50)

9:38 예수님의 말씀(37절)은 요한을 자극시켰다(참조, 3:17; 5:37; 9:2). 그래서 요한은 그분을 '선생'이라 부르면서(참조, 4:38; 9:5) 어떤 익명의 무당이 예수님의 이름으로 귀신 내쫓는 것을 보고(참조, 1:23~28; 5:6~7의 주해) 제자들이 그만두게 했다는 것을 보고했다. 그들은 그가 제자들 중의 하나가 아니었기 때문에, 즉 그가 이 일을 하도록 예수께 위임을 받은 열두 제자 가운데 하나가 아니었기 때문에 금했던 것이다(참조, 6:7, 12~13). 그들을 괴롭힌 것은 그 사람이 예수님의 이름을 남용했기 때문이 아니라(참조, 행 19:13~16) 그가 그 이름을 사용하도록 권위를 부여받지 않았다는 점이다. 더구나 그는 귀신을 내쫓는 데 성공했다(아홉 명의 제자와는 대조적으로; 막 9:14~18). 이 사건은 열두 제자들의 속 좁은 배타주의를 드러내 준 사건이었다.

9:39~40 예수님은 그가 하는 일을 금하지 말라고 제자들에게 말씀하셨다. 왜냐하면 누구든지 예수님의 이름으로 기적(뒤나민[$\delta\acute{\upsilon}\nu\alpha\mu\iota\nu$]: 능력 있

는 행위)을 행하고 나서 즉시 돌아서서 예수님을 공공연하게 비난할 사람은 없기 때문이다.

예수님이 이 사람을 용납하셨다는 것이 "우리를 반대하지 않는 자는 우리를 위하는 자니라"(참조, 마 12:30. 여기에는 이 말이 반대로 나타나 있다)라는 말로 확증되었다. '우리를 반대하지'와 '우리를 위하는' 사이에는 중립이 있을 수 없다. 사람이 예수님의 이름으로(참조, 막 9:38) 그분을 위해 일한다면 그분을 반대할 수 없다.

이 사람은 열두 제자와 함께 예수님을 따르지는 않았다. 그럼에도 불구하고 그는 참으로 예수님을 따르고 사탄에 항거하는 자였다.

9:41 예수님은 엄숙한 선언과 함께("내가 진실로 너희에게 이르노니," 참조, 3:28) 말씀(9:39~40)의 범위를 보다 넓혀서 귀신을 쫓는 것 이외의 활동에 대해 말씀하셨다. 누구든지 그리스도에게 속한 자라 하여 물 한 그릇을 주는 것과 같은 작은 행위일지라도 예수님의 이름으로(참조, 37절) 친절을 베푸는 자는 결코 그의 상을 잃지 않을 것이다(우 메[οὐ μή], 강조 부정). 결국에 가서 그는 공적(선한 행위)이 아니라 믿음의 백성에게 약속하신 하나님의 은혜로운 약속(참조, 눅 12:31~32)에 따라 하나님 나라에 참여하는(참조, 47절; 10:29~30; 마 25:34~40) 보상을 받을 것이다. 예수님이 '인자'라는 칭호 대신에 '그리스도'라는 칭호를 사용하신 경우는 공관복음서에 거의 나타나지 않는다.

9:42 이 구절은 35~41절의 결론이며, 43~50절에 대한 서론이다. 예수님은 작은 자 중 하나를 실족케 하는 자를 엄중히 경고하셨다. 그런 죄에 대한 처벌이 너무 엄하기 때문에 예수님을 믿는 작은 자 중의 하나를(즉 어

린 아이를 포함한, 신앙이 성숙치 못한 연약한 제자들. 참조, 37, 41절) 죄 짓게 하느니 차라리 바다에 빠져 죽는 것이 나을 것이다.

'죄짓게 하다'(스칸달리제[σκανδαλίζῃ]. 참조, 43절)라는 동사는 미래 심판의 관점에서 이해되어야 한다(참조, 43~48절). 그것은 한 제자를 유혹하거나 자극시켜서 예수님을 믿지 못하게 함으로써 심각한 영적 손상을 입히는 것을 말한다. 귀신을 내쫓던 사람의 미숙한 신앙이나(38절) 예수님의 이름으로 행동하는 자를(41절) 격려해야지 거친 비판이나 파당적 편견으로 파멸시켜서는 안 된다.

연자 맷돌(뮐로스 오니코스[μύλος ὀνικός])은 곡식을 갈 때 짐승들이 돌렸던 크고 평평한 맷돌이었다. 이것은 여인들이 사용하던 손으로 돌리는 맷돌과는 다른 것이다. 이렇게 물에 빠뜨려 죽이는 형벌은 의심할 여지없이 예수님의 제자들에게는 잘 알려진 벌이었다(참조, 요세푸스, *The Antiquities of the Jews* 14. 15. 10).

c. 죄의 덫과 제자도에 대한 근본적인 요구(9:43~50; 마 18:7~9)

9:43~48 여기에 나타난 강한 말씀은 실족하게 될 위험성에 대해 제자들에게 경고한다. 예수님은 제자도에 대한 요구를(참조, 8:34~38; 10:24~31) 과장법을 사용해 보충하셨다(참조, TDNT, s.v. 멜로스 [μέλος], 4:559~61).

"만일(에안[ἐάν]: ~할 때마다[실제 가능성을 내포한다]) 내적인 마음의 외적 표현 수단인 네 손의 행위가(참조, 7:20~23) 너를 죄짓게 하면(스칸달리제[σκανδαλίζῃ]: 너를 유혹하여 타락케 하면. 참조, 9:42) 찍어 버리라." 예수님은 그분을 향한 충성을 잘못되게 하는 것은 무엇이든지, 그것에 대해 즉각적이고 결정적인 행위를 취해야 한다고 말씀하신 것이다. 발이나 눈도 마찬가지다. 왜냐하면 유혹은 여러 수단을 통해 오기 때문이다. 세상적인 생활을 하도록 유혹하는 것은 무엇이든지 마치 외과의사가 썩은 팔다리를 자르듯이 제거해 버려야 한다.

불신자가 되는 것보다는 **불구가 되어** 이 땅의 소유들을 거의 갖지 않고 제자가 되어 장차 하나님 나라(9:47)의 **영생**으로 들어가는 것이 낫다(참조, 10:17, 30). 불신자들은 이 세상에 충성하고, 하나님과 함께하는 **영생**을 거부할 것이고, 결국 **지옥에 빠지게 될 것이다**(게엔난[γέενναν]. 참조, 45, 47절).

헬라어 게엔나(γέεννα : 지옥)는 한때 어린이들이 이방신 몰렉에게 희생 제물로 바쳐졌던(대하 28:3; 33:6; 렘 7:31; 19:5~6; 32:35) 예루살렘 남쪽 '힌놈의 골짜기'를 의미하는 히브리어의 음역이다. 그곳은 요시야의 종교개혁 때(왕하 23:10) 구더기 생긴 음식물을 정기적으로 모아 불태워 버리던 쓰레기 처리장이 되었다. 불과 구더기라고 했을 때, 그것은 유대인들의 생각 속에서 사악한 자들을 영원히 처벌할 장소를 생생하게 묘사해 주는 것이었다(참조, 유딧 16:17; 집회서 7:17). 신약성경에 '게엔나'라는 단어가 12번 나오는데, 그중 11번을 예수님이 사용하셨다(나머지 한 번은 야고보서 3장 6절에 사용됨).

"**거기에서는 불도 꺼지지 아니하느니라**"는 로마 독자들을 위해 마가가 설명한 게엔나에 대한 설명인 듯하다. 구더기(내적 고통)와 꺼지지 않는 불(외적인 고통, 이사야 66장 24절에서 인용)은 하나님의 구원을 거부한 모든 이들을 기다리고 있는 무한하게 계속되는 형벌을 생생하게 묘사해 준다. 지옥의 본질은 끊임없는 고통이요, 하나님이 영원히 계시지 않는 것이다.

9:49 마가복음에 독특하게 나타나 있는 이 수수께끼 같은 말은 이해하기 어렵다. 이에 대해 약 15가지 가능한 설명이 제시되어 왔다.

무엇을 설명해 주는 '왜냐하면'(가르[γάρ], 개역성경에는 번역되지 않음)이라는 말과 '불'이라는 말이 이 구절을 43~48절과 연결시켜 준다. '사람마다'라는 말은 세 가지 중 하나로 설명할 수 있을 것이다. (1) 그것은 지옥에 들어가는 모든 불신자를 언급하는 말일 수 있다. 마치 소금이 음식을 보존하듯이 그들이 영원한 불 심판 가운데 보존될 것이라는 의미로 그들은 **불로 소금 치듯 함을 받을 것이다**. (2) '사람마다'는 이 악의에 찬 세상에 살고 있는 모든 제자를 말하는 것일 수도 있다. 구약의 희생 제사를 드릴 때 소금을 친다는 의미에서 그들은 소금을 치듯 함을 받을 것이다(레 2:13; 겔 43:23). 산 제물(참조, 롬 12:1)인 제자들은 성결케 하는 불 심판으로 연단을 받을 것이다(참조, 잠 27:21; 사 48:10; 벧전 1:7; 4:12). 심판은 하나님의 뜻에 반대되는 것을 일소하고 하나님의 뜻과 일치하는 것을 보존할 것이다. (3) '사람마다'는 일반적인 모든 사람을 언급하는 말일 수도 있다. 모든 사람은 예수님과의 관계에 합당한 시간과 태도 속에서 '불로 연단 받을' 것이다: 불신자는 최후 심판의 불, 제자들은 현재의 심판과 고통의 불. 이 세 가지 중 마지막 견해가 가장 타당한 것 같다.

9:50 '소금'은 이 구절을 49절과 연결시켜 준다. 소금은 좋은 것, 쓸모 있는 것이다. 고대 세계에서는 공통적으로 소금을 양념과 방부제로 사용했다. 그것은 팔레스타인에서도 생활필수품이었다. 그래서 상업적 가치를 가지고 있었다.

팔레스타인에서 소금은 주로 사(소금)해 남서쪽 지역에서 생산되었다. 이 지역의 염분 축적물에서 나온, 질이 낮고 깨끗하지 못한 소금에서는 찌꺼기로 맛없는 소금과 같은 결정체가 나타나곤 했다. 만일(에안 [ἐάν]: ~할 때마다. 참조, 43절) 소금이 소금기, 그 맛을 잃어버리면 맛을 회복할 수 없고, 그 소금은 쓸모없게 될 것이다.

"너희 속에 소금을 두고"(현재 명령)는 제자들이 끊임없이 자신들 안에 좋은(무가치한 것이 아니라) '소금을 가질' 필요가 있다는 것을 지적하는 말이다. 여기서 '소금'은 제자들과 비제자들에게 어떤 차이가 있는지를 설명해 주는 말이다(참조, 마 5:13; 눅 14:34). 제자는 어떤 희생을 치러서라도 예수님에 대한 충성을 유지하고 파괴적인 영향을 일소해야 한다(참조, 막 9:43~48).

"서로 화목하라"(현재 명령)라는 두 번째 명령은 첫 번째 명령에 근거한 것이고, 제자들의 논쟁으로 제기된 토론(33~34절)에 결론을 내리는 것이다. 예수님은 본질적으로 다음과 같이 말씀하신 것이다: "나에게 충성하라. 그러면 지위를 가지고 논쟁하는 대신 서로 화평을 이룰 수 있을 것이다"(참조, 롬 12:16상; 14:19).

d. 결혼의 영구성(10:1~12; 마 19:1~12; 눅 16:18)

10:1 예수님은 예루살렘으로 마지막 여행을 하시는 도중에 거기를 떠나 (갈릴리 가버나움. 참조, 9:33) 요단 강 서편 유대로 들어가셨다. 그리고 요단을 거쳐 동쪽 베레아로 들어가셨다.

이 지역에 그분의 이름이 이미 널리 알려져 있었으므로(참조, 3:8) 많은 군중이 다시 그분 주위에 몰려들었고, 그분은 전례대로(참조, 1:21~22; 2:13; 4:1~2; 6:2, 6하, 34; 11:17; 12:35) 다시 그들을 가르치셨다. '다시'는 강조하기 위해 사용되었다. 예수님은 그분의 공생애를 다시 시작하신 것이다(참조, 9:30~31). 예수님의 후기 유대, 베레아 사역이 6달간의 공백을 메워 주기는 하지만, 마가는 베레아에서 일어났을 가능성이 있는 사건들 중 몇 개만 기록해 놓았다(참조, 10:2~5; 눅 18:15~19:27).

10:2 바리새인들이 와서 예수님을 시험하기(페이라조[πειράζω]. 참조, 8:11; 12:15하) 위하여 이혼에 관한 질문을 던졌다. 그들은 예수님이 반대를 일으킬 수 있는, 스스로 옭아매는 대답을 하기를 바랐다. 그분이 신명기 24장 1~4절과 모순 되는 대답을 할 것으로 기대했다(참조, 막 10:4). 바리새인들은 이 구절이 이혼을 허락하고 있는 것으로 생각했고, 남편들만 그 주도권을 쥐고 있으며, 이혼은 재혼할 권리를 함축하고 있다고 믿었다. 그러나 이혼의 이유에 대해서 그들은 서로 의견이 일치하지 않았다. 랍비 샴마이는 아내가 부도덕한 죄를 범했을 때에만 이혼을 허락했다. 그러나 랍비 힐렐은 어떤 이유로든 자기 아내와 이혼할 수 있다고 주장했다. 아마 예수님이 이 논쟁에 어느 한 편을 들게 되면 그분을 따르는 여러 계층을 분열시키는 결과를 낳게 될 것이다. 혹은 그분이 헤롯의 관할인 베레아에 계셨기 때문에 세례 요한처럼 이혼에 관련해서 헤롯 안티파스를 화나게 함으로써 체포될 수도 있었다. 헤롯은 레위기 18장의 율법에도 불구하고 이복 조카인 헤로디아와 결혼했다.

10:3~4 예수님의 역질문은 바리새인들의 해석을 제쳐 두고 그들로 하여금 구약성경으로 돌아가게 하는 것이었다(참조, 7:9, 13). **'명하다'**라는 동사는 그분이 이혼 문제에 관한 모세의 율법에 대해 질문하셨다는 것을 의미한다.

그들은 이혼 규례의 근거로 신명기 24장 1~4절을 요약해서 대답했다. 그들은 남편이 간음죄에 대한 고소로부터 아내를 보호하기 위해 증인들 앞에서 **이혼증서**를 써서 서명하여 아내에게 줌으로써 아내와 이혼할 수 있음을 모세가 허락했다고 믿었다. 고대 이스라엘에서는 간음죄가 분명히 밝혀지면(참조, 민 5:11~31) 돌로 쳐 죽이는 형벌을 당해야 했다(참조, 레 20:10; 신 22:22~25). 예수님 당시에는(대략 AD 30년) 사형이 사라졌다(참조, 마 1:19~20; TDNT, s.v. 모이큐오[μοιχεύω]. 참조, 4:730~5). 랍비들의 법은 간음한 아내와 이혼하도록 했다.

10:5 예수님은 그들의 마음이 완악해서, 그들이 하나님의 결혼관을 완고하게 받아들이지 않았기 때문에 모세가 이 법을 **기록했다**(신 24:1~4)고 말씀하셨다. 모세는 이스라엘에 이혼이 있음을 인정했으나, 그것을 제도화하거나 그것에 권위를 부여하지는 않았다.

10:6~8 그 다음 예수님은 그들의 결혼관과 창조 때 드러난 하나님의 결혼관을 대조시키셨다(예수님은 창세기 1장 27절과 2장 24절을 인용하셨다). 하나님은 첫 부부로 아담과 하와를 만드셨는데, 남자와 여자로 구별해서, 그러나 완전히 서로 보완하도록 만드셨다. 남자는 그 부모를 떠나 자기 아내와 **연합하여** 둘(남자와 여자)이 한 몸이 되는 것이다. 한 몸 된 그들은 성적으로 친밀하고 모든 것을 포용하는 부부를 의미하는 새로운 단위(하나님의 현 창조 질서에서 아버지와 아들의 혈육관계처럼 확고한)를 형성한다.

그래서(호스테[ὥστε]: 이러한즉) 그들은 더 이상 둘이 아니라 하나다(문자적으로 '한 육체, 한 육체 단위'). 결혼은 쉽게 깨질 수 있는 일시적인 편의의 계약이 아니라 하나님 앞에서 맺은, 일생 동안 연합해 살겠다는 상호 신실성의 계약이다(참조, 잠 2:16~17; 말 2:13~16).

10:9 그 다음에 예수님은 금지 조항을 하나 덧붙이셨다. "그러므로 6~8절에 비추어 볼 때 하나님이 한 몸으로 결합시켜 주신 것을 인간이 나눌 수 (코리제토[χωριζέτω], 현재시제. 고린도전서 7장 10, 15절에도 이 단어가 사용됨) 없다." '사람'(안쓰로포스[ἄνθρωπος]: '남편'을 의미함)은 이혼으로 결혼을 깨뜨리지 말아야 한다. 결혼은 한 남자와 한 여자가(일부일처, 이성 간) 영원히 한 몸을 이루는 관계여야 한다. 예수님은 바리새인들의 느슨한 생각과 반대로 세례 요한의 용감한 선포를(참조, 막 6:18) 확증하신 것이다.

10:10~12 나중에 예수님의 제자들이 집에서 이 주제에 대해 여쭈었을 때(참조, 7:17) 예수님은 자기 아내와 이혼하고(아폴뤼세[ἀπολύσῃ]: 버리다. 참조, 15:6, 9, 15에 같은 단어가 사용됨) 다른 여자와 결혼하는 자는 자기 아내에 대해 간음하는 것(참조, 출 20:14, 17)이라고 덧붙이셨다. 마가복음에만 나타나는 독특한 구절인 10장 12절에 따르면 **자기 남편과 이혼하고 다른 남자와 결혼하는 여자도** 마찬가지다. 이 말씀은 마가의 로마 독자들에게는 중요한 말씀이었다. 왜냐하면 로마법에서는 여자가 이혼의 주도권을 가질 수 있었기 때문이다. 유대 법에는 그런 것이 허락되지 않았지만, 때로 그런 행위가 팔레스타인에서도 실행되었다(예를 들면, 헤로디아[6:17~18]).

이혼은 하나님의 창조 질서를 깨뜨리는 것이다. 예수님은 신약 시대에 유대 율법에 요구된 것처럼 성적 부도덕성에 대해서는 이혼 가능성을 열어 놓으셨다(10:4). 그러나 랍비들의 법에 허락된 재혼은 금하셨다(참조, TDNT, s.v. 가메오[γαμέω], 가모스[γάμος], 1:648~51; 모이큐오[μοιχεύω], 4:733~5). 많은 해석자들은 예수님이 한 가지 예외를 두셨다고 믿고 있다(마 5:32; 19:1~12의 주해를 보라). '깨어진' 결혼에 대한 하나님의 소원은 용서와 화해이다(참조, 호 1~3장; 고전 7:10~11).

e. 어린아이와 같이 하나님 나라를 영접함 (10:13~16; 마 19:13~15; 눅 18:15~17)

이 이야기는 결혼에 대한 예수님의 가르침을 보충해 주고 바리새인들의 반대(막 10:2~12)를 상쇄시켜 주는 이야기이다. 이 사건은 '집에서'(10절) 일어난 것이다. 이 사건의 기록이 초대교회사에서 영아 세례와 관련해 사용되었으나, 이 구절을 볼 때 그에 대한 정당한 이유가 되지 않는다.

10:13 사람들이(어머니들, 아버지들, 형이나 누나들, 또 다른 사람들) 어린아이들(파이디아[παιδία]: 갓난아이에서부터 10대 이전의 어린이들. 5장 39절에 같은 단어가 나온다. 영아들과 어린아이들을 뜻하는 다른 단어 브레페[βρέφη]가 누가복음 18장 15절에 사용되었다)을 데리고 예수님께 왔다. 예수님이 그 아이들을 만져 주시기를 바라기 때문이었는데, 만져 주는 것은 미래의 삶에 하나님의 복을 선언하는 것이다(참조, 막 10:16). 제자들은 그들을 꾸짖고는(참조, 8:30, 32~33) 예수님께 나아가지 못하도록 했다. 제자들은 아마 어린아이들이 중요하지 않으며(참조, 9:36~37), 그들로 인해 예수님의 시간을 낭비해서는 안 된다고 생각했을 것이다. 이것은 그들이 어린아이를 인간적, 문화적 범주에서만 생각했던 또 하나의

예다(참조, 8:32~33; 9:33~37).

10:14 예수님은 제자들이 어린아이들을 오지 못하게 하는 것을 보고(참조, 9:38) 노하셨다(참조, 41절). 강한 감정적 반응을 나타내는 이 단어는 다른 복음서 저자들보다 예수님의 감정들을 더 분명히 나타내 준 마가의 독특한 용어다(참조, 1:25, 41, 43; 3:5; 7:34; 8:12; 9:19). 예수님의 두 가지 날카로운 명령, "어린아이들이 내게 오는 것을 용납하라", "그들을 막지 말라"('막는 것을 멈추라')는 (사람들을 꾸짖은) 제자들을 꾸짖는 말씀이었다.

예수님은 어린아이들을 환영하셨다. 왜냐하면 하나님의 나라, 즉 백성의 삶 속에 현존하는 하나님의 통치(참조, 1:14~15의 주해)가 이러한 자들에게 속한 것이기 때문이다. 어린아이를 포함해 어린아이와 같은 순수한 믿음과 신뢰를 가지고 예수님께 나아오는 자는 누구나 예수님께 자유로이 나아갈 수 있다.

10:15 예수님은 엄숙한 선언으로("내가 진실로 너희에게 이르노니." 참조, 3:28) 14절의 진리를 발전시키셨다. 누구든지 어린아이와 같은 믿음 있는 태도로 하나님의 나라를 현재의 선물로 받아들이지 않는 자는 결코 하나님 나라에 들어가지 못할 것이다(우 메[οὐ μὲ]: 결코 ~하지 못한다[강조 부정]). 그는 미래의 축복, 특히 영생에서 제외될 것이다(참조, 17, 23~26절). 하나님의 나라는 인간의 업적이나 공덕에 의해 얻을 수 있는 것이 아니다. 그것은 다른 방법으로는 그것을 얻을 수 없다는 진리를 인정하는 사람들의 단순한 믿음을 통해 하나님의 선물로 주어지는 것이다(참조, 1:15의 주해).

10:16 예수님의 사랑의 행위를 통해 볼 때(참조, 9:36), 그분의 축복이 그것을 믿음으로 받아들이는 사람들에게 자유롭게 주어진다는 사실을 생생히 알 수 있다. 강세형 합성동사인 '축복하시니라'(카튤로게이 [κατευλόγει], 미완료형. 신약성경에는 오직 여기에만 사용됨)는 예수님이 자기에게 온 어린아이들을 축복하신 따뜻함과 열정을 강조하는 말이다.

f. 부를 신뢰함으로 하나님 나라를 거부함
  (10:17~27; 마 19:16~26; 눅 18:18~27)

이 사건은 아마 예수님이 베레아 어딘가에 있는 집을 떠나실 때(참조, 막 10:10) 일어난 사건일 것이다. 부자는 자신의 능력으로 영생을 얻을 수 없으며, 하나님의 선물로 그것을 받아들여야 한다는 사실을(참조, 13~16절) 인정하지 않는 사람을 설명한 것이다.

10:17 예수님이 예루살렘으로(10:32) 가는 **도중에**(참조, 8:27의 주해) 영향력 있고 부요하고 젊은 한 **사람이**(마 19:20, 22; 눅 18:18) 달려왔다. 급히 달려온 모습, 무릎을 꿇는 자세, 진지한 인사 태도(유대인들이 랍비를 부를 때 사용하지 않는 "선한 선생님이여"라는 호칭을 사용), 그리고 심각한 질문은 그가 예수님을 영적 지도자로 생각하고 있었다는 것과 그의 열심 있는 태도를 말해 준다.

이 사람의 질문은 그가 **영생**을 선한 행위로 얻을 수 있는 어떤 것으로 (10장 15절 말씀과는 대조적으로. 참조, 마 19:16) 간주했다는 것과, 그가 미래의 운명에 대해 불안감을 느꼈다는 것을 암시해 준다. 비록 이 땅의 삶 속에서 하나님의 통치를 받아들임으로써 지금 하나님 나라의 삶을 누릴 수 있기는 하지만, **영생**에 대한 언급들(마가복음에는 10장 17, 30절에만 언급되었다), '하나님 나라에 들어가는 것'(23~25절), '구원받는 것'(26절)은 장차 누리게 될 하나님 나라의 삶에 초점을 맞추고 있다. 요한복음은 영생의 현재 소유를 강조한다.

10:18 예수님은 선을 인간의 성취에 의해 평가된 그 어떤 것으로 보려는 그 사람의 잘못된 생각에 도전하셨다. 선의 참 근원이시며 표준이신 하나님 외에는 어느 누구도 선하거나 절대적으로 완전하지 않다. 그 사람은 하나님의 완전하신 특징의 맥락 속에서 자신을 볼 필요가 있었다. 예수님의 응답이 그분의 신성을 부인한 것은 아니라, 신성에 대한 주장을 숨기신 것이다. 부지불식간에 예수님을 '선하다'고 부른 그 사람은 예수님의 참 정체를 인식할 필요가 있었다(나중에 그는 '선하다'라는 말을 빼고 있다[20절]).

10:19~20 예수님은 그 사람의 질문에 직접적으로 답하시면서 소위 십계명의 '두 번째 부분'의 다섯 **계명**을(참조, 출 20:12~16; 신 5:16~20) 다른 순서로 인용하셨다. 인간관계를 다루는 그런 명령에 복종하는 것이 개인의 행위 속에서 처음 다섯 계명(참조, 출 20:3~8)을 지키는 것보다 더 쉽게 입증된다. "속여 빼앗지 말라"라는 명령은 십계명의 일부가 아니다. 마가복음에만 나타나는데, 이 명령은 열 번째 계명을 나타내는 계명(출 20:17)일지도 모른다. 그러나 그 계명은 부요한 사람들에게 적용될 수 있는 여덟 번째, 혹은 아홉 번째 계명(출 20:15~16)의 보충이라고 보는 것이 더 타당할 것이다(레 6:2~5; 말 3:5).

그는 어려서부터, 즉 '율법의 아들'(참조, 눅 2:42~47)로서 율법을 지킬 책임을 지게 되는 12살부터 이런 계명들을 온전히 **지켰다**고(참조, 빌 3:6) 굳게 믿고 있었음을 그 사람의 대답을 통해 알 수 있다. 아마 그는 어떤 부족한 점을 보상할 필요가 있는 공적 같은 것을 예수님이 열거해 주실 것으로 생각했던 것 같다.

10:21~22 예수님은 그의 종교적 헌신의 아래에 있는 깊은 갈망을 꿰뚫어 보시고(엠블레포[ἐμβλέπω]에서 온 단어. 참조, 3:5), **그를 사랑하셨다**. 이것은 마가복음에만 언급되어 있다(참조, 10:14의 주해). 그에게 없지만 꼭 필요한 **한 가지**가 있었는데, 그것은 하나님께 대한 절대적인 충성이었다. 왜냐하면 부가 그의 신이 되어 버렸기 때문이다(22절). 그는 하나님보다 오히려 부에 더 헌신하고 있었고, 그렇기 때문에 그는 제1계명을(출 20:3) 어기고 있었던 것이다.

예수님은 두 가지를 명령하셨다. (1) 가서 모든 재산을 팔아 가난한 사람들에게 나눠 주고 영생을 방해하는 방해물, 즉 돈에 대한 사랑과 관련된 자기 의로 인한 공로를 제거해 버리라는 것이었다. (2) 또한 예루살렘과 십자가에 이르기까지 그분을 **따르라**(현재 명령)는 것이었다. 영생을 얻는 방법은 스스로 얻을 수 있다는 생각과 지상의 재물에 대한 신뢰에서 예수님에 대한 신뢰로 돌아서는 것이다(참조, 막 10:14~15).

그 사람은 예수님의 명령으로 인해 슬퍼하며 **가 버렸다**. 자기 부인의 특별한 형태(모든 것을 팔아 버리는 것)가 이 상황 속에서는 적당한 것이었지만, 예수님을 따르려는 모든 제자들에게 요구되는 조건은 아니다.

10:23~25 예수님이 제자들에게 부자는 하나님의 나라에 들어가기 어렵다고 말씀하셨을 때, 그들은 놀랐다(에쌈분토[ἐθαμβοῦντο]: 놀라다. 참

조, 1:27; 10:32). 왜냐하면 유대인들에게 부는 하나님의 은혜의 표시였고, 하나님 나라와의 관계 속에서도 장애물이 아니라 오히려 유리한 것이기 때문이었다. 공관복음서 중 오직 여기에서만 예수님이 열두 제자를 영적 미성숙을 반영하는 "얘들아"라는 말로 부르시고 있다.

제자들이 놀라자 예수님은 그분이 원래 하신 말씀을 반복해서 분명하게 말씀해 주셨다. 일부 헬라어 사본에 '재물이 있는 자는'이라는 말이 24절에 포함되어 있는데, 이 말을 빼 버린다면 이 구절은(마가복음에만 있음) 하나님 나라의 요구에 직면해 있는 모든 사람에게 적용되는 말씀이다. 만일 그 말을 포함시킨다면 이 구절은 부자들의 어려움을 설명해 주고, 부를 신뢰하는 것에 대한 위험성을 드러내 보여 주는 말씀이다. 25절의 재미있는 비유는 불가능한 것을 묘사하는 유명한 유대 속담이다. 그 비유에 의하면, 자기 재물을 믿는 부자가 하나님의 나라에 들어가는 것보다, 그 당시 팔레스타인에서는 가장 큰 동물이었던 낙타가 보통 바늘 귀(가장 작은 구멍)로 나가는 것이 더 쉽다.

10:26~27 예수님의 말씀(25절)에 제자들은 크게 놀랐다(엑세플렛손토 [ἐξεπλήσσοντο]: 놀랐다, 정신을 뺐다, 당황했다. 참조, 1:22; 6:2; 7:37; 11:18). 그래서 그들은 다음과 같은 논리적인 결론을 내리게 되었다: 부자가 하나님 나라에 들어가는 것이 불가능하다면, 도대체 누가 구원받을 수 있을까?(누가 영생을 얻을 수 있을까? 참조, 10:17, 30).

예수님은 "구원이 인간으로는 불가능하나(인간의 공적이나 업적을 뛰어넘는 것이나) 하나님으로는 그렇지 아니하다"라고 선언하심으로 그들의 관심을 상쇄시켜 버리셨다. 사람의 구원에 필요한 모든 것이(부자든 가난한 이든 똑같이) 하나님에게는 가능하기 때문에(참조, 욥 42:2) 구원은 하나님의 능력을 벗어나서 일어날 수 없다. 사람이 할 수 없는 것을 하나님은 그분의 은혜로 하실 수 있고, 또 행하신다(참조, 엡 2:8~10).

8. 제자직의 대가(10:28~31; 마 19:27~30; 눅 18:28~30)

10:28 대변인 노릇을 하던(참조, 8:29) 베드로는 부자와 달리 '우리'(이 단어는 헬라어 구문에서 강조어로서, 대조를 나타낸다)는 모든 것을 버리고 예수님을 따랐다는 사실을(참조, 1:16~20; 2:14; 10:21~22) 강변했다. 이 말에 들어 있는 함축적인 의미는 "우리가 받을 보상은 무엇입니까?"(참조, 마 19:27)라는 것이다. 또한 이것은 제자들이 하나님 나라에서 받게 될 물질적인 영예를 생각하고 있다는 것을 반영해 준다(참조, 막 9:33~34; 10:35~57; 마 19:28~29).

10:29~30 예수님은 또 한 번의 엄숙한 선언과 함께("내가 진실로 너희에게 이르노니." 참조, 15절; 3:28) 예수님과 그 복음(참조, 1:1; 8:35)에 충성하려면 옛날에 얽어매던 것, 즉 가정, 사랑하는 이들, 혹은 소유(전토)를 끊어버려야 한다는 점을 인정하셨다(참조, 13:11~13; 눅 9:59~62). 그러나 그렇게 하는 자는 그들이 끊어버린 모든 것에 대해 현세에, 즉 예수님의 초림과 재림 사이의 기간에 동료 제자들과의 새로운 연합에 의해 백 배나 받게 될 것이라고 약속하셨다(참조, 막 3:31~35; 행 2:41~47; 딤전 5:1~2). 그리고 내세에, 즉 예수님의 재림 이후에(신약성경의 관점에서) 궁극적인 보상인 **영생**을 받을 것이라는 약속도 주셨다(참조, 막 10:17).

30절에는 '아버지'(참조, 29절)가 빠져 있는데, 그것은 하나님이 새로운 영적 가족의 아버지이시기 때문이다(참조, 11:25). '박해를 겸하여 받고'라는 말은 마가복음에만 첨가되어 있다. 예수님이 나중에 말씀한 대로 (10:43~45) 제자 직분은 종종 고통을 수반하는 봉사를 내포한다. 이것은 박해에 직면해 있는 마가의 로마 독자들과 관련된 것이다. 이 사실은 단지 대가를 위해서 예수님과 관계를 맺으려는 유혹을 제거하는 데 도움을 준다(참조, 31절).

10:31 이러한 '유동적인 말'(다른 상황에서도 이 말이 사용된다. 참조, 마 20:16; 눅 13:30)은 베드로의 무례함(막 10:28)에 대한 경고일 수도 있고, 예수님의 약속(29~30절)에 대한 확증일 수도 있다. 그러나 가장 타당한 것은 제자 직분이 갖는 섬김의 성격에 대한 요약이라는 해석이다(참조, 9:35; 10:43~45). 하나님 나라에서의 보상은 서열, 순서, 봉사한 시간, 개인적인 공적, 혹은 희생과 같은 지상적인 기준에 따라 결정되는 것이 아니라(참조, 마 20:1~16) 예수님께 얼마나 헌신하고 그분을 충실히 따랐느냐에 따라 결정된다.

C. 세 번째 수난 예고(10:32~45)

1. 죽음과 부활에 대한 예수님의 세 번째 예고
(10:32~34; 마 20:17~19; 눅 18:31~34)

10:32상 예수님과 제자들은 요단 계곡에서(참조, 1절) 처음 언급했던 그들의 목적지인 예루살렘으로 계속 여행하는 도중이었다. 랍비의 습관을

따라 예수님은 그들보다 앞서서 걷고 계셨다. 마가복음에 독특하게 나타나는 이러한 상세한 묘사는 예수님을 고통과 승리 가운데서 백성을 인도하시는 분으로 그리고 있다(같은 동사가 14장 28절과 16장 7절에서는 '먼저 가다'로 번역되어 있다).

긴박한 위험에 직면하여 예수님이 내리신 확고한 결단은 제자들을 **놀라게 했고**(에쌈분토[ἐθαμβοῦντο]: 놀랐다. 참조, 10:24; 1:27), 그분을 **따르던 자들은 두려워했다**(에포분토[ἐφοβοῦντο]. 참조, 4:40~41; 6:50; 11:18; 16:8). 여기서 마가는 아마 한 집단(열두 제자)을 염두에 두고 있는 것 같다. 10장 46절에서는 또 다른 집단이 있음을 암시한다.

10:32하~34 예수님은 다시 한 번 열두 제자를(참조, 3:13~15) 자기 주위로 모으시고 곧 자기에게 무슨 일이 일어날 것인지를 가르쳐 주셨다. 이 세 번째 수난 예고는 마가복음에 기록된 세 개의 기록 중 가장 명백하고 포괄적이다(참조, 8:31; 9:30~31의 주해; 또한 9:12). 그분은 구약성경을 잘 알고 계셨고(참조, 시 22:6~8; 사 50:6; 52:13~53:12; 눅 18:31), 당시의 종교적, 정치적 분위기도 알고 계셨기 때문에(참조, 막 8:15) 이렇게 분명한 예고를 하실 수 있었다.

예수님은 다가오는 사건을 설명하시면서 확실성을 내포하는 8개의 미래 시제 동사들을 사용하셨다. 새로운 요소는 인자가(참조, 8:31의 주해) 배반을 당해(참조, 9:31) 유대 지도자들, 산헤드린의 손에(참조, 8:31) 넘겨질 것이라는 점이다. 산헤드린은 사형을 집행할 권한이 없었기 때문에(참조, 15:1, 9~10) 사형을 선고하여(참조, 14:64) 이방인들(로마인들)의 손에 넘길 것이다. 로마인들은 사형에 처하기 전에(15:24~25) 그분을 조롱할 것이고(참조, 15:18, 20), 그분께 침을 뱉을 것이며(참조, 15:19) 채찍

질할 것이다(참조, 15:15). 이것은 그분의 죽음이 십자가 처형일 것이라는 점을 암시한다(참조, 마 20:19). 그러나 부활의 약속이 미래에 대한 희망을 제공해 주었다.

2. 제자도의 본질적 의미(10:35~45 ; 마 20:20~28)

10:35~37 야고보와 요한(참조, 1:19; 5:37; 9:2)이 예수님을 '선생님'이라고 부르면서(참조, 4:38; 9:5) 은밀히 예수님께 접근했다. 그들은 주의 영광 중에서, 즉 그분이 공공연하게 세우실 것으로 그들이 기대했던 메시아 왕국의 통치 때(참조, 8:38; 9:1~2; 13:26) 가장 높은 명예와 권위를 지닌 자리를 달라고 요구했다. 그들 중의 하나는 주의 우편에(가장 높다고 생각되는 자리), 또 하나는 주의 좌편에(두 번째로 높은 자리) 앉고자 했다(요세푸스, *The Antiquities of the Jews* 6. 11. 9).

마태는 그들의 어머니가 와서 그들을 위해 말했다는 것을 첨가했다(마 20:20~21). 그녀는 아마 예수님의 어머니의 누이인 살로메였을 것이다(참조, 마 27:56; 막 15:40; 요 19:25). 그렇다면 야고보와 요한은 예수님의 이종 사촌들이다. 그들은 가족적 연대가 그들의 요구에 도움이 될 것이라고 기대했던 것 같다.

10:38~39 예수님은 그들의 야망에 찬 요구에 포함된 것이 무엇인지를 그들이 이해하지 **못했다**고 말씀하셨다. 그분의 영광 중에서 명예의 자리를 요구하는 것은 그분의 고난에 참여하겠다는 요구였다. 왜냐하면 고난은 영광의 필수조건이기 때문이다.

예수님의 질문은 부정적인 답을 요구하는 것이다. 왜냐하면 그분의 메시아 사명을 완수하기 위해서는 고난과 죽음을 당해야 했기 때문이다. 잔은 일반적으로 유대인들이 기쁨에 대한 비유로(참조, 시 23:5; 116:13), 혹은 여기서처럼 인간의 죄에 대한 하나님의 심판에 대한 비유로(참조, 시 75:7~8; 사 51:17~23; 렘 25:15~28; 49:12; 51:7; 겔 23:31~34; 합 2:16; 슥 12:2) 사용하던 용어였다. 예수님은 이 비유를 자신에게 적용시키셨다. 왜냐하면 그분은 죄인들을 대신해서 죄에 대한 하나님의 진노의 심판을 짊어지셔야 했기 때문이다(참조, 막 10:45; 14:36; 15:34). 그분은 자발적으로 그 '잔'을 마실 것이다.

세례의 비유 역시 비슷한 사상을 가지고 있다. 물 아래 있다는 것은 재난으로 당황하는 구약성경의 모습을 의미한다(욥 22:11; 시 69:2, 15; 사 43:2). 여기서 예수님이 직면하신 재난은 죽음에서 절정에 달하는 압도적인 수난, 죄에 대한 하나님의 심판의 짐을 지는 것이다(참조, 눅 12:50). 예수님은 이런 수난을 자기에게 부과하신 하나님(사 53:4하, 11)께 세례를 받으셔야 했다. 야고보와 요한은 예수님이 메시아 전쟁을 설명하시는 것이라고 생각했을지도 모른다. 그러므로 "할 수 있나이다"라고 한 자신감 넘치는 대답은 기꺼이 싸우겠다는 의지를 보여 준 것이다. 그러나 그들의 대답은 그들이 여전히 예수님의 말을 이해하지 못하고 있다는 것을 보여 주었다. 그래서 예수님은 같은 잔과 세례의 비유를 그들에게 다른 의미로 적용시키셨다. 예수님을 따를 때 그들은 구속의 측면이 아니라 죽음에까지 이르는 그분의 수난에(참조, 벧전 4:13) 동참하게 될 것이다. 그분의 예언은 성취되었다. 야고보는 순교한 첫 사도가 되었고(참조, 행 12:2), 여러 해 동안의 박해와 추방을 참아 낸 요한은 마지막으로 죽은 사도가 되었다(참조, 요 21:20~23; 계 1:9).

10:40 예수님은 영예로운 지위에 대한 그들의 요구를 거절하셨다. 그러한 자리를 주는 것은 그분의 권한 밖의 일이었다. 예수님은 하나님 아버지께서(참조, 마 20:23) 누구에게든지 영광의 자리가 예비된 자에게 그런 자리를 주실 것이라고 야고보와 요한에게 말씀하셨다.

10:41~44 야고보와 요한이 개인적으로 더 나은 자리를 차지하려고 했다는 것을 다른 열 명의 제자들이 알고는 그들에게 노했다(참조, 14절). 이러한 시기에 찬 반응을 볼 때, 그들 역시 그러한 이기적인 야망을 숨기고 있었다는 것을 알 수 있다. 열두 제자들 사이의 불화를 바꾸고 참으로 위대한 것이 무엇인가를 다시 강조하기 위해(참조, 9:33~37) 예수님은 이 세상 나라에서의 위대함과 하나님 나라에서의 위대함을 대조시키셨다. 이 대조는 두 통치 방법 사이의 대조가 아니라 통치(선하든 나쁘든)와 섬김의 대비이다.

이방인의 집권자들은 부하들을 지배하고 억누르면서 주권을 행사한다. 그리고 그들을 착취하면서 그들에 대해 권위를 행사한다. 그러나 하나님의 통치 아래 있는 예수님의 추종자들은 이렇게 해서는 안 된다. 그들 중에 누구든지 크게 되고자 하는 자는 다른 사람의 유익을 위해 봉사하는 종(디아코노스[διάκονος])이 되어야 한다. 누구든지 첫째가 되려고 하는 자는 다른 모든 사람에게 봉사하기 위해 자신의 권리를 버리는 종(둘로스[δοῦλος])이 되어야 한다(참조, 9:35~37의 주해). 제자라면 자신의 관심이 아니라 다른 사람에게 자발적으로, 그리고 희생적으로 봉사해야 한다.

10:45 예수님 자신이 진정한 위대함에 대한 최상의 모델이다(42절과 대조). 인자(참조, 8:31의 주해)는 섬김을 받기 위해서가 아니라 다른 사람을

섬기기 위해(참조, 막 2:17; 10:46~52; 눅 22:27) 스스로 그분의 영광을 숨기시고(참조, 8:38; 13:26) 하나님의 종으로 오셨다(참조, 시 49:5~7; 사 52:13~53:12; 빌 2:6~8). 그분의 섬김의 절정은 **많은 사람들을 위한 속죄 제물로 죽는** 것이었다. 그분은 자발적으로, 희생적으로, 대속적으로, 순종적으로 그렇게 하셨다(참조, 막 15:34의 주해).

'대속물'(뤼트론[λύτρον])이라는 말은 신약성경에서 이 구절과 마태복음 20장 28절에만 나온다. 그것은 '해방의 대가'로, 노예나 포로를 속박에서 해방시켜 주기 위해 지불하는 돈을 말한다. 그것은 또한 대속의 개념을 포함하고 있다(참조, TDNT, s.v. 뤼오[λύω], 4:328~35). 사람들은 스스로 헤어 나올 수 없는 죄와 죽음의 권세 아래 사로잡혀 있다(참조, 롬 5:12; 6:20). 예수님은 대속적 죽음으로 사람들을 해방시키기 위한 대가를 지불하셨다(참조, 롬 6:22; 히 2:14~15. 도표 〈구원을 의미하는 신약성경의 단어들〉을 보라).

마가복음에서 여기에만 사용된 전치사 안티(ἀντί : ~을 위하여)는 대속의 사상을 보강해 주는 단어이다. 그것은 '~대신에'라는 뜻을 갖는다(참조, 마 2:22; 눅 11:11; 벧전 3:9). 예수님은 많은 사람을 대신해 자기 생명(프쉬켄[ψυχήν])을 주셨다(참조, 막 14:24; 여기서는 '~을 위하여'라는 의미로 사용됨).

'많은 사람'이라는 말은 '모든 사람'을 의미하는 말로 쓰였다(참조, 1:32~34; 사 53:10~12). 그것은 얼마나 많은 수가 단 한 분의 구속자의 단 한 번의 희생으로 구속의 은총을 얻었는가를 강조한다(참조, 롬 5:15, 18~19). 대속물로서 예수님의 죽음은 자신의 백성을 뛰어넘어 모든 백성에게 이르게 되었다(참조, 딤전 2:5~6).

구원을 의미하는 신약성경의 단어들		
헬라어	의미	관련성구
ἀγοράζω (아고라조) / 동사	시장(노예 시장)에서 사다, 구입하다.	고전 6:20; 7:23; 벧후 2:1; 계 5:9; 14:3~4
ἐξαγοράζω (엑사고라조) / 동사	시장(노예 시장)에서 돈을 주고 사들이다, 구입하다. 속전, 해방의 대가.	갈 3:13; 4:5; 엡 5:16; 골 4:5
λύτρον (뤼트론) / 명사	속전, 해방의 대가	마 20:28; 막 10:45
λυτρόομαι (뤼트로오마이) / 동사	값을 지불하다, 속전을 지불하고 해방되다.	눅 24:21; 딛 2:14; 벧전 1:18
λύτρωσις (뤼트로시스) / 명사	속전을 지불하고 해방되는 것.	눅 1:68; 2:38; 히 9:12
ἀπολύτρωσις (아폴뤼트로시스) / 명사	속전을 지불하고 다시 사는 것, 해방시켜 주는 것.	눅 21:28; 롬 3:24; 8:23; 고전 1:30; 엡 1:7, 14, 4:30; 골 1:14; 히 9:15; 11:35

D. 결론: 눈먼 바디매오의 신앙
(10:46~52; 마 20:29~34; 눅 18:35~43)

이것은 마가복음에 기록된 마지막 치유의 기적이다. 이 단락은 제자도에 대해 마가가 특별히 언급한 부분(막 8:31~10:52)의 결론이며, 그 의미에 대해 훌륭하게 설명해 놓은(10:52하) 부분이다. 그것은 또한 제자들의 오해에도 불구하고(참조, 8:32~33; 9:32; 10:35~41) 예수님이 그들의 눈을 열어 그분의 메시아 되심의 완전한 의미를 알게 하셨으므로 제자들이 분명한 시야(이해)를 갖게 될 것임을 의미한다.

그 기사가 생생한 것으로 보아(예를 들면, 50절) 베드로와 같은 제자로부터 직접 듣고 기록한 것임을 알 수 있다. 공관복음서는 이 사건을 아주 다양하게 기록하고 있다. 마태는 두 명의 눈먼 사람을 언급했고(마 20:30), 누가는 예수님이 여리고에서 나가실 때가 아니라 여리고로 들어가실 때에 일어난 사건이라고 기록하고 있다(눅 18:35). 아마 두 사람이 있었으나, 마가와 누가는 목소리가 더 크거나 더 잘 알려진 한 사람에 초점을 맞춘 것 같다. 그리고 여리고는 두 개가(옛 여리고와 새 여리고) 있다. 그러므로 치유 사건은 많은 군중이(그 당시 옛 여리고에 주민들이 거주하고 있었다는 증거는 불확실하지만) 옛 이스라엘의 여리고를 떠나(마 20:29; 막 10:46) 새 여리고에(눅 18:35) 들어갈 때 일어났을 것이다.

10:46 예수님과 제자들은 베레아(참조, 1절)를 떠나 요단을 건너 유대에 있는 여리고로 가셨다. 신약 시대의 여리고는 겨울을 지나기 위한 궁전 요새로 헤롯 대왕이 지은 것인데, 요단 강에서 서쪽으로 8킬로미터, 구약성경의 여리고(수 6장; 왕하 2:4~5, 15~18)에서 남쪽으로 1.5킬로미터, 예루살렘에서 북동쪽으로 30킬로미터 지점에 위치해 있었다. 그들과 **많은 군중**이(예루살렘으로 가고 있는 유월절 순례자들. 참조, 시 42:4; 막 14:1~2) 옛 도시인 여리고를 떠날 때 눈먼 거지 **바디매오**('디매오의 아들'을 의미하는 아람어 이름)를 보았다. 마가만이 그의 이름을 기록했는데, 바디매오는 초대교회에서 잘 알려진 인물이었던 것 같다. 그는 **구걸하면서 부유한 여리고인들의 눈에 잘 띄는 길가에 앉아 있었다.**

10:47~48 나사렛 예수(참조, 1:24)가 지나가신다는 소식을 들은 바디매오는 주의를 끌기 위해 시끄럽게 떠들어댔다. 그리고 **자비를 베풀어 달**

라고(참조, 시 4:1; 6:2) 예수님께 외쳤다. 그는 틀림없이 예수님이 시력을 회복시켜 주신다는 소식을 들었을 것이다. 많은 사람들이 조용하라고 그를 꾸짖자(참조, 막 10:13) 그는 더 크게 소리 질렀다. 그들은 그를 귀찮은 존재로 생각하고 분개했을지도 모른다. 또한 그들은 그가 외치고 있는 것에 반대했을지도 모른다.

'다윗의 자손'이라는 말은 마가복음에는 처음 등장하는데, 그 말은 다윗의 후손 메시아를 가리키는 것이었다(삼하 7:8~16). 그리고 왕이신 메시아에 대한 공식 칭호가 되었다(참조, 막 12:35~37의 주해; 또한 사 11:1~5; 렘 23:5~6; 겔 34:23~24; 마 1:1; 9:27; 12:23; 15:22; 롬 1:3). 바디매오가 그 칭호를 사용한 것은 비록 그가 육체적으로는 눈이 멀었음에도 불구하고, 대부분 유대인들의 불신과는 대조적으로 나사렛 예수가 이스라엘의 메시아이심을 믿었다는 것을 의미한 것이다. 나중에 그는 예수님을 좀 더 친근하게 불렀고('랍비', 막 10:51), 또 그분을 따랐다(참조, 52절). 예수님이 그를 조용히 시키라고 하지 않으셨는데, 그것은 그분이 그 칭호를 받아들이셨다는 것을 의미한다.

10:49~52상 예수님은 바디매오를 무시하지 않으시고 그를 조용히 시키려 했던 사람들(제자들을 포함해서)에 대한 꾸짖음으로(참조, 14절) 그를 데려오라고 지시하셨다. 예수님은 예루살렘을 향해 올라가시면서도 곤경에 처해 있는 누군가를 돌보시는 시간을 가지셨던 것이다(참조, 43~45절).

사람들이 거지에게 용기를 심어 주었다. "안심하라!(싸르세이[θάρσει]: 용기를 가지라. 참조, 6:50) 일어서라! 그가 너를 부르신다." 이에 자극을 받은 바디매오는 동냥하기 위해 앞에 펼쳐 놓았던 겉옷을 던져 버리고 예수님께 뛰어왔다.

예수님의 질문은 바디매오에 대한 어떤 정보를 얻기 위한 것이 아니라 그에게 용기를 주어 그의 요구를 자세히 아뢰게 하고 그의 신앙을 나타내도록 하기 위한 것이었다. "선생님이여 보기를 원하나이다"라는 바디매오의 간단한 대답은 예수님의 능력을 확실히 신뢰하고 있다는 것을 선언한 것이다. "선생님이여"(랍부니[ῥαββουνί])는 "나의 주여"를 의미하는 (참조, 요 20:16) 강하고 개인적인 호칭이다.

예수님은 그의 믿음을 아셨다: "가라 네 믿음이 너를 구원하였느니라" (세소켄[σέσωκέν]: 구원받다). 신앙은 병을 고치는 충분한 조건이 아니라 필요한 수단이다(참조, 막 5:34의 주해). 바디매오의 육체적 '구원'(즉 어둠[눈먼 상태]에서 빛[보게 됨]으로 인도)은 그의 영적 '구원'에 대한 표징이었다(참조, 시 91:14~16; 눅 3:4~6).

10:52하 바디매오는 즉시(유쒸스[εὐθύς]. 참조, 1:10; 8:22~26과 대조) 시력을 회복했고, 길에서(엔 테 호도[ἐν τῇ ὁδῷ]: 도중에. 참조, 1:2의 주해) 예수님을 따르기 시작했다. 그는 성전에서 감사 제사를 드리기 위해 예수님을 따라 예루살렘으로 갔지만, 그 역시 충성스런 제자라는 의미에서(참조, 8:34) '추종자'가 되었다. 바디매오는 제자의 모습을 분명히 그려주었다. 그는 자기의 무능을 인정했고, 하나님의 은혜로운 자비를 주시는 분으로 예수님을 신뢰했다. 그리고 그가 분명히 '볼' 수 있게 되었을 때 예수님을 따르기 시작했다.

Ⅶ. 예루살렘 안과 그 주변에서의 예수님의 사역 (11:1~13:37)

마가복음의 다섯 번째 주요 부분은 예루살렘 안과 그 주변에서의 예수님의 사역으로 구성되어 있다. 예수님은 하나님의 사자들 특히 최후의 사자인 하나님의 아들을 거역한 유대 종교 지도자들을 공격하셨다. 또한 예루살렘과 유대 민족에게 향하신 하나님의 임박한 심판에 대해 경고하셨다.

이 부분은 약 3~4일 동안 일어난 사건을 수록해 놓은 것이다(11:1~11[일요일]; 11:12~19[월요일]; 11:20~13:37[화요일, 혹은 수요일]). 11장 20절과 13장 37절 사이의 정확한 시간적인 연관성은 없다. 이것은 마가가 이 자료를 엄격한 시간 순서로 정리한 것이 아니라 주제별로 정리했다는 것을 의미한다(참조, 2:1~3:6). 그렇다면 그는 그것을 예수님의 고난주간(참조, 14:49)의 화요일이나 수요일쯤에 일어난 사건들 중에서 예수님의 교훈을 뽑아내려고 한 것이다. 수난 설화는 새로운 연대기적 출발점과 함께 시작하고 있다(참조, 14:1). 11장 1절~16장 8절의 시간적 구조는 종려주일부터 부활주일까지 이어지는 한 주간이다.

A. 예수님의 예루살렘 입성
(11:1~11; 마 21:1~11; 눅 19:28~44; 요 12:12~19)

마가는 이 사건을 생생하고도 상세하게 보여 주고 있으나, 어느 정도는 메시아 예수님에 대한 선포를 삼가고 있다(참조, 1:43~44; 8:30~31

의 주해). 나중에야(아마 예수님의 부활 이후에야) 그분의 제자들은 그것을 충분히 이해하게 되었다.

11:1상 예루살렘 남쪽 1.5킬로미터 지점에는 **벳바게**(문자적으로 '익지 않은 무화과의 집')가 있고, 약 3킬로미터 밖 **감람산** 동편에는 많은 감람나무로 유명한, 약 3킬로미터 넓이의 베다니(문자적으로 '대추야자, 혹은 익지 않은 무화과의 집')가 있었다. 예루살렘에서 여리고(참조, 10:46)로 이어진, 사람이 살지 않고 위험한 길이 있었는데, 그 길가에 있는 베다니에는 예수님이 유대에 계실 때(참조, 11:11) 그분께 숙소를 제공했던 마리아, 마르다, 나사로(요 11:1)의 집이 있었다. 또한 베다니에는 문둥이 시몬의 집도 있었다(14:3~9).

11:1하~3 예수님이 제자 중 둘을 맞은 편(카테난티[κατέναντι]: 반대로. 베다니로부터 감람산을 가로질러 있음) 마을(아마 벳바게인 듯)로 보내셨다(참조, 14:13). 거기에 들어갔을 때 그들은 곧(유쒸스[εὐθύς], 참조, 1:10) 아무도 타보지 않은 어린 나귀를 발견했다. 그들은 나귀를 풀어 예수님께 끌고 왔다. 마태는 그 나귀의 어미까지 언급하고 있다(참조, 마 21:2).

만약 누가 왜 이렇게 하느냐고 물으면, 그들은 "주께서 쓸 것이며, 곧(유쒸스[εὐθύς]: 지체 없이. 참조, 막 1:10) 다시 돌려보내리라"라고 말해야 했다. 여기에서 예수님이 '주'(퀴리오스[κύριος]. 참조, 5:19)라는 칭호를 사용하신 것은 나귀 소유주를 언급한 것이 아니라 예수님 자신을 언급한 것이라 할 수 있다.

11:4~6 마가는 제자들이 예수님의 명령을 따랐다고 기록했다. 이것은 그분의 예고가 자세하고도 정확하다는 것을 입증한다(참조, 2~3절). 이 말씀은 아무도 타보지 않은 나귀를 강조하고 있는데, 이 어린 나귀는 메시아로서 예수님의 표상을 나타내기 위해 사용된 것이라고 볼 수 있다(참조, 창 49:8~12).

예수님이 그 나귀의 주인과 미리 약속해 놓으신 것인가? 아니면 이 사건이 그분의 초자연적인 지식을 나타내는 것인가? 병행을 이루는 이후의 사건(참조, 막 14:13~16)은 첫 번째 견해를 뒷받침하는 것 같다. 그러나 나귀를 데려오는 상세한 묘사의 많은 부분을 볼 때(11:2~6) 분명히 두 번째 견해가 더 타당하다.

마가가 기록한 상세한 많은 기사는 마가가 목격자의 보고를 듣고 기록했음을 의미한다. 심부름에 보냄을 받은 두 제자 중 하나가 아마 베드로였을 것이다(서론 참조).

11:7~8 예수님의 제자들은 자기들의 겉옷을 나귀 등에 걸쳐 안장을 대신했다. 예수님은 전에 아무도 타보지 않은 나귀에 오르셔서 예루살렘으로 들어가기 시작하셨다. 많은 사람이 흥분하기 시작했다. 그들은 즉시 그들의 겉옷을 먼지투성이의 길 위에 깔고는 환호했다(참조, 왕하 9:12~13). 또 다른 이들은 밭에서 벤 싱싱하고 푸른 나뭇가지들(스티바다스[στιβάδας]: 잎사귀들 혹은 잎이 우거진 가지들)을 깔았다. 종려나무 가지는 요한복음 12장 13절에 언급되어 있다.

11:9~10 이 구절들의 교차대구법적 배치(A-B-B′-A′)는 두 그룹(예수님 앞에서 가는 그룹과 그 뒤를 따라 가는 그룹)이 서로 번갈아 노래하는 것

을 암시한다. 그들은 시편 118편 25~26절을 노래했다. 해마다 유월절 축제가 되면(참조, 막 14:1) 유대인들은 하나님께 감사와 찬양과 기원을 나타내는 여섯 편의 순례시를 노래했다.

히브리어(호쉬아나)를 헬라어로 음역한 것을 다시 우리말로 음역한 '호산나'는 원래 '지금 우리를 구원하소서'(참조, 시 118:25상)를 뜻하는 기도였다. 이후에 이 말은 ('할렐루야'처럼) 큰 소리로 외치는 찬양으로 사용되었고, 순례자들이나 유명한 랍비들을 열렬하게 환영할 때 사용되었다. '가장 높은 곳에서 호산나'는 "가장 높은 곳에 계신, 즉 하늘에 계신 하나님, 우리를 구원하소서"와 같은 의미이다. 여기서 이 말이 사용된 것은 군중의 성격 때문에 이런 모든 요소가 혼합되어 있음을 반영한다.

"찬송하리로다"(문자적으로 '복이 있을지어다')라는 환호는 누군가의 주의를 끌기 위해, 혹은 어떤 것을 얻기 위해 하나님의 자비로운 능력을 구하는 것이다. "주의 이름으로(하나님의 대리자로서, 그분의 권세를 가지고) 오시는 이여"는 원래 축제에 오는 순례자를 말하는 것이었다. 비록 이런 말들이 메시아에 대한 칭호는 아니라 하더라도 이 순례자들은 메시아의 함축적인 의미를 가지고 예수님께 이 말을 적용시켰을 것이다(참조, 창 49:10; 마 3:11). 그러나 그들은 갑자기 예수님을 메시아로 보는 것을 중단해 버렸다.

다윗과 관련해서 오는 왕국(참조, 막 1:15의 주해)은 다윗 왕국의 메시아적 회복에 대한 백성의 희망을 반영한 것이다(참조, 삼하 7:16; 암 9:11~12). 그러나 그들의 환호는 통치자로서의 메시아와 정치적 왕국에 대한 것이었다. 그들은 온유하게 나귀를 타신 분이 그들의 메시아(참조, 슥 9:9), 고난의 메시아라는 사실, 그리고 그분이 그들과 함께 계시기 때문에 그분의 왕국이 이미 가까이 와 있다는 사실을 깨닫지도, 받아들이

지도 못했다. 대부분의 사람에게 있어서 이 환호의 순간은 단순히 전통적인 유월절 축제의 한 부분이었다. 그것은 유대 지도자들이 예수님의 체포를 요구하기 시작하게 한 계기라든지, 혹은 로마 당국을 놀라게 한 그 어떤 것도 아니었다.

11:11 예수님은 예루살렘에 들어가신 후 **성전**(히에론[ἱερόν]: 성전 주변. 참조, 15, 27절. 나오스[ναός : 중앙 지성소]가 아님. 참조, 14:58; 15:29, 38)에 들어가셨다. 그분은 하나님이 의도하신 대로 성전이 바르게 사용되고 있는지 보시기 위해 성전 주위를 주의 깊게 관찰하셨다. 이것이 다음 날 그의 행동을 유발한 원인이 되었다(참조, 11:15~17). 이때는 해질 무렵이어서 성문이 닫혔기 때문에 예수님은 **열두 제자들과 함께 베다니로 가셔서**(참조, 1상반절) 그날 밤을 지내셨다.

B. 이스라엘에 내리실 하나님의 심판에 대한 예수님의 예언적 표징(11:12~26)

이 부분도 '샌드위치' 구조를 가지고 있다(참조, 3:20~35; 5:21~43; 6:7~31). 무화과나무에 대해서 예수님이 진노하셨다는 기사가 (11:12~14, 20~26) 예수님의 성전 청결 기사에 의해 나뉘어 있다(15~19절). 이 구조는 각 이야기가 다른 기사를 설명하는 데 도움을 준다는 것을 의미한다. 이스라엘은 무화과나무처럼 의식적인 종교의 '잎사귀'들은 무성하지만 하나님이 요구하신 의의 '열매'는 부족했던 것이다. 이 두 기사는 모두 종교적 위선으로 인한 하나님의 임박한 심판을 의미하고 있다

(참조, 7:6의 주해). 마태는 그 사건들을 마가가 언급해 놓은 정확한 시간적 간격 없이 연속적인 사건들로 기록했다(마 21:12~17, 18~22).

1. 열매가 없는 무화과나무에 대한 예수님의 심판 (11:12~14; 마 21:18~19)

11:12~13 이튿날, 즉 월요일 이른 아침, 예수님이 예루살렘으로 가기 위해 베다니를 떠나신 후(참조, 1상반절) 도중에 시장하셨다(문자적으로 '배고프게 되었다'). 예수님은 멀리 길가에 있는 잎사귀가 무성한 무화과나무를 보시고 가까이 가셔서 무슨 열매를 얻을 수 있을까 하고 쳐다보셨다. 그러나 그 무화과나무에는 무성한 잎사귀 외에는 아무것도 없었다. 마가는 '이는 무화과의 때가 아님이라'라고 설명해 놓았다.

그때는 니산월(4월) 중간인 유월절 절기 때였다(참조, 14:1). 팔레스타인에서는 3월에 무화과나무에 먹을 수 있는 조그마한 열매가 열렸고, 뒤이어 4월에 무성한 잎들이 나왔다. 이렇게 일찍 열리는 푸른 '열매'가 지방 소작농을 위한 일반적인 식물이었다. 이러한 작은 열매가 없음에도 불구하고 그 나무들이 푸르고 무성한 잎사귀를 낸다는 것은 그 해에는 열매를 맺지 못한다는 징조였다. 이러한 작은 열매들은 정상적으로 무화과가 열리는 늦은 5월이나 6월에 익게 되면 마침내 떨어져 버렸다. 그러므로 비록 그때가 무화과 때가 아니라 하더라도 예수님이 유월절(4월 중간에) 직전에 무화과나무에서 먹을 수 있는 열매를 찾기를 기대하신 것은 당연한 것이었다.

11:14 그 무화과나무에 대해 예수님이 강하게 저주하신 것은(베드로

는 후에 예수님이 저주하신 것으로 말했다[21절]) 예수님이 시장하셨거나 먹을 것이 없어서가 아니라 이스라엘에 대한 임박한 심판을 극적이고도 예표적으로 보여 주기 위한 것이었다. 잎은 많으나 열매를 맺지 못하는 무화과나무는 하나님의 은총에 어울리지 않은 이스라엘의 영적인 불모성을 상징한 것이다(참조, 렘 8:13; 호 9:10, 16; 미 7:1). 이것은 마가복음 11장 27절~12장 40절에 잘 설명되어 있다.

2. 성전 오용에 대한 예수님의 심판
   (11:15~19; 마 21:12~17; 눅 19:45~46)

이 사건은 공관복음서에 모두 기록되어 있다. 요한복음은 성전 청결 사건에 대한 기사를 예수님의 공생애 초기에 일어난 사건으로 기록했다(참조, 요 2:13~22의 주해).

11:15~16 예수님은 예루살렘에 도착하셔서 성전 지역(히에론[ἱερόν], 참조, 11절, 〈성전 지역〉 그림), 즉 성소를 둘러싸고 있는 바깥뜰인 이방인의 뜰로 들어가셨다. 어떤 이방인도 이 뜰을 넘어 더 안쪽으로 들어갈 수 없었다. 대제사장 가야바는 성전 제사를 드리기 위해 필요한 순결한 품목들, 즉 포도주, 기름, 소금, 인정된 희생 제물들을 그곳에서 사고팔 수 있도록 허락해 주었다.

신약 시대의 팔레스타인에서는 세 가지 출처의 화폐(제국의 화폐[로마], 지방의 화폐[헬라], 지역의 화폐[유대])가 유통되었다. 환전상들은 20세 이상의 모든 히브리 남자들에게 요구되는 성전세(출 30:12~16)를 위해 두로(유대) 화폐를 준비해 두었다. 이 돈은 헬라 화폐, 로마 화폐와 바꿀 수 있었는데, 그 화폐들에는 우상적인 모습으로 간주되는 인간의 모습이 새겨져 있었다. 이 거래에서 사소한 부당 이득은 용인되었지만, 보통 강탈과 사기 속에서 거래가 이루어졌다. 게다가 (막 11:16에 따르면) 사람들은 **물건**을 싣고 성전을 두루 돌아다녔을 뿐 아니라, 예루살렘 이곳저곳을 다니기도 했다.

예수님은 특히 이방인들이 사용하도록 구별해 놓은 성전 뜰을 그들이 무시하고 소란을 피웠기 때문에 노하셨던 것이다. 그래서 환전상의 **상과 비둘기 파는 사람들의 의자를 둘러엎으시고** 성전에서 돌아다니는 것을 허락하지 않으셨다. 그 도시 곳곳에는 다른 공식적인 시장이 있었다.

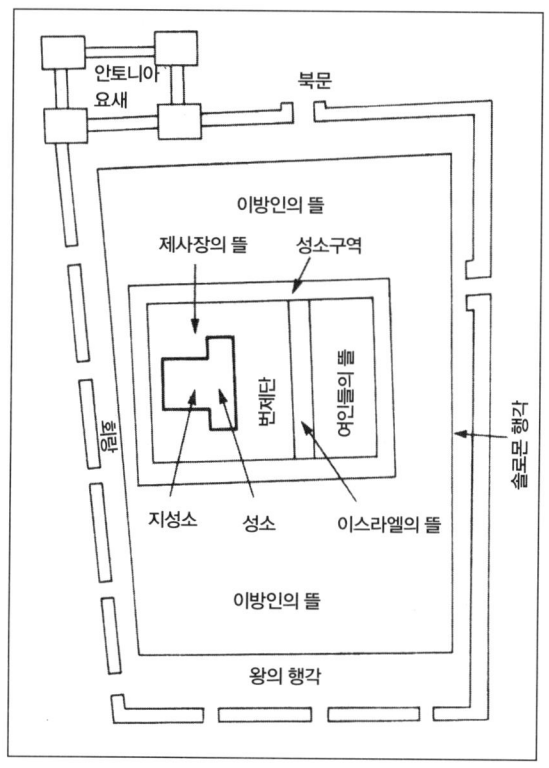

11:17 예수님의 이러한 대담한 행동은 사람들의 주의를 끌었고, 그분은 성전에 대한 하나님의 목적에 관해 **그들에게 가르치셨다**('가르치기를 시작하셨다'). 예수님은 긍정적인 대답을 기대하는 질문을 하시면서 그의 행동의 합리성을 구약성경에서 찾았다(70인역의 이사야 56장 7절을 그대로 인용함).

마가만이 이사야의 말씀을 확대시켜 **모든 민족을 위한** 말씀으로 언급했다. 하나님은 이방인들과 유대인들 모두가 경배의 장소로 성전을 사용하기를 원하셨다(참조, 요 12:20). 이것은 특별히 로마에 있는 마가의 독자들과 관련된 것이었다.

무감각한 유대인들은 이방인의 뜰을 **강도의 소굴**로 만들어 버렸다. 예수님이 노하신 것은 유대인들과 이방인들을 위해 **기도하는 집**(참조, 왕상 8:28~30; 사 60:7)인 성전에 대한 거절이 아니라 속이는 장사꾼들에 대한 거절이었다.

예수님은 이런 행동을 하심으로써 메시아로서 자신이 대제사장들보다(참조, 호 9:15; 말 3:1~5) 성전에 대해 더 큰 권위를 가지고 있다고 주장하셨다.

11:18~19 종교 지도자들(참조, 8:31; 11:27; 14:1, 43, 53의 주해)은 이 사실을 듣고서 큰 소요 없이 예수님을 잡아 죽일 최선의 **방법**을 찾기 시작했다(참조, 12:12; 14:1, 11). 마가만이 종교 지도자들이 예수님을 두려워하는 것을 언급했는데, 그것은 군중을 향한 예수님의 권위 있는 호소력 때문이었다. 모든 지역에서 온 유월절 순례자들은 **그분의 가르침**(참조, 1:27)에 깜짝 놀랐다(엑세플렛쎄토[ἐξεπλήσσετο]: 안연실색하다, 정신 나가게 하다, 압도하다. 참조, 1:22; 6:2; 7:37; 10:26). 그 군중과 함께 그

분의 인기는 즉시 그분을 체포하려는 유대 지도자들의 권위를 무력하게 만들어 버렸다. 그날(월요일) 저녁 예수님과 열두 제자는 예루살렘을 떠나 베다니로 갔다(참조, 11:11).

3. 마른 무화과나무와 믿음과 기도에 관한 교훈
   (11:20~26; 마 21:20~22)

11:20~21 이 구절은 12~14절과 연결된다. 다음 날, 즉 화요일 아침에 예수님과 제자들이 예루살렘으로 되돌아가고 있을 때 어제 그 무화과나무를(13절) 보았다. 예수님의 말씀이 실현되어 그 무화과나무는 뿌리로부터 완전히 말라 시들어 있었다.

큰 충격을 받은 베드로가 예수님을 랍비라고 부르면서(참조, 9:5) 그 나무 상태에 대해서 말한 것은 전날(11:14) 예수님이 말씀하신 것보다 훨씬 더 심하게 그 나무가 죽어 있었기 때문이었다. 비록 예수님이 그 사건의 의미를 설명하지 않으셨지만 많은 사람은 그것이 이스라엘에 대한 하나님의 임박한 심판의 생생한 묘사였다고 믿는다(참조, 12~14절의 주해).

11:22~24 예수님은 제자들에게 하나님을 믿으라고 가르치셨다. 하나님을 신뢰하는 믿음은 그분의 전능하신 능력과 무한한 선하심(참조, 5:34)을 의심 없이 신뢰하는 것이다.

예수님은 엄숙한 선언("내가 진실로 너희에게 이르노니." 참조, 3:28)에 뒤이어 누구든지 이 산(움직일 수 없는 장애물을 의미하는 감람산)더러 들리어 바다(감람산에서 볼 수 있는 사해) 속으로 던져지라('뿌리 채 뽑혀서 던져지라'의 뜻)고 하면 그것이 하나님에 의해서 그렇게 될 것이라고 과

장법을 사용해 말씀하셨다. 한 가지 조건은 부정적으로 말하면 **의심 없이**, 긍정적으로 말하면 믿음으로 하나님을 신뢰하는 것인데, 그 조건을 갖추고 드린 기도는 이루어지게 될 것이다. 이와 같은 신앙은 이스라엘의 부족한 신앙과 대조되었다.

그러므로 믿음의 기도는 사람이 할 수 없는 것(참조, 10:27)을 하나님의 능력이 성취하도록 하기 때문에 예수님은 제자들에게 무엇이든지 기도하고 구한 것은 이미 **받은 줄로 믿으라**고 교훈하셨다. 믿음은 응답이 아직 임하지 않았다 하더라도 이미 이루어진 것으로 여기고 받아들인다.

예수님은 구하는 바가 하나님의 뜻에 일치되어야 한다는 전제를 두고 이 약속을 하신 것이다(참조, 14:36; 마 6:9~10; 요 14:13~14; 15:7; 16:23~24; 요일 5:14~15). 이 약속 때문에 믿음이 하나님의 응답을 얻을 수 있게 해 준다. 하나님은 항상 순종하며 믿는 자들의 기도에 응답할 준비가 되어 있다. 그래서 어떤 조건이나 어려움도 해결할 수 있는 그분께 간구할 수 있다.

11:25~26 하나님을 신뢰하는 것뿐 아니라 다른 사람을 용서하는 태도는 기도를 효과 있게 하기 위한 필수적인 요소이다. 신자가 서서 기도하다가(유대인들의 일반적인 기도 자세[참조, 삼상 1:26; 눅 18:11, 13]) 누구에게든지 원한을 가지고 있다면 그는 먼저 그것을 **용서해 주어야** 한다.

그리하면 **하늘에 계신 아버지**(마가의 용법이지만 마태에도 자주 나타난다)께서 그의 죄(**파랍토마타**[παραπτώματα]: 범죄. 마가복음에만 사용됨), 즉 하나님의 진리를 회피하거나 그 진리에서 벗어나는 행동을 **용서해 주실 것이다**.

믿는 자들에 대한 하나님의 용서와 믿는 자들이 다른 사람을 용서하는 것에 대한 관계는 서로 불가분의 관계에 있다. 왜냐하면 용서하시는 자와 용서받는 자 사이가 연결되어 있기 때문이다(참조, 마 18:21~35). 하나님의 용서하심을 받아들이는 사람은 하나님이 그를 용서해 주신 것과 같이(엡 4:32) 다른 사람을 용서해 줄 것을 요구받는다. 만약 그가 용서하지 않는다면 일상생활 속에서 하나님의 용서하심을 상실하게 될 것이다.

C. 예수님이 성전 뜰에서 종교 지도자들과 논쟁하심 (11:27~12:44)

마가는 예수님과 영향력 있는 종교 집단들 사이에 벌어진 논쟁의 주제들을 이 단락에서 다섯 가지 이야기로 묶어 놓았다(참조, 2:1~3:5). 독선적인 종교와 하나님에 대한 전적인 헌신 사이의 뚜렷한 대조가 이 부분의 결론이다(12:38~44). 성전 구역은 예수님의 생애 마지막 주간 동안 그분 사역의 초점이 되었다(참조, 11:11, 15~17, 27; 12:35, 41; 13:1~3; 14:49). 그 논쟁들은 그 주간의 화요일이나 수요일에 예수님이 가르치신 것의 요약이라고 할 수 있다. 그것들은 예수님에 대한 종교 지도자들의 날로 커지는 적대감을 묘사해 준다.

1. 예수님의 권위에 관한 질문(11:27~12:12)

산헤드린을 대표하는 자들은 예수님의 권위가 어디에 근거한 것이냐고 물었다. 이에 대한 예수님의 대답은 그들을 매우 난처한 궁지에 처하게 했고(11:27~33), 그분이 말씀하신 포도원의 비유는 하나님의 사자에 대한 그들의 거부를 폭로했다(12:1~12).

a. 요한의 세례에 대한 예수님의 반문(11:27~33)

11:27~28 화요일 아침에(참조, 20절) 예수님과 제자들은 예루살렘으로 다시 들어갔다(참조, 1~12, 15절). 성전 뜰(참조, 11, 15절)에서 예수님은 산헤드린의 대표자들과 만나게 되었다(참조, 8:31; 14:43, 53; 15:1의 주해). 이스라엘 종교 생활의 감시인인 그들은 두 가지 질문을 던졌다. (1) 너의 권위의 본질이 무엇이냐?(참조, 1:22, 27) 너의 신분이 무엇이냐? (2) 너의 권위의 근원이 누구냐? 누가 너에게 이런 일을 할 권위를 주었느냐? '이런 일'(문자적으로 '이런 일들')이라는 말은 전날에 예수님이 성전을 깨끗하게 하신 것을 가리키는 말이다(참조, 11:15~17). 더 나아가서는 많은 대중의 갈채를 받고 있는 그분의 모든 권세 있는 말씀과 행동을(참조, 18절; 12:12, 37) 가리키는 것이다. 그들의 질문은 메시아라는 사실을 – 마가의 관점에서 볼 때, 상당히 중요한 점이다(참조, 1:43~45; 12:1, 12 참조) – 왜 공공연하게 말하지 않느냐는 점을 지적하는 것이다.

11:29~30 랍비들의 일반적인 논쟁 기술인(참조, 10:2~3) 예수님의 반문은 그들의 질문에 대한 대답을 그들 스스로 하게 만들었다. 질문의 초점은 요한의 세례와 그의 모든 사역(참조, 1:4~8; 6:14~16, 20)이 하늘로부터인지(신적 기원. 참조, 8:11) 사람으로부터인지(인간적 기원) 하는 것이었다. 예수님은 그 자신의 권세가, 그들 사이에 아무런 상대할 자가 없었던 요한의 권세와 출처가 같다는 것을 암시하셨다. 요한에 관한 결론이

어떻게 나누냐에 따라 예수님에 대한 결론도 달라진다.

11:31~32 예수님의 질문은 종교 지도자들을 궁지에 빠지게 하였다. 만약 '하늘로부터'라고 대답한다면 그들은 스스로 요한과 그의 사역을 믿지 않은 죄에 빠지게 될 것이고(참조, 요 1:19~27) 하나님의 사자를 거부한 죄에 빠지게 될 것이다. 그리고 예수님의 권위가 하나님에게서 왔다는 것을(참조, 막 9:37하) 인정하지 않을 수 없게 되어 버린다. 이 대답이 옳긴 하지만 그들은 불신 때문에 받아들이지 못했다.

그러나 만일 그들이 '사람에게서'라고 대답한다면, 요한이 하나님에 의해 사명을 받았다는 것을 부인하는 것이고, 사람들 앞에서 자신들의 명예를 더럽히는 것이 될 것이다. 마가는 모든 사람이 요한을 참 선지자로, 하나님의 대변자로 여겼으므로(참조, 요세푸스, *The Antiquities of the Jews* 18. 5. 2) 그들이 사람들을 두려워했다고 설명한다(참조, 12:12). 사람들은 예수님도 그렇게 보았다(참조, 마 21:46). '사람으로부터'라는 후자의 대답이 잘못된 것이기는 하지만, 그들에게는 더 타당한 대답이었다. 그러나 그들은 사람들이 두려워서 이 대답도 하지 않았다.

11:33 따라서 체면을 유지하기 위해 어리석은 시도로 변론을 했던 그들은 그 어느 쪽도 받아들일 수 없었다. 그래서 예수님은 그들의 질문에 대답하실 필요가 없었다. 예수님의 질문은(참조, 30절) 그분의 권세가 요한의 권세처럼 하늘에서 왔음을 암시한 것이다.

종교 지도자들은 판단을 보류함으로써 그들이 정말로 하나님의 사자인 요한과 예수님을 받아들이지 않았다는 것을 보여 주었다. 그들의 역사를 볼 때, 대부분 이스라엘의 지도자들은 하나님의 사자들을 계속 배척했다. 다음에 등장하는 비유(12:1~12)에서 예수님은 이 사실을 분명하게 지적하셨다.

b. 포도원 주인의 아들에 대한 비유
   (12:1~12; 마 21:33~46; 눅 20:9~19)

이 비유는 1세기 팔레스타인, 특히 갈릴리의 사회적인 상황을 반영하고 있다. 부요한 외국 지주들은 넓은 토지를 소유하고 그것을 소작인들에게 임대해 주었다. 소작인들은 그 땅을 경작하고 지주가 멀리 떠나 있을 때 그 포도원을 돌보았다. 그리고 수확의 일부분을 소작료로 지불하는 계약을 맺었다. 추수 때가 되면 주인은 소작료를 거둬들이기 위해 종들을 보냈고, 그 종들과 소작인 사이에 시비가 일어나곤 했다.

12:1상 이 간결한 요약의 말은(참조, 2:1~2의 서론) 마가가 여기에 기록한 단 하나의 비유(참조, 4:1~2의 서론)를 소개하는 말이다. 예수님은 그분에 대한 음모를 꾸미고 있던 산헤드린을 대표해서 질문해 온 자들에게 이 비유를 말씀하셨다(참조, 11:27; 12:12). 이것은 적의에 가득 찬 그들의 의도를 폭로한 것이며, 그 결과에 대해 경고한 것이었다.

12:1하 포도원 건설에 대한 상세한 설명은 이사야 5장 1~2절에서 온 것으로(이스라엘을 향한 하나님의 심판 예언의 일부분), 포도원은 이스라엘 백성에게 잘 알려진 표상이었다(참조, 시 80:8~19).
어떤 사람(지주; 참조, 막 12:9)이 포도원을 만들고(이것은 하나님과 이스라엘의 관계에 비유할 수 있다) 산울타리로 두르고, 포도즙을 짜서 모으기 위한 즙 짜는 틀을 만들고, 보호와 저장과 안전을 위해 망대를 세웠다. 이것은 좋은 상품을 만들려고 하는 주인의 욕망을 보여 준 것이다. 그리고 나서 그는 소작농, 즉 포도 재배자들(이스라엘의 종교지도자들을 상징)에게 포도원을 맡기고 타국에 나가 살기 위해 여행을 떠났다.

12:2~5 주인은 추수 때가 되어(문자적으로 '적당한 때에', 즉 5년째 수확기에; 참조, 레 19:23~25) 소작료로 그 과실을 받기 위해 세 명의 종(이스라엘에 보내심을 받은 하나님의 종[예언자들]들을 대표하는 자)을 그들에게로 보냈다. 그러나 소작농들은 난폭한 행동을 했다. 그들은 첫 번째 종을 잡아서 때리고 빈손으로 내어 쫓아 버렸다. 두 번째 종도 심히 때리고 능욕했다. 세 번째 종은 죽여 버렸다.

오랫동안 고통을 받으면서 주인은 또 다른 많은 종을 보냈지만 소작농들은 어떤 종들은 때려서 보내고 또 어떤 종들은 죽여 버렸다. 하나님은 이스라엘에게서 회개와 의의 열매를 거두기 위해 몇 번이고 많은 선지자를 보내셨지만(참조, 눅 3:8), 그들은 능욕을 당하고 상처를 당하고 죽임을 당했다(참조, 렘 17:25~26; 25:4~7; 마 23:33~39).

12:6~8 그럼에도 불구하고 그 주인은 한 사람, 즉 그의 사랑하는 아들(하나님의 아들 예수님을 의미하는 칭호. 참조, 1:11; 9:7)을 보내셨다. 그는 자기 종들은 인정하지 않던 소작농들이지만 자기 아들은 존경하리라고 기대하면서 최후에(마가의 독특한 표현) 아들을 보냈다.

이 아들은 그의 하나밖에 없는 상속자였기 때문에 아들이 도착한 것을 본 소작농들은 주인이 죽었을 것이라는 생각을 하게 되었다. 그 당시 팔레스타인에서는 땅의 일부분이 어떤 기간 내에 상속에 대한 요구가 없는, '주인 없는 재산'이 될 때에는 그것을 먼저 주장하는 자가 합법적으로 그 땅을 소유할 수 있었다. 그래서 소작인들은 만약 하나밖에 없는 아들을 죽여 버린다면 포도원을 자기네들이 차지할 수 있을 것이라고 생각했던 것이다.

그래서 그들은 함께 음모를 꾸며 그 아들을 죽여서 포도원 밖으로 던져 버렸다. 어떤 자들은 이것이 예수님께 일어날 일을 예언한 것이라고 한다. 그분이 이스라엘에서 쫓겨나 예루살렘 밖에서 십자가 처형(지도자들이 그를 배척한 행위의 절정)을 당할 것이라고 주장한다. 그러나 이것은 그 비유를 지나치게 확대한 것이다. 만일 그랬다면 그들은 분노의 절정으로 죽은 몸을 매장하지 않고 오히려 벽 위에서 밖으로 내던져 버렸을 것이다. 마가는 아들을 배척하고 죽인 사건이 포도원 안, 즉 이스라엘 안에서 발생한 사건이라고 강조했다.

12:9 예수님의 수사적인 질문은 그 주인이 어떤 행동을 했겠는가를 결정하는 데 청중이 함께 참여하도록 유도했다. 그분은 이사야 5장 1~7절을 언급하면서 청중의 대답(참조, 마 21:41)을 확인하셨다. 이것은 예수님을 죽이려는 음모를 꾸미고 있는 그들의 행동의 결과를 진지하게 생각해 보도록 강하게 호소하는 것이었다. 예수님은 자신이 하나님에 의해서 보냄을 받은 '독생자'임을 암시하셨다(요 3:16).

주인의 아들을 배척하는 것은 실제로 주인을 배척하는 것이다. 그래서 그 주인은 강한 권한을 가지고 **와서 악한 소작인들을 죽인 후에 포도원을 다른 사람에게 주어 버릴 것이다.** 유대의 종교 지도자들은 세례 요한을 배척한 것처럼 하나님의 최후 사자인 예수님도 배척했다. 그것은 곧 하나님에 대한 배척이었다. 이것은 필연적으로 이스라엘에 대한 하나님의 심판을 가져오게 되었고, 그들의 특권을 다른 사람들에게 일시적으로나마 넘겨 주게 되었다(참조, 롬 11:25, 31).

12:10~11 예수님은 이 비유를 하나님의 아들인 자신에게 적용시키셨다. 그리고 시편 118편 22~23절(70인역은 117편)을 축어적으로 인용하시면서 – 성경의 다른 곳에서도 이 본문을 메시아 시편으로 인정하고 있다(행 4:11; 벧전 2:4~8) – 그 비유의 가르침을 확대시키셨다. 비유가 '아들-소작인' 비유에서 시편에 나오는 '돌-건축자'의 비유로 바뀌었는데, 그것은 예수님의 부활과 승천을 비유적으로 언급할 수 있게 해 주었다. 죽은 사람은 다시 살릴 수 없으나, 버려진 돌은 다시 요긴하게 사용할 수 있기 때문이다. 비유를 끝내시면서 예수님은 인용을 시작하신다. 건축자(유대 종교 지도자; 소작농)들이 버린 돌(예수님; 아들)이 머릿돌이 되었다는 것이다. 이 돌은 건물을 세우는 데 가장 중요한 돌로 간주되었다. 건축자들의 버림과 버림받은 돌의 귀히 쓰임은 하나님의 놀라운 주권적인 행동이었다. 하나님은 그분의 목적을 방해하는 인간의 반항적인 노력을 놀랍게 뒤엎어 버리신다.

12:12 그들(산헤드린의 대표자들, 11:27)은 예수님이 그 비유를 자기들에 대해('관련해서', 혹은 '향해') 말씀하신 것이라는 것을 깨닫고 그분을 체포하려고 했다(참조, 11:18). 그러나 흥분하기 쉬운 유월절 무리가 두려워 예수님을 홀로 버려두고 떠나갔다.

예수님의 적대자들이 이 비유를 알게 되었다는 사실은 하나의 새로운 발전이며(참조, 4:11~12), 예수님이 자신의 진정한 정체의 '비밀'을 자진하여 공공연하게 선언하신 것은 그분의 주권을 암시해 주는 것이다(참조, 1:43~45; 14:62의 주해).

2. 세금에 관한 질문(12:13~17; 마 22:15~22; 눅 20:20~26)

12:13 예수님이 바로 앞에 있는 비유로 산헤드린에게 경고하셨음에도 불구하고, 그들은 바리새인(참조, 2:16)과 헤롯당(참조, 3:6) 몇 사람을 보내 그분의 말을 책잡으려 했다(문자적으로 '말에 의하여.' 즉 그들이 그분을 사로잡기 위해 이용할 수 있는 그분의 부주의한 말. 참조, 10:2). '책잡다'라고 번역된 말은(아그류소신[ἀγρεύσωσιν]. 신약성경에는 여기에만 나온다) 덫을 가지고 짐승을 사로잡는 것을 설명할 때 사용하는 말이다.

12:14~15상 그들은 자신들이 의도를 숨기고서 예수님을 '선생님'이라고 부르면서(참조, 4:38; 9:5) 예수님이 자기들의 어려운 질문을 피하지 못하도록 생각해 낸 질문을 조심스럽게 그분께 던졌다. 그들은 예수님이 참되시며, 편견이 없으시고, 사람들을 외모에 따라 판단하시지 않는다는 것을 인정했다. 이는 그분이 사람의 현재의 모습에 관심을 쓰지 않았기 때문이다(문자적으로 '사람의 얼굴을 보지 않는다'[히브리적 표현]. 참조, 삼상 16:7). 그 다음에 그들은 "로마 황제 가이사에게 세를 바치는 것이 가하니이까, 불가하니이까?"라고 물었다.

'세금'이라는 말에 사용된 켄손(κῆνσον)은 '인구조사'를 의미하는 라틴어이다. 이것은 유대가 로마의 속주가 된 AD 6년부터 모든 유대인이 해마다 로마에 바쳐야 했던 인두세를 말하는 것이다(참조, 요세푸스, *The Antiquities of the Jews* 5. 1. 21). 그 돈은 곧바로 로마 제국의 국고로 들어갔다. 이 세금은 유대인들이 로마에 정복되었다는 것을 상징했기 때문에 평판이 좋지 않았다(참조, 행 5:37).

바리새인들은 원칙적으로 이 세금을 반대했지만 편의상 납부하는 것을 정당화하고 있었다. 그들은 그들의 질문이 가지고 있는 종교적 의미에 관심이 있었다. 헤롯당들은 이방인의 법과 세금 내는 것을 지지했다. 그들은 그 질문이 가지는 정치적 의미에 관심이 있었다. 분명히 이 질문은 예수님을 종교적으로, 정치적으로 궁지에 빠뜨리려는 계획된 음모였다. 긍정적인 대답을 한다면 사람들은 그분을 미워하게 될 것이다. 메시아임을 요구하는 자가 이방 통치자에게 자발적으로 복종하는 것은 있을 수 없는 일이다. 또한 부정적인 대답을 한다면 로마의 보복을 초래할 것이다.

12:15하~16 예수님은 즉시 그들의 간교한 질문 이면에 위선이 있음을 간파하셨다. 예수님은 그들이 왜 자신을 **책잡으려 하는지**(페이라제테[πειράζετε]: 시험. 참조, 10:2)를 수사적인 질문으로 폭로하셨다. 예수님은 데나리온 하나(참조, 6:37)를 가져오게 하시고 돈에 새겨진 형상에 따라 사용하라고 말씀하셨다. 로마의 작은 은화인 데나리온은 제국의 세금 납부를 위해서 사용되는 유일한 화폐였다. 예수님이 그들에게 그 화폐에 새겨진 형상과 글이 누구의 것이냐고 물으셨을 때, 그들은 그것이 가이사의 것이라고 대답했다. 그 '상'(에이콘[εἰκών])은 티베리우스 케사르 아우구스투스(AD 14~37년에 통치)였을 것이고, 앞면에는 라틴어로 '거룩한 아우구스투스의 아들 티베리우스 케사르 아우구스투스', 뒷면에는 '대제사장'이라고 새겨져 있었을 것이다. 이 글은 제국의 황제 숭배를 위해 고안되었고, 신성을 주장하기 위한 것이었으며, 특히 유대인을 탄압하기 위한 것이었다.

12:17 가이사가 새겨진 화폐를 사용한다는 것은 그것이 나타내고 있는 권위와 정부의 유익을 인정한다는 것이었고, 결국 세금을 내야 할 의무가 있다는 것을 인정한다는 것이었다. 그래서 예수님은 가이사의 것(문자적으로 '가이사에게 속한 것')은 가이사에게 **주라**(아포도테[ἀπόδοτε]: 돌려주라. 참조, 14절)고 선언하셨다. 이 세금은 가이사의 돈을 사용한 것에 대한 빚이며, 그가 통치함으로써 백성이 유익을 보았기 때문에 내는 빚이었다.

예수님은 자기의 견해를 나타내셨으며, 의미심장하게 **하나님의 것**('하나님께 속한 것')은 **하나님께 바치라**고 덧붙여 말씀하셨다. 이것은 하나님께 당연히 드려야 할 성전세를 언급하신 것이기도 하지만(참조, 마 17:24~27), 황제를 신성시하는 데 대한 저항이기도 했을 것이다. 사실 황제는 자기 몫을 마땅히 받아야 하지만, 자기 몫 이상을 받아서는 안 된다. 즉 그는 신적인 영예와 숭배를 결코 받아서는 안 된다는 것이다. 하나님께만 영광과 예배를 드려야 한다. 사람들은 '하나님의 화폐'이다. 왜냐하면 그들은 하나님의 형상(참조, 창 1:27)을 지니고 있으며, 그분께 속하여 빚진 자이므로 충성을 그분께 드려야 하기 때문이다. 이것은 (인두세가 아닌) 예수님께 있어서는 매우 중대한 문제였다. 그들은 계속해서 **예수님으로 인해 놀랐다**(엑세싸우마존[ἐξεθαυμαζον]; 미완료형, 어감이 강한 합성동사로 신약성경에는 여기에만 나타난다). 이 사건은 특히 로마에 있는 독자들과 관련된 것이었다. 왜냐하면 이 사건은 기독교가 국가에 불충성하는 것이 아니라는 사실을 보여 주기 때문이다.

3. 부활에 관한 질문(12:18~27; 마 22:23~33; 눅 20:27~40)

12:18 사두개인들은 예수님을 깎아내리기 위해 또 다른 질문을 가지고 예수님께 나아왔다(참조, 11:27; 12:13). 일반적으로 그들은 주로 제사장과 상류 계급 출신인 유대의 귀족당으로 알려져 있었다. 비록 그들은 바리새인들보다는 많지 않고 인기도 없었지만, 산헤드린에서 영향력 있는 지위를 차지하고 있었고, 유대 최고 법관이었으며, 주로 로마 권력자들과 협력하는 자들이었다. 그들은 부활의 진리, 미래의 심판, 천사와 영의 존재를 부인했다(참조, 행 23:6~8). 그들은 모세의 책만 권위 있는 것으로 받아들였고 바리새인들이 수집해 지키고 있는 구전은 거부했다. 이것이 사두개인에 대한 마가의 유일한 언급이다.

12:19~23 그들은 공식적으로 예수님을 '선생님'이라고 부르면서(참조, 14절) 형사취수(참조, 신 25:5~10)에 관한 모세의 규례에 대해 질문했다. 어떤 사람이 아들을 낳기 전에 죽으면 그 동생(결혼하지 않은)이 형수와 결혼해야 했다. 여기서 첫 번째 태어난 아이에게는 죽은 형의 이름이 주어졌고, 그 아이는 그의(형) 아들로 간주되었다. 이것은 가족의 혈통이 끊어지는 것을 막고 가족의 유산을 보존하기 위한 것이었다.

사두개인들은 첫째 형의 아내와 결혼하였으나 결국 모두 자식 없이 죽어 버린 일곱 형제에 관한 이야기를 꾸며냈다. 그 여자도 결국 죽었다. 부활했을 때 과연 그 여자는 누구의 아내가 되어야 하는가? 이 질문을 사두개인들은 예수님께 던졌다. 분명히 그들은 부활 신앙을 비웃고 있었던 것이다.

12:24 예수님은 긍정적인 대답을 기대하는 두 가지 반문을 하시면서, 왜 그들의 생각이 **잘못되었는가**(플라나스쎄[πλανᾶσθε]: 너는 스스로 속이고 있다. 참조, 27절)를 두 가지 이유로 말씀하셨다. (1) 그들은 성경을 (단순한 내용이 아니라 참 의미를) 잘못 이해했다. (2) 그들은 죽음을 극복하시고 생명을 주시는 하나님의 능력을 알지 못했다. 그래서 예수님은 먼저 두 번째 이유(25절)와 더불어 그 첫 번째 이유(25~27절)를 각각 보충 설명하셨다.

12:25 사두개인들은 부활 후에도 결혼이 이어지는 것으로 잘못 생각하고 있었다. 부활한 사람들의 삶에는 **정혼도, 결혼도 없다.** 오히려 **하늘에 있는 천사들과 같이** 하나님 앞에서 불멸의 존재가 될 것이다.

죽음이 지배하는 현 세계 질서에서는 종족을 보존하기 위해 결혼은 필요하고 타당한 것이다. 그러나 사두개인들이 부인한(참조, 행 23:8) 천사들은 죽지도 않고, 혼인 관계나 자손을 낳을 필요도 없는, 다른 질서 속에서 살고 있다. 그들의 삶은 전적으로 하나님과의 교제와 관련되어 있다. 인간에게 있어서는 하나님과의 교제가 내세에 바르게 맺어질 것이다.

사두개인들은 하나님이 인간의 죽음 후에 전적으로 새로운 질서를 확립하실 것과 그와 관련된 모든 어려움을 해결하실 것을 알지 못했다. 간단히 말해 그들의 질문은 부적절한 것이었다.

12:26~27 사두개인들은 제대로 알지 못해서 모세 오경에는 부활에 대한 언급이 없는 것으로 단언했다. 그러나 예수님은 긍정적인 대답을 기대하는 질문을 하시면서 **모세의 책**, 즉 오경에 호소하셨다. 그리고 불붙은 가시나무 **떨기**에 대해 말씀하셨다(출 3:1~6).

이 사건 속에서 하나님은 "나는 아브라함의 하나님, 이삭의 하나님, 야곱의 하나님이니라"(출 3:6)라고 확언하시면서 모세에게 자신을 밝히셨다. 이 말씀은 그 조상들이 비록 오래 전에 죽었지만 여전히 살아 있으며, 약속을 지키시는 하나님이 그들과 계속 관계를 맺고 계시다는 것을 의미하는 말씀이다. 이것은 죽으면 끝이라고 주장한 사두개인들의 생각과는 반대로 하나님은 죽은 자의 하나님이 아니라 산 자의 하나님이라는 것을 확증하는 말씀이라고 예수님은 결론을 내리셨다. 만일 그들이 살아 있지 않거나 죽음이 끝이라면 하나님은 진실하지 못한 하나님일 것이다. 그래서 하나님의 약속의 신실함이 바로 육체적 부활을 보장해 준다는 것을 함축하고 있다.

예수님의 대답은 분명히 죽음 이후의 삶을 확증한 것이다. 그분은 이 대답이 육체의 부활도 있을 것이라는 사실을 입증하기에 충분한 것이라고 생각하셨다. 히브리 사람들의 생각에는 인간이 물질적인 것(몸)과 영적인 것(정신/영혼)의 통일체로 간주되었다. 후자 없는 전자는 불완전한 것이다(참조, 고후 5:1~8). 이와 같이 영원한 삶의 질서 속에서 참된 인간은 몸과 함께 정신/영혼이 결합되어 있어야 한다(참조, 빌 3:21). 육체인 부활과 죽음 후의 삶은 모두 '살아 계신 하나님'의 신실함에 달려 있다.

마가복음에만 기록된 예수님의 마지막 교훈은 부활과 죽음 후의 삶을 부인하는 것이 얼마나 심각한 잘못이었는가(플라나스쎄[πλανᾶσθε]: 너희는 스스로 속이고 있다. 참조, 막 12:24)를 강조하신 것이다.

4. 가장 큰 계명에 대한 질문(12:28~34; 마 22:34~40)

12:28 서기관 중 한 사람이(참조, 1:22) 사두개인들에 대한 예수님의 변론을 듣고(12:18~27) 그분의 **훌륭한** 답변에 큰 감명을 받았다. 이것은 그가 바리새인이었음을 암시한다.

그는 서기관들 사이에서 토론되던 주제에 대해 예수님이 답변하는 솜씨를 평가하기 위해 적대감이나 숨겨진 저의 없이 찾아왔다. 전통적으로 서기관들은 모세의 율법에 관한 613가지의 개별적인 율법(365가지는 부정적인 것이요, 248가지는 긍정적인 것)에 대해 말했다. 그들은 모든 율법이 구속력 있는 것으로 믿으면서도 더 무거운 것과 더 가벼운 법령을 구분해서 생각했고, 전체의 율법을 단 하나의 계명으로 요약하려는 시도를 하기도 했다.

이러한 논쟁의 견지에서 이 서기관은 모든 율법 중에서 어느(포이아[ποία]: 어떤 류의) 계명이 가장 중요한(포로테[πωώτη]: 첫째 되는) 계명인지 예수님께 질문했다.

12:29~31 예수님의 대답은 어느 것이 크냐, 작으냐의 문제를 뛰어 넘어 전체 율법을 요약해 주는 **가장 중요한 계명**으로 가는 것이었다.

그분은 쉐마('들으라.' 신명기 6장 4절의 첫 단어)라는 서두어로 시작하셨다. 이 강령(민 15:37~41; 신 6:4~9; 11:13~21)은 경건한 유대인들에 의해 매일 두 번씩(아침과 저녁에) 암송되었다. 이것은 유대인들의 신앙의 근거였다: 우리 주('야웨') 하나님, 즉 이스라엘과의 계약을 지키시는 하나님은 한 분, 즉 유일하신 분이다(참조, 막 12:32).

"**주 너의 하나님을 사랑하라**"(문자적으로 '사랑해야 할 것이다.' 신 6:5)

라는 계명은 인격적으로, 포괄적으로, 그리고 전심으로 하나님께 자발적으로 헌신해야 함을 요구한다. '~으로'(엑스[ἐξ]: ~으로부터), '온'(홀레스[ὅλης]: 전체의), '너의'(단수), 그리고 사람의 성격에 관련된 다양한 용어들, 즉 '마음'(통제하는 곳. 참조, 막 7:19), '목숨'(참조, 8:35~36), '뜻'(사고력), '힘'(육체적인 능력) 등 반복되어 사용된 말들이 이 계명을 강조하고 있다. 히브리어 본문에는 '뜻'이라는 말이 언급되어 있지 않고, 70인역에는 '마음'이라는 말이 생략되어 있다. 그러나 예수님은 그 두 낱말을 모두 포함시켜서 계명의 본질을 포괄적으로 강조하셨다(참조, 12:33; 마 22:37; 눅 10:27).

다음으로 예수님은 첫 번째 계명과 분리할 수 없는, 그리고 첫째 계명에 보충이 되는 **두 번째 계명**을 인용하심으로써 이웃에 대한 헌신을 말씀하셨다(참조, 요일 4:19~21). "네 이웃을(플레시온[πλησίον]: 가까운 사람) 네 몸과 같이(레 19:18) 사랑하라"(문자적으로 '너는 사랑해야 할 것이다'). 자기 자신을 사랑하는 사람은 본질적으로 자신에 대해서만 관심을 가질 것이 아니라 다른 사람에 대해서도 똑같은 관심을 기울여야 한다.

이 두 가지보다 더 큰 계명은 없다. 왜냐하면 전심으로 하나님을 사랑하고 이웃을 사랑하는 것은 율법과 선지자의 강령이기 때문이다(참조, 마 22:40). 그러므로 이 계명을 지키는 것은 모든 것을 지키는 것이다.

12:32~34상 이 구절은 마가복음에 독특한 것이다. 이 구절은 분명히 영적인 것과 의식적인 예배 사이의 관계를 가지고 싸우는 그의 독자들을 훈계하기 위한 말씀이다(참조, 7:19의 주해).

서기관(참조, 12:28)은 예수님의 답변이 정확하다고 인정했다. 그리고 예수님을 뛰어난 선생님으로(참조, 14, 19절) 보았다. 하나님의 이름을 과

도하게 존중하여 하나님의 이름을 불필요하게 사용하는 것을 피하는 전형적인 유대인의 관습에 따라, 그는 하나님의 이름을 조심스럽게 피하면서 예수님의 대답을 다시 언급했다. "그 외에 다른 이가 없다"는 말씀은 신명기 4장 35절에 나온 말이다. 그는 또한 '마음'과 '뜻'에 대해서는 그가 이해한 말로 대신했다(막 12:30).

그는 대담한 말을 했는데, 사랑의 두 가지 명령(하나님과 이웃에 대한 사랑)이 모든 번제(완전히 태워 드린 희생제)나 기타 제물(부분적으로는 태우고 남은 부분은 예배자들이 먹음. 참조, 삼상 15:22; 잠 21:3; 렘 7:21~23; 호 6:6; 미 6:6~8)보다 훨씬 더 중요하다고 한 것이다.

그의 말은 현명한 말이었다. 그래서 예수님은 "네가 하나님의 나라(참조, 1:15; 4:11; 10:15, 23)에서 멀지 않도다"(강조어)라고 선언하심으로 그로 하여금 보다 더 깊은 생각을 하도록 유도하셨다. 그는 영적인 이해와 예수님에 대한 열린 마음을 가진 사람이었다.

12:34하 예수님은 그분을 깎아내리려는 모든 시도를 효과적으로 좌절시키시고 적대자들의 악의에 찬 의도와 잘못을 능숙하게 드러내셨으므로, 누구도 감히 그분께 더 이상 질문하지 못했다.

5. 다윗의 자손에 관한 예수님의 질문
   (12:35~37; 마 22:41~46; 눅 20:41~44)

12:35 그 후에 예수님이 성전에서(토 히에로[τῷ ἱερῷ]. 참조, 11:11) 가르치실 때, 기다리던 메시아를 그리스도, 즉 승리의 구원자가 될 다윗의 자손이라고 말하는 것(참조, 10:47)이 의미하는 바가 무엇이냐고 서기관

들에게 물으셨다. 메시아가 다윗의 자손이라는 것은 구약성경(참조, 삼하 7:8~16; 시 89:3~4; 사 9:2~7; 11:1~9; 렘 23:5~6; 30:9; 33:15~17, 22; 겔 34:23~24; 37:24; 호 3:5; 암 9:11)에 확고하게 기초를 둔 기본적인 유대인의 신앙이었다(참조, 요 7:41~42). 예수님은 메시아가 다윗의 주라는 사실이 옳다고 덧붙이셨다. 서기관들의 견해도 옳은 것이지만 불완전했다(참조, 막 9:11~13). 성경의 견해는 바로 그들의 좁은 민족주의적인 희망보다 훨씬 더 넓은 견해를 가지고 있었다.

12:36~37상 메시아가 다윗의 주라는 것을 입증하기 위해 예수님은 다윗이 성령님께 이끌리어(성령님의 통제 하에서) 시편 110편 1절에서 노래한 것을 인용하셨다. 이것은 분명히 이 시편이 다윗의 저작이며, 하나님의 영감을 받아 기록한 것이라는 사실을 지지한다. 다윗은 "주께서(히브리어로 야웨, 하나님 아버지. 참조, 12:29) 내(다윗의) 주(아도나이, 메시아)께 이르시되 내가(아버지가) 네(메시아의) 원수를 네(메시아의) 발 아래에 둘 때까지(참조, 9:1; 14:32) 최고의 영광과 권세의 자리인 내(아버지의) 우편에 앉았으라 하셨도다"라고 선언했다.

부인할 수 없는 사실은 다윗이 메시아를 주로 불렀다는 것이다. 이것은 다음과 같은 문제를 제기시킨다: 그러면 어떻게 그(메시아, 다윗의 주)는 그의(다윗의) 자손이 될 수 있는가? 예수님의 수사적인 질문은 청중으로 하여금 메시아가 다윗의 자손인 동시에 주라고 대답하지 않을 수 없도록 만들었다. 이것은 메시아가 하나님(다윗의 주)인 동시에 사람(다윗의 자손. 참조, 롬 1:3~4; 딤후 2:8)이라는 것을 강하게 암시한다. 그는 이 땅에서 미래의 다윗 왕국을 회복할 것이다(삼하 7:16; 암 9:11~12; 마 19:28; 눅 1:31~33). 예수님이 그 문제를 자신과 연관시켜서 이해할 수 있도록 이 문제를 신중하게 부각시켰다는 것은 분명하다. 그것은 아마 유대 종교 지도자들이 파악하기는 했지만 받아들이지 않은, 그분의 진정한 정체에 대한 대담하지만 여전히 베일에 가려진 언급이었다(참조, 막 12:12; 14:61~62의 주해). 흥미롭게도 신약성경은 구약성경의 어떤 다른 단락보다 시편 110편에 대한 언급과 암시를 더 많이 담고 있다(예를 들면, 행 2:29~35; 히 1:5~13; 5:6; 7:17, 21).

12:37하 교묘한 질문(참조, 13절)으로 예수님을 시험하고자 했던 유대 지도자들과는 달리, 많은 유월절 군중은 비록 다 이해하지는 못했지만, 처음부터 기쁘게 그분의 가르침을 듣고 있었다.

6. 결론: 외식에 대한 예수님의 책망과 진정한 헌신에 대한 칭찬 (12:38~44)

서기관들의 행동에 대한 예수님의 비난(38~40절) 기사는 마가가 기록한 예수님의 공생애 기사의 결론이며, 유대 종교 지도자들과의 최종적인 결별을 의미하는 것이다. 이것은 예수님이 하나님께 대한(41~44절) 과부의 진정한 헌신을 인정하신 것(43절)과 대조를 이루고 있다(13장).

a. 외식에 대한 예수님의 책망
(12:38~40; 마 23:1~39; 눅 20:45~47)

12:38~39 예수님은 사람들로부터 칭찬받기를 원하고, 그들의 특권을 남용하는 서기관들을 삼가라(참조, 8:15)고 경고하셨다. 모두가 그렇지는

않지만, 많은 서기관들이 그렇게 행동했다(참조, 12:28~34).

그들은 (1) 긴 옷, 즉 제사장, 서기관, 레위인들이 입는 길고 흰 술 달린 가운을 입고 다니기를 좋아했고, (2) 공적인 명칭 – 랍비(선생님), 주인, 아버지(참조, 마 23:7; 눅 20:46) – 과 함께 그들을 존경하는 사람들로부터 시장에서 인사받기를 좋아했으며, (3) 회당에서 가장 중요한 자리, 즉 성경 사본이 놓여 있고 전 회중을 바라볼 수 있는 상 앞에 위치한, 권위 있는 자들을 위해 마련된 자리에 앉기를 좋아했고, (4) 연회에서도 영예로운 자리를 차지하여 주인 다음 좌석에 앉아 특별대우를 받기 원했다.

12:40 1세기의 서기관들은 자기들의 직무에 대해 급료를 받지 못했기 때문에 신앙심이 깊은 유대인들의 자선에 의존해야 했다. 그런데 불행히도 남용하는 면이 있었다. 과부의 집을 삼킨다는 비난이 바로 한정된 재산을 가진 사람들, 특히 과부들의 호의를 악용하고 있는 것에 대한 생생한 표현이다. 그들은 비윤리적으로 사람들의 재산을 착복했다. 게다가 사람들에게 감명을 주고 그들의 신용을 얻기 위해 장시간 기도를 드렸다.

예수님은 그들의 화려한 행동, 탐욕, 위선을 꾸짖으셨다. 그들은 하나님께 대한 헌신을 강조하지 않고 경건을 구실로 자신들을 위한 헌신을 요구했다. 그런 서기관들은 하나님의 마지막 심판 때 더욱 무거운 형벌을 받게 될 것이다(참조, 약 3:1).

b. 하나님께 헌신한 과부를 칭찬하심(12:41~44; 눅 21:1~4)

12:41~42 예수님은 공개적으로 사람들을 가르치시던 이방인의 뜰(참조, 11:15)로부터 여인의 뜰로 들어가셨다. 이 뜰 벽 맞은 편에는 예배자

들의 자발적인 **제물**과 헌금을 거두기 위해 13개의 헌금함을 놓아 두었는데, 거기에는 나팔 모양이 새겨 있었다.

예수님은 헌금함 **맞은편**(**카테난티**[κατέναντι]. 참조, 11:2의 주해) 위치에 자리하시고 무리가 **어떻게**(포스[πῶς]: 무슨 방법으로) 헌금함에 그들의 돈을 넣는가를 살피고 계셨다.

많은 양(문자적으로 모든 종류[금, 은, 동, 청동]의 '많은 돈')을 넣은 부유한 **사람들**과는 달리 이름 없는 한 **불쌍한 과부**는 두 렙돈(**렙타**[λεπτά])을 헌금함에 넣었다. 한 렙돈은 팔레스타인에서 통용되던 가장 작은 유대인의 청동 동전이었다. 두 렙돈은 노동자들의 하루 임금이었던 로마 데나리온의 64분의 1에 해당되는 가치였다(참조, 6:37). 마가는 로마인 독자들을 위해 다시 로마의 화폐 단위로 그 가치를 설명했다.

12:43~44 예수님은 엄숙한 서론적 말씀("내가 진실로 너희에게 이르노니." 참조, 3:28)과 함께 다른 모든 사람보다 그 여인이 더 많이 넣었다고 말씀하셨다. 그 이유는(가르[γάρ]: 왜냐하면) 다른 사람들은 풍족한 소유 중에서 적은 돈을 넣었지만 이 과부는 어려운 중에 모든 것을 넣었기 때문이다. 비례로 따지면, 그 여인이 가장 많이(생활비의 전부를) 바쳤던 것이다. 그 여인은 희생적으로 하나님께 헌금을 드리면서, 하나님이 그녀에게 필요한 것을 채워 주시리라고 신뢰했던 것이다.

그녀는 자신을 위해 동전 하나를 간직해 둘 수도 있었다. 두 렙돈 이하의 제물은 받아들여지지 않았다고 하는 랍비들의 규칙은 자선적인 선물과 관련된 것이었으므로 여기에는 적용되지 않는다. 예수님은 전적인 헌신에 대한 하나님의 평가를 제자들에게 가르치시기 위해 그녀의 예를 사용하셨다. 예수님에 대한 제자들의 헌신은 곧 시험당할 것이다(참조,

14:27~31). 이 사건은 또한 예수님이 자신을 전적으로 죽음에 내어 주심을 예증해 준다.

D. 예수님의 감람산 강화
(13장; 마 24:1~25:46; 눅 21:5~36)

감람산 강화로 알려진 이 장은 마가가 기록한(참조, 막 4:1~34) 예수님의 가르침 중 가장 긴 부분이다.

예수님은 예루살렘 성전의 파괴를 예언하셨다(13:2). 그래서 제자들은 '이런 일'(4절)이 언제 일어날 것인지 여쭤 보게 되었다. 그들은 분명히 예루살렘 성전의 파괴를 시대의 끝과 연관시켜 생각했다(참조, 마 24:3).

예수님은 이 물음에 대답하시면서 두 가지 다른 견해를 가진 예언적인 장면들, 즉 (1) 가까운 사건으로는 예루살렘 멸망(AD 70년), (2) 먼 사건으로는 큰 권능과 영광 가운데 인자가 구름을 타고 오는 것, 이 두 장면을 능숙하게 하나로 통합하셨다. 전자의 지역적인 사건은 후자의 우주적 사건의 예표이다. 그분의 말을 듣는 사람 중에 몇 사람이 그 사건이 성취되는 것을 볼 수 있는 그러한 가까운 미래의 사건에 의해 먼 미래 사건을 예고하심으로써 예수님은 구약성경 예언자들의 선례를 따르셨다(참조, 막 9:1, 12~13).

이것은 예수님이 그분의 부활과 재림 사이에 얼마 동안의 역사적 간격이 있으리라는 것을 예견하셨음을 나타내 주는 말이다(참조, 마 13:10; 14:9). 예루살렘 멸망 후 거의 2천년이 지났지만 아직 그 종말은 오지 않았다. 이 예언적인 정보는 (1) 미혹에 대한 경고, (2) 전도의 확장,

박해, 그리고 사회적, 정치적 격동기에 깨어 순종하도록 충고하기 위한 구조 속에 놓여 있다. 13장 5~37절에는 19개의 명령이 있고, 각 경우마다 권고적 요소(2인칭 동사; 5, 7, 9절 등)가 미래에 대한 예수님의 교훈(3인칭 직설법 동사; 6, 7~8, 9~10절 등) 속에 들어 있다. '주의하라'(블레페테[βλέπετε])는 동사는 이 가르침 전반에 걸쳐 중요한 지점에 4번 나타난다(5, 9, 23, 33절). 이것은 확고부동한 믿음을 갖도록 제자들을 권면하는 것이며, 현 시대에 하나님께 순종하도록 하기 위한 것이다.

마가의 기사에서 감람산 강화는 종교 지도자들과 예수님의 논쟁(11:27~12:44), 그분의 잡히심과 죽음으로 절정에 이르는 수난 사화(14:1~15:47) 사이를 연결하는 역할을 한다. 이것은 예수님을 대적하여 결국은 사형에 처하게 할 기성 종교는 하나님의 심판 아래 떨어지게 될 것이라는 점을 제자들에게 드러내 준 것이다.

1. 배경: 성전 파괴에 대한 예수님의 예언
(13:1~4; 마 24:1~3; 눅 21:5~7)

13:1 고난 주간 수요일 저녁에(참조, 11:1~13:37의 서론) 예수님이 성전에서(히에루[ἱεροῦ], 참조, 11:11) 나가실 때 제자 중 하나가 그를 '선생님'이라고 부른 다음(참조, 4:38; 9:5), 놀라움과 감탄의 마음으로 거대한 돌들과 장엄한 성전 건물, 즉 다양한 뜰과 발코니, 기둥, 입구가 있는 성전을 보라고 말씀드렸다.

예루살렘 성전(AD 64년에야 비로소 완성됨)은 헤롯 왕이 유대인의 호의를 얻고 자신을 영원히 기념하기 위해 건축한 것이다. 그것은 고대 세계에서 놀라운 건축물로 간주되었다. 그것은 크고 흰 돌들과 광택 있는 풍부한 금으로 장식하여 지은 것이다(요세푸스, *The Antiquities of the Jews* 15. 11. 3~7). 그것은 옛 예루살렘 땅의 약 6분의 1을 차지했다. 유대인들에게는 성전만큼 장엄하고 위대한 것은 없었다.

13:2 예수님의 대답은 이 엄청나게 큰 건물이 완전히 파괴될 것이라는 놀라운 예언이었다. "돌 하나도 돌 위에 남지 않고 다 무너질 것이다." 예수님이 강한 이중 부정(우 메[οὐ μή])을 두 번이나 사용하신 것은 그분의 말씀이 확실히 성취될 것임을 강조한다.

이 불길한 예언은 성전을 잘못 사용한 데 대한 예수님의 심판이다(참조, 11:15~17; 렘 7:11~14). 예레미야 시대처럼 또다시 예루살렘 성전이 이방 세력에 의해 파괴되는 것은 반역한 이스라엘에 대한 하나님의 심판이다. 이 예언은 말 그대로 한 세대가 지나기 전에 성취되었다. AD 70년 티투스는 성전을 불태우고 나서 도시를 점령하고 그 건물을 완전히 파괴하라고 로마 군인들에게 명령했다(요세푸스, *Jewish Wars* 7. 1. 1).

13:3~4 예수님과 제자들은 기드론 골짜기를 가로질러 감람산 꼭대기에 이르러(참조, 11:1상) 성전을 마주 바라보고 앉았다. 감람산은 해발 800미터 정도의 높이였지만, 예루살렘보다 약 30미터 정도밖에 더 높지 않았다. 감람산 서쪽에 성전과 예루살렘 시가 위치해 있었다.

예수님이 제일 먼저 부른 네 제자가(참조, 1:16~20) 그분의 예언에 대해 좀 더 설명해 달라고 조용히(카타 이디안[κατ' ἰδίαν]. 참조, 6:32) 요청했다. 마가만 여기에 그 제자들의 이름을 기록해 놓았다. 마가복음에는 종종 제자들의 질문이 예수님의 가르침을 유도하곤 한다(참조, 4:10~32; 7:17~23; 9:11~13, 28~29; 10:10~12).

제자(아마 베드로인 듯. 참조, 8:29)들의 질문은 두 부분으로 표현될 수 있다: (1) 이런 일들이 언제 일어날 것인가?(성전 파괴[13:2]와 다른 미래적 사건들[복수에 주의]) (2) 그것들이('이 모든 일들') 일어나려고 할 때 일어날 징조가 무엇인가? '이루다'(쉰텔레이스싸이[συντελεῖσθαι]: 성취된)라는 동사는 마지막의 완성, 현 시대의 종말을 의미한다(참조, 7절; 마 24:3).

제자들은 구약성경 예언(예, 슥 14장)의 관점만 가지고 있었으므로 성전의 파괴와 인자가 다시 재림하는 그 종말 사이에 시간적 간격이 있다는 것을 이해하지 못했다. 그들은 예루살렘과 예루살렘 성전 멸망이 현 시대의 끝에 일어날 사건이며, 그때 비로소 메시아 왕국 시대가 열릴 것이라고 생각했다. 그들은 바로 이런 일들이 언제 일어날 것이며, 또 그것들이 이루어질 때 무슨 징조가 일어날 것인가를 알고자 했던 것이다.

2. 예수님의 답변 속에 나타난 예언적 가르침(13:5~32)

임박한 예루살렘의 멸망에 대한 지역적인 위기와 관련된 상황은 세계적인 종말 위기와 관련된 상황을 예시해 준다. 그러므로 예수님의 말씀은 먼저 그분의 제자들에게 관련된 것이며, 이 시대를 통해 유사한 상황에 처한 모든 제자에게도 여전히 관련된 것이다.

예수님은 우선 '징조'를 묻는 두 번째 물음에(4하반절) 두 가지로 대답하셨다. 하나는 종말에 나타날 거짓 증언들을 경고하셨고(5~13절), 또 하나는 비교할 수 없는 환난의 시작과 예수님의 재림에 대해 설명하셨다(14~27절). 첫 번째 질문, 언제 일어날 것이냐에 대해서는 비유로 답하셨다(28~32절).

a. 미혹에 대한 예수님의 경고(13:5~8; 마 24:4~8; 눅 21:8~11)

13:5~6 '주의하라'(블레페테[βλέπετε]: 조심하다, 경계하다)는 가르침 전반에 나타난 '경계하라'는 외침이다(참조, 9, 23, 33; 35절은 다른 동사를 사용하고 있다). 예수님은 그분의 제자들에게 메시아의 이름을 사칭하며 다니는 자들을 주의하라고 경고하셨다. 위기의 때에는 많은 거짓 메시아들이 일어날 것이며(참조, 22절), 예수님의 이름을 사용해서(그의 칭호와 권위를 사용해서) "내가 그라"(에고 에이미[ἐγώ εἰμι : 나는 ~이다] 형식)고 주장할 것이다. 신성에 대한 이러한 주장은 하나님의 자기 계시 가운데 표현되었다(참조, 6:50; 출 3:14; 요 8:58). 거짓 메시아들은 **많은** 사람을 잘못된 길로 인도할 것이다(참조, 행 8:9~11).

13:7~8 두 번째로, 예수님은 전쟁과 천재지변이 일어난다고 해서 종말이 왔다고 생각하는 잘못에 대해 경고하셨다. 전쟁에 대해서, 그리고 전쟁의 소문을 멀리서 들을 때마다 놀라서 하던 일을 멈추어서는 안 된다. 이러한 일들이 일어나는 것은 필연적이다(참조, 8:31; 13:10). 이러한 일들은 하나님의 주권적인 목적 아래서 일어나는데, 이것들은 인간의 반역과 죄의 결과로 허락된 전쟁을 포함하고 있다. 그럼에도 불구하고 종말(현 시대의 종말과 이 세상에 대한 하나님의 통치의 확립)은 분명히 올 것이다(문자적으로는 '아직 오지 않았다'는 뜻).

이 같은 사실은 다음과 같은 사건으로 확인되고 확대된다. 즉 나라가 나라를 칠 것이다(참조, 사 19:2). 그리고 하나님의 심판을 의미하는 지진과 기근이 일어날 것이다. 그러나 이것들은('이러한 일들') 단지 해산의 고통의 시작일 뿐이다. '해산의 고통'(아기를 출산하기 바로 직전의 모진 고통)

이라는 말은 하나님의 심판을 묘사하고 있는 말이다(참조, 사 13:6~8; 26:16~18; 렘 22:20~23; 호 13:9~13; 미 4:9~10). 이는 새로운 시대인 메시아 왕국이 시작되기 이전에 있을 무서운 고통의 기간을 말한다.

"아직 끝은 아니니라"(막 13:7), "이는 재난의 시작이니라"(8절)는 종말 이전에 얼마 동안의 기간이 지속될 것을 암시한다. 각 시대마다 전쟁과 천재지변이 있을 것이다. 그 모든 사건은 하나님의 목적 안에서 일어난다. 인간의 역사는 메시아 시대의 출현을 향해 나아가고 있는 것이다.

b. 박해에 대한 예수님의 경고
(13:9~13; 마 24:9~14; 눅 21:12~19)

이러한 '유동적인 말씀'(다른 맥락 속에서 이 말씀이 사용된 곳: 마 10:17~22; 눅 12:11~12)은 파라디도미($\pi\alpha\rho\alpha\delta\iota\delta\hat{\omega}\mu\iota$: 넘겨 주다)라는 말로 연결되어 있다. 예수님은 단지 감람산에서만 아니라 여러 번 이 말씀을 하셨을 것이다. 여기서 예수님의 목적은 그분에 대한 충성 때문에 제자들이 받아야 할 고통에 대해 그들을 준비시키는 것이었다.

13:9 "너희는 조심하라"(블레페테[$\beta\lambda\epsilon\pi\epsilon\tau\epsilon$]. 참조, 5절)라는 훈계로 예수님은 제자들에게 박해 아래서 사악한 사람들을 대비해 정신을 차리도록 경고하셨다. 그들은 재판을 받기 위해 회당에서 열리는 지방 유대인의 법정인 **공회**(문자적으로 '산헤드린')에 넘겨질 것이다. 그리고 공공연하게 회당에서 이교도들처럼 40에 하나 감한 **매를 맞을** 것이다(고후 11:24). 예수 그리스도에 대한 충성심 때문에 그들은 **증인으로서**(참조, 막 1:44; 6:11의 주해) 이방 관장들, 즉 지방의 통치자들 앞에(참조, 행 12:1; 23:24;

24:27) 서게 될 것이다(문자적으로 '서게 되어 있다'). 그러나 그들이 박해를 받으면서 복음을 전한 것이 마지막 심판 때 그들을 박해한 자들에 대한 고소의 증거가 될 것이다.

13:10 복음이 반드시(데이[δεῖ]. 참조, 7절; 8:31) 먼저 모든 민족, 즉 전 세계 민족들에게(참조, 11:17; 14:9) 전파(선포)되어야 한다.

제자들은 복음을 선포하면서 핍박을 받게 될 것이나, 결코 실망하거나 포기해서는 안 된다. 모든 반대에도 불구하고 이것은 이 시대를 향한 하나님의 계획 속에서 최우선적으로 해야 할 일이며, 또 그분의 목적에 따라 반드시 성취될 것이다. 이것은 각 세대의 책임이다(참조, 롬 1:5, 8; 15:18~24; 골 1:6, 23). 그러나 복음을 전 세계에 선포한다는 것이 곧 이 시대에, 혹은 이 시대의 끝에 세상의 모든 민족이 복음을 받아들인다는 것을 의미하지는 않는다(참조, 마 25:31~46).

13:11 제자들이 체포되어(파라디도미[παραδίδωμι]에서 온 단어. 참조, 9절), 복음을 전했다는 이유로 재판에 넘겨질 때, 자신을 변호하기 위해 무슨 말을 할까 미리 염려해서는 안 된다. 그들은 그 순간 하나님이 그들에게 주시는 것을 말해야 한다(참조, 출 4:12; 렘 1:9). 성령님이 말씀하실 것이다. 그들이 두려워함에도 불구하고 적당한 시기에 적당한 것을 대담하게 말하게 하실 것이다. 그러나 이 도움이 꼭 석방을 보장하지는 않는다.

13:12~13 그리스도의 제자들에 대한 반대가 공공연하게 일어날 것이며(9, 11절), 특히 가까운 친척들을 통해 일어날 것이다. 이러한 반대는 매우 심각하여 가족들이 서로를(형제가 형제를, 아버지가 자식을, 자식들

이 부모를) 적대자들에게 넘겨줄(파라디도미[παραδιδῶμι]. 참조, 9, 11절) 것이고, 그로 인해 기독교인들이 처형당하게 될 것이다. 예수님에 대한 그들의 충성 때문에(문자적으로 '나의 이름 때문에.' 참조, 9절) 제자들은 모든 사람에게, 즉 적대자들이나 가족 구성원이 아닌 사람에게도 미움을 받을 것이다(참조, 빌 1:29; 3:11; 골 1:24; 벧전 4:16). 확고하게 서 있는 사람(문자적으로 '견디는 사람')은, 즉 지상에서 그의 삶이 끝날 때까지(에이스 텔로스[εἰς τέλος]; 부사구, '완전하게 한계점까지'를 뜻하는 숙어적 표현. 참조, 요 13:1; 살전 2:16) 예수 그리스도와 복음에(참조, 막 8:35) 충성하는 자는 구원을 받게 될 것이다(참조, 8:35; 10:26~27). '구원받은' 이 사람은 구원의 최종 형태, 즉 영화롭게 되는 가운데서 하나님의 구원을 경험하게 될 것이다(13장 20절의 용법과 대조하라. 참조, 히 9:27~28). 인내는 영적인 진실성의 근거가 아니라 그 결과요, 영적인 진실성이 밖으로 드러난 표징이다(참조, 롬 8:29~30; 요일 2:19). 믿음을 통한 은혜로 말미암아 참으로 구원을 받은 사람은(참조, 엡 2:8~10) 끝까지 인내하여 구원의 완성을 경험하게 될 것이다.

경고에 관한 이러한 말씀은 예수님께 대한 충성 때문에 박해로 고통당하는 로마에 있는 마가의 독자들에게는 적절한 것이었다. 고통을 전 세계 복음 전도와 변호를 위한 하나님의 계획이라는 맥락 속에서 본다면 그 고통을 한층 더 쉽게 참을 수 있게 된다(참조, 마 24:13의 주해).

c. 다가오는 위기에 대한 예수님의 묘사
   (13:14~23; 마 24:15~28; 눅 21:20~24)

그 다음 예수님은 그분의 제자들에게 두 번째 질문에 대해서(막 13:4

하) 적극적으로 대답해 주셨다(14~23절).

어떤 해석자들은 이 부분의 사건을 예루살렘 멸망 이전의 무질서한 시대의 사건으로 한정한다(AD 66~70년). 또 다른 이들은 그것을 오로지 이 시대의 마지막에 있을 대환난에만 관련시켜서 설명한다. 그러나 그 상세한 설명을 볼 때, 두 사건이 모두 실현될 것을 암시한다(참조, 마 24:15~16, 29~31; 눅 21:20~28). 예루살렘 정복은 신학적으로(연대기적으로가 아님) 마지막 때의 사건과 밀착되어 있다(참조, 단 9:26~27; 눅 21:24). '멸망의 가증한 것'이라는 표현은 역사적인 것과 종말론적인 견해(참조, 단 9:27; 12:11; 11:31) 사이를 연결시켜 주는 것이다. 이러한 '가까운' 환난은 마지막 때의 '먼' 환난의 예표이다.

13:14 '이러한 일들'이 이뤄지려는 징조는(참조, 4하반절) **멸망의 가증한 것**(참조, 단 9:27; 11:31; 12:11; 마 24:15)이 서지 못할 곳에 선 것을 보게 되는 것이다. 멸망의 가증한 것이 무엇인지 그 정체를 더 자세하게 밝히는 것은 아마 정치적으로 마가의 독자들에게 위험한 것이었을 것이다. "읽는 *자는 깨달을진저*"라는 마가의 충고는 구약성경의 맥락 속에서 예수님의 말씀의 중요성을 깨닫도록 하는 암호 해독 부호였다(예, 단 9:25~27).

'가증한 것'이란 말은 원래 이교도의 우상숭배와 가증스러운 일들을 가리킨다(신 29:16~18; 왕하 16:3~4; 23:12~14; 겔 8:9~18). '멸망의 가증한 것'이란 표현은 우상숭배자들이나 그 대상이 너무 가증하여 성전을 버리게 하고 황폐케 한다는 것을 언급한 말이다.

역사적으로, 다니엘이 사용한 그 표현이(단 11:31~32) 처음으로 성취된 사건은 BC 167년 시리아 통치자 안티오쿠스 에피파네스에 의한 성전

모독 사건이었다. 그는 번제단 위에 헬라의 제우스 신전을 세웠으며, 그 위에 돼지를 희생 제물로 바쳤다(참조, 마카베오1서 1:41~64; 6:7; 요세푸스, *The Antiquities of the Jews* 12. 5. 4).

예수님이 사용하신 '멸망의 가증한 것'이라는 말은 그 예언이 또 한 번 성취될 것을, 즉 AD 70년의 성전 모독과 파괴를 언급한 것이었다. 예수님의 제자들, 즉 그분과 함께 있었던 사람들이나 미래의 사람들이 이 같은 성전 모독 사건이 일어나는 것을 볼 때(문자적으로 '~할 때마다'), 유대에 있는 사람들은 그것을 베레아의 요단 강을 건너 산으로 도망하라는 신호로 여겨야 한다.

요세푸스는 AD 67~68년에 유대 열심당원들이 성전을 모독하고 성전을 점령한 사건이 있었다고 기록했다. 그들은 성전을 점령하고 침략자 파니를 대제사장으로 임명했다(요세푸스, *The Jewish Wars* 4. 3. 7~10; 4. 6. 3). 유대 기독교인들은 요단 강 건너편 산속에 위치한 펠라로 도망했다(유세비우스, *Ecclesiastical History* 3. 5. 3).

BC 167년과 AD 70년의 사건들은 예수님의 재림에 앞서 그분의 말씀이 최종적으로 성취될 것임을 미리 보여 주는 사건이다(참조, 막 13:24~27). 마가는 중성 명사인 '가증한 것'(브델뤼그마[βδέλυγμα], 14절)을 수식하기 위해 '서 있는'(헤스테코타[ἑστηκότα]: 남성 완료 분사)이라는 남성 분사를 사용했다. 이것은 '가증한 것'이 어떤 물건이 아니라, 서 있지 못할 곳에 서 있는 어떤 인물이라는 것을 암시한다.

이 사람은 마지막 때의 적그리스도이다(단 7:23~26; 9:25~27; 살후 2:3~4, 8~9; 계 13:1~10, 14~15). 그는 그리스도의 재림 전에 있을 7년간의 환난이 시작될 때 유대인과 계약을 맺을 것이다(단 9:27). 성전은 재건될 것이며, 예배는 다시 회복될 것이다(계 11:1). 이 기간 중간에(3년 반후에) 적그리스도는 약속을 파기하고 성전에서 번제를 중단하며 성전을 모독하고(참조, 단 9:27) 자신을 하나님이라고 선언할 것이다(마 24:15; 살후 2:3~4; 계 11:2). 이것은 마지막 때의 엄청난 대환난의 시작이다(계 6:8~9, 16). 적그리스도를 따르기를 거부하는 자들은 심한 박해를 받을 것이며, 그것을 피하기 위해서는 도망하지 않으면 안 될 것이다(계 12:6, 13~17). 많은 사람이(유대인들과 이방인들도) 그 기간 동안에 구원을 받을 것이다(계 7장). 그러나 또한 많은 사람이 순교를 당할 것이다(계 6:9~11).

13:15~18 이러한 위기가 닥칠 때 자기 집의 지붕 위에(참조, 2:2~4) 있는 자는 무엇을 가지려고 집안으로 들어가서는 결코 안 된다. 밭에서 일하고 있는 자들도 추운 밤공기를 막아 주는 겉옷을 가지려고 다른 밭이나 집으로 가서는 안 된다.

예수님은 그러한 어려운 상황 하에서 도망가야만 하는 아이 밴 여자와 젖먹이는 어머니들에게 동정심을 나타내셨다. 그분은 제자들에게 이런 일이(참조, 29절) 강물이 많이 불어 건너기 어렵게 되는 우기인 겨울철에 일어나지 않도록 기도하라고 권고하셨다(참조, 13:14).

13:19 그들이 급하게 도망해야 하는 이유, 그리고 다행히도 방해 받지 않고 도망할 수 있는 이유는 창조 때부터 지금까지 이런 환난의 날들이 없었고 … 또다시 똑같은 일들이 결코(우 메[οὐ μή]. 참조, 2절) 일어나지 않을 것이기 때문이다. 과거, 현재, 미래, 그 어떤 때도 이와 같이 심한 환난은 있지도 않았고, 또 있지도 않을 것이다.

이 전례 없는 재난은 예루살렘의 멸망에도 해당되지만, 거기에만 국

한된 것은 아니다(요세푸스, *Jewish Wars* 서문 1. 1. 4; 5. 10. 5). 예수님도 AD 70년에 일어난 예루살렘 멸망을 넘어, 재림에 앞서 있을 마지막 대환난(쓸립시스[θλίψις]. 참조, 계 7:14)을 보았다. 이것은 다음과 같은 사실들에 의해 입증된다: (1) 마가복음 13장 19절은 다니엘 12장 1절의 마지막 때의 예언을 반영하고 있다. (2) "결코 다시는 똑같은 일들이 일어나지 않을 것이다"라는 말은 다른 위기들이 결코 이와 같지 않을 것을 가리킨다. (3) '그 날들'은 '먼' 미래와 '가까운 미래'를 연결시켜 주고 있다(참조, 막 13:17, 19~20, 24; 렘 3:16, 18; 33:14~16; 욜 3:1). (4) 그 날들은 감해질 것이다(막 13:20).

13:20 만약 주께서(야웨 하나님. 참조, 12:29) 그분의 구원 계획 속에서 이미 결정된 그 날들을(참조, 13:19) 감하지 않으면 아무도 살아남지(에소쎄[ἐσώθη]: 구원받지. 참조, 15:30~31) 못할 것이다. 그러면 이것은 13장 13절과는 대조된다. 그러나 하나님은 스스로 택하신(참조, 행 13:48) 그 택한 자들 때문에 마지막 때 환난 기간을 감하셨다. 이 모든 것이 AD 70년에 간접적으로 증명이 되었다. 그리고 이 구절은 마지막 때의 대환난인 심판 속에 하나님이 직접 개입하신다는 것을 암시한다(참조, 계 16:1).

13:21~22 그때에(토테[τότε]. 참조, 26~27절), 즉 심한 고통과 도망하는 그날에(참조, 19절) 만약 누가 그리스도가(메시아가) 여기, 혹은 저기 있다고 주장해도 예수님의 제자들은 그것(거짓 주장, 혹은 거짓 주장하는 사람)을 믿지 말고 계속해서 피할 곳을 찾아야 한다. 많은 거짓 그리스도(메시아. 참조, 6절)와 거짓 예언자들이 일어나 그들의 주장을 정당화하기 위해 기적적인 행동을 할 것이라고 예수님은 설명하셨다. 그들의 목적

은 선택받은 자들(참조, 20절), 메시아를 믿는 자들을 미혹케 하는 것이다. 그러나 '할 수만 있으면'이라는 표현은 그들이 성공하지 못할 것을 보여준다.

13:23 예수님은 제자들에게 위기의 날에 거짓 함정에 빠지지 않도록 주의하라(블레페테[βλέπετε]. 참조, 5, 9절)고 다시 교훈하셨다.

d. 예수님의 승리에 찬 재림에 대한 묘사
(13:24~27; 마 24:29~31; 눅 21:25~28)

13:24~25 알라($\alpha\lambda\lambda\alpha$: 그러나)라는 말이 이적들을 베푸는 거짓 메시아의 출현과 환난(쓸리프신[θλίψιν]. 참조, 막 13:19) 후에(참조, 19~20절; 욜 2:28~32) 참 메시아의 극적인 오심 사이에 뚜렷한 대조를 가져오고 있다. 이 구절들은 14~23절과 밀접한 관계가 있음을 가리킨다. 만약 이 구절들을 AD 70년의 사건에만 적용시킨다면, 예수 그리스도께서는 그 후에 곧 오셨어야 했을 것이다. 그러나 그분이 그때에 다시 오지 않으셨다는 것은 14~23절이 예루살렘의 멸망과 그리스도께서 다시 오시기 전에 일어날 대환난 모두를 언급한다는 견해를 더 지지해 준다.

해, 달, 별들과 관련된 여러 가지 우주적인 무질서가 재림보다 먼저 일어날 것이다. 예수님은 정확하게 어느 한 구절만 인용하지 않으시고, 이사야 13장 10절과 34장 4절을 모두 인용하여 설명하셨다. 이것은 물리적인 우주 속에 나타나는, 눈에 보이는 천체 변화를 언급하신 것이다.

"천체('하늘에 있는 권능들')가 흔들리리라"라고 한 최종적인 설명은 첫째, 정상적인 궤도에서 벗어나 떨어지게 될, 천체의 움직임을 통제하는 물리적인 힘을 의미하거나, 둘째, 이러한 사건들에 의해서 크게 혼란해질 악한 영들의 세력, 즉 사탄과 그의 군대들을 언급하는 말일지도 모른다. 이에 대해서는 첫 번째 견해가 더 타당하다.

13:26 방금 언급한 우주적인 사건이 발생한 그때에(참조, 21, 27절) 지상에 사는 사람들은(일반적인 '사람') 인자가(참조, 8:31, 38) 구름을 타고 다시 오는 것을 볼 것이다. '하늘의 구름'은 신이 나타나는 것을 의미한다(참조, 9:7; 출 19:9; 시 97:1~2; 단 7:13; 마 24:30하).

그는 큰 권능을 행사하실 것이며, 하늘의 영광을 나타내실 것이다(참조, 슥 14:1~7). 이것은 예수님이 직접, 눈으로 볼 수 있도록, 영광스러운 인자로서 이 땅에 다시 오시는 것을 가리킨다(참조, 행 1:11; 계 1:7; 19:11~16). 예수님은 익숙하지만 난해한 구절인 다니엘 7장 13~14절을 가지고 그것을 설명하셨다. 승리에 찬 그분의 재림으로 인해 신비에 싸여 있던 하나님 나라의 성격이 밝히 드러나게 될 것이다(참조, 막 1:15; 4:13~23의 주해).

13:27 또 그때에 인자는 그의 천사들을(참조, 8:38; 마 25:31) 보내어 사방에서 그의 택한 자들을(참조, 막 13:20, 22) 모을 것이다. '사방'이란 세계 모든 사람과 관련된 '모든 방향으로부터'를 의미한다. 택함을 받은 자는 한 사람도 버림을 받지 않을 것이다. 비록 명시되어 있지는 않지만, 이 말은 구약 시대의 성도들과 대환난 동안 순교한 신자들의 부활을 언급하는 것 같다(참조, 단 12:2; 계 6:9~11; 20:4). 선택받지 못한 자들에 대해서는 아무 언급이 없다(참조, 살후 1:6~10; 계 20:11~15).

구약성경은 하나님이 흩어진 이스라엘을 가장 먼 곳에서부터 민족적, 영적 통일을 의미하는 팔레스타인으로 다시 모으신다는 것을 종종 언급했다(신 30:3~6; 사 11:12; 렘 31:7~9; 겔 11:16~17; 20:33~35, 41). 재림의 때 이스라엘은 승리하신 인자 주위에 다시 모여 심판을 받을 것이며, 민족이 회복될 것이고 또 구원받을 것이다(사 59:20~21; 겔 20:33~44; 슥 13:8~9; 롬 11:25~27). 또한 모든 이방인도 그 앞에 모일 것이고(욜 3:2), 그분은 목자처럼 '염소'와 '양'을 구분하실 것이다(마 25:31~36). 구원받은 유대인들과 이방인들은 천년왕국에 들어가서 살게 될 것이다(사 2:2~4; 단 7:13~1; 미 4:1~5; 슥 14:8~11, 16~21).

이런 맥락에서 볼 때, '선택받은 자'들을 마지막 대환난 기간 동안 예수님을 메시아로 믿게 된 이방인, 유대인들(참조, 계 7:3~4, 9~10)과 동일시하는 것은 그리스도의 몸인 교회의 환난 전 휴거 견해와 모순되지 않는다(참조, 고전 15:51~53; 살전 4:13~18). 교회는 이 세상에 대한 하나님의 심판을 면하게 될 것이므로(참조, 살전 1:10; 5:9~11; 계 3:9~10) 교회는 대환난을 경험하지 않을 것이다. 이것은 현 시대를 사는 신자들의 휴거가 임박하다는 것을 의미하며, "주의하라"(참조, 13:35~37)는 예수님의 권고를 강조하고 있다. 그러나 예수님의 제자들이 앞으로 나타날 교회에 대해 잘 이해하지 못했기 때문에(참조, 마 16:18; 행 1:4~8), 예수님은 마지막 때에 대한 하나님의 계획의 첫 국면들을 따로 언급하시지 않았다.

그러나 어떤 해석자들은 환난 이후에 휴거가 있다고 주장한다. 그들은 과거, 현재, 미래의 모든 시대에 구속받은 자들을 여기에 있는 '택한 자들'과 동일시하고 있다. 이 이론에 의하면, 이미 죽은 의로운 자들이 환난 말기에 모두 부활할 것이며, 그 후에 이 세상에 다시 오실 인자를 맞이하기 위해 살아 있는 자들과 함께 휴거 될 것이다. 따라서 환난 기간 동안 지상에 남아 있게 될, 그리스도의 몸인 교회는 그 기간 동안 초자연적인 보호를 받을 것이며, 마지막 때에 휴거 되었다가 천년왕국에 참여하기 위해 곧 다시 이 세상에 내려오게 될 것이다. 그러나 마가복음 13장 17절과 32절을 종합해 볼 때, 환난 전 휴거 견해가 더 타당하다.

e. 무화과나무를 통한 예수님의 교훈
   (13:28~32; 마 24:32~36; 눅 21:29~33)

13:28 제자들의 첫 번째 질문은(4상반절) "이러한 일들이 언제 일어나겠느냐?"였다. 이에 예수님은 무화과나무로부터 교훈을 얻으라고 그들에게 충고하셨다(참조, 4:1~2의 서론). 비록 무화과나무가 이스라엘에 대한 상징(11:14)으로 사용되었다 하더라도, 예수님은 여기에서 그런 의미를 의도하시지는 않았다(누가복음 21장 29절에는 '모든 나무'란 말이 첨가되어 있음). 팔레스타인의 대부분 나무들과는 달리 무화과나무는 겨울에 잎사귀들이 떨어지고 늦은 봄에 봉오리를 맺는다. 그래서 딱딱하고 말라 있던 겨울 가지들은 수액이 오를 때가 되면 연해지면서 잎사귀를 낸다. 그러면 그것을 보는 자들은 겨울이 지나가고 여름이 가까운 줄 알게 된다.

13:29 이 구절은 28절의 교훈을 응용하고 있다. 다른 사람과 달리 예수님의 제자들은 14~23절에 언급된 이러한 일들을 볼 때마다(참조, 4, 23, 30절) 임박한 위기가 가까이 온 줄을 알 수 있다. 이것은 임박한 사건에 대한 일반적인 상징이다. 방심하지 말고 이런 사건들을 경계한다면, 제자들은 그 사건의 진정한 의미를 충분히 분별할 수 있을 것이다.

13:30~31 예수님은 엄숙한 서론적인 말("내가 진실로 너희에게 말하노

니." 참조, 3:28)과 함께 이 모든 일이(참조, 4하반절, 29절) 일어날 때까지(문자적으로 '시간이 되기까지') 이 세대의 종말이 오지 않을(우 메[οὐ μή]; 강조적 이중부정. 참조, 13:2) 것이라고 선언하셨다. '세대'(게네아[γενεά])는 주어진 시대를 사는 모든 사람(참조, 8:12, 38; 9:19)이나, 공동 조상의 후손인 어느 한 집단의 백성을 언급하는 것일 수 있다(참조, 마 23:36). '세대'라는 말은 좁은 의미와 넓은 의미 모두 사용될 수 있는 말이기 때문에, 이 문맥에서는 양쪽 의미를 모두 가지고 있는 말로 이해하는 것이 더 좋다. 따라서 이 '세대'는 나중에 예루살렘의 멸망을 겪었던 예수님 시대의 유대인들과 마지막 때의 사건들을 보게 될, 대환난 시대의 유대인들을 의미한다. 이것이 '이 모든 일'의 성취를(참조, 4하반절, 14~23절) 가장 잘 설명해 준다.

예수님의 주장(31절)은 그분의 예언(30절)의 성취를 보증한다. 현재의 우주는 대변동으로 종말을 맞이할 것이나(참조, 벧후 3:7, 10~13), 이 예언들을 포함한 예수님의 말씀들은 결코(우 메[οὐ μή]. 참조, 13:2, 30) 사라지지 않을 것이다. 그분의 말씀은 영원히 정당성을 가질 것이다. 하나님의 말씀은(참조, 사 40:6~8; 55:11) 곧 예수님의 말씀과 같다. 왜냐하면 예수님은 곧 하나님이시기 때문이다.

13:32 비록 위기가 가까이 와 있다는 것은 식별해 낼 수 있으나(28~29절) 다가오는 그 날과 그 때의(참조, 33절) 정확한 시간은 아버지 외에는 아무도 알지 못한다. 심지어 천사들이나(참조, 벧전 1:12) 아들조차도 알지 못한다. 이러한 예수님의 지식의 한계는 그분이 인성을 가지고 계심을 보여주는 것이다. 예수님은 성육신 속에서 아버지의 뜻(참조, 요 4:34)에 복종하여 자발적으로 인간의 한계를 받아들이셨다. 또 한편 예수님이 평

소에 '인자'라는 칭호 대신에 '아들'이라는 칭호(마가는 여기에서만 그 칭호를 사용)를 사용하신 것은 예수님이 자신의 신성과 아들 됨을(참조, 막 8:38) 스스로 알고 계셨다는 것을 보여 준다. 그럼에도 불구하고 그분은 아버지께서 명하신 것에만 그분의 신성을 나타내셨다(참조, 5:30; 요 8:28~29).

'그 날과 그 때'라는 말은 인자의 재림을 말하는 것으로 널리 이해되고 있다(막 13:26). 그러나 그 사건은 일련의 예비적 사건들의 절정을 이룰 것이다. 구약성경의 용법과 이 문맥으로 볼 때(14, 29~30절) '그 날'을 '주의 날'로 이해하는 것이 바람직하다.

'주의 날'은 환난, 재림, 그리고 천년왕국을 포함하고 있다(참조, 사 2:12~22; 렘 30:7~9; 욜 2:28~32; 암 9:11; 습 3:11~20; 슥 12~14장). 주의 날은 갑자기, 그리고 예기치 않게(참조, 살전 5:2) 시작될 것이다. 그래서 아버지 외에는 아무도 그 순간을 알지 못할 것이다.

앞으로 있을 환난 전 휴거의 견지에서 볼 때(참조, 막 13:27의 주해) 주의 오심은 다니엘의 70주야 이전에 일어날 것이다. 휴거는 어떤 예비적 사건에 의해서 조건 지워지는 것이 아니다. 그러므로 그것은 각 시대에 대한 임박한 사건들이다. 타국에 나간 집 주인의 비유(34~37절)는 이와 유사한 마태의 기사(참조, 마 24:42~44)와 함께 이런 견해를 지지해 준다. 그 비유는 날짜를 정확히 계산하려는 모든 시도를 배제하는 것이며, 예수님이 다시 오실 때까지 깨어 일하라는 그분의 훈계에 긴박성을 더해 주는 비유이다.

3. 경계에 대한 예수님의 훈계
   (13:33~37; 마 24:42~44; 눅 21:34~36)

13:33 그때, 즉 하나님이 개입하실 정한 때(그 날, 32절)가 언제 올지(참조, 4상반절) 아무도 알지 못하기 때문에 예수님은 "주의하라(참조, 5, 9, 23절) 깨어 있으라"(아그뤼프네이테[ἀγρυπνεῖτε]: 항상 깨어 있으라) 라고 거듭 훈계하셨다.

13:34~37 마가복음에 나오는 독특한, 타국에 간 집 주인의 비유는 계속해서 깨어 있을 것을 교훈하고 있으며, 깨어 있다는 것은 일에 충실한 것으로 정의하고 있다(참조, 마 25:14~30; 눅 19:11~17).

그 주인은 여행을 떠나기 전에 그의 종들을 불러 자기 집안 일들에 관한 책임을 맡겼다. 그는 각자에게 일을 맡기고 집에 출입하는 모든 자를 통제하는 문지기에게는 "깨어 있으라"(그레고레이테[γρηγορεῖτε]; 현재 시제. 참조, 막 13:33)고 명령했다.

예수님은 이 비유를 문지기와 다른 종들 사이의 구분 없이 제자들에게 적용하셨다(35~37절). 그들은 모두 영적인 위험과 기회들(참조, 5~13절)에 대해서 정신을 바짝 차려야 한다. 왜냐하면 그 집 주인(퀴리오스[κύριος])이(간접적으로 예수님 자신을 가리키고 있다) 언제 올 것인지 아무도 모르기 때문이다. 그 밤은 주인이(예수님이) 없다는 것을 가리킨다(참조, 롬 13:11~14). 그는 언젠가는 돌아올 것이다. 그러므로 주인(예수님)이 갑자기 와서 종들이 깨어 있지 않고 자고 있는 것을 보지 않도록, 그들은 위험에 직면하여 계속 깨어 있어야 한다. 깨어 있는 것은 열두 제자뿐 아니라(참조, 13:3) 현 시대를 사는 모든 신자의 책임이기도 하다.

아버지 외에는 어느 누구도 그 시간을 '알 수 없지만 그분이 돌아오실 것이 확실하기 때문에 모든 신자는 깨어서 일해야 한다'(참조, 34절).

    35절에 네 가지 때가 나와 있는데, 이 네 가지 때에 대한 언급은 로마의 시간 계산법과 일치한다. **저녁**은 오후 6~9시이고, **밤중**은 9시에서 자정까지이며, **닭이 울 때**는 3시이고(자정에서 오전 3시까지), **새벽**은 오전 3~6시이다(때에 대한 이런 명칭은 그들의 시간 계산법에서 나온 것이다). 이것은 밤을 세 때로 나누는 유대 방식과는 다르다. 마가는 독자들의 편의를 위해 로마식을 사용했다(참조, 6:48).

Ⅷ. 예수님의 수난과 죽음(14~15장)

마가복음의 여섯 번째 주요 부분인 수난 사화는 예수님의 배신당하심과 체포, 심문, 그리고 십자가의 죽음을 포함한다. 여기에서는 이미 서술한 바 있는 여러 주제, 즉 (1) 그리스도, 하나님의 아들로서의 예수님(1:1; 8:9), (2) 종교 지도자들과의 갈등(3:6; 11:18; 12:12), (3) 가까운 사람들에게 거부당하시고 배신당하시고 버림받으심(3:19; 6:1~6), (4) 제자들이 그분의 메시아 사명을 명확히 이해하지 못함(8:31~10:52), (5) 자신의 목숨을 많은 사람의 대속물로 주기 위한 인자로서의 오심(10:45) 등을 이해하는 데 필요한 역사적, 신학적 통찰들이 제시되고 있다.

수난 사화는 초기 그리스도인들이 예수님의 수난과 죽음의 의미를 이해하기 위해 구약에 어떻게 의존했는지(특히, 시 22편; 69편; 사 53장), 그리고 당시의 유대인들과 이방인들에게 그 수치스러운 사건의 경과를 설명하기 위해 어떻게 했는지를 반영하고 있다(참조, 고전 1:22~24).

A. 예수님의 배신당하심, 유월절 식사, 제자들의 도피 (14:1~52)

이 단락은 세 가지 사건으로 구성되어 있다(1~11절, 12~26절, 27~52절).

1. 예수님을 죽이려는 음모와 베다니의 향유 사건(14:1~11)

마가복음의 다른 구절과 마찬가지로 이 부분의 첫 번째 사건 역시 '샌드위치' 구조로 되어 있다(참조, 3:20~35; 5:21~43; 6:7~31; 11:12~26; 14:27~52). 종교 지도자들과 유다의 공모(1~2, 10~11절) 사이에 베다니에서 마리아가 예수님께 향유를 붓는 기사(3~9절)가 삽입되어 있다. 이런 방법으로 마가는 예수님을 죽이려는 자들의 적의와 그분을 고난의 메시아로 인식한 사람의 사랑과 헌신 사이의 놀라운 대조를 강조하고 있다.

a. 예수님을 죽이려는 지도자들의 음모
   (14:1~2; 마 26:1~5; 눅 22:1~2)

14:1상 마가는 수난 사화에서 시간 측정의 새로운 방법을 도입하여 일련의 사건들을 연결시키고 있다(참조, 11:1~11의 서론). 고난주간 사건들의 시간표는 당시 시간 계산법이 하루를 자정에서부터 계산하는 로마식(현대식)과 해질 무렵부터 계산하는 유대식(참조, 13:35)이 다같이 사용되었다는 점에서 계산하기가 좀 어렵다.

유월절은 오직 예루살렘에서만 지켜야 했으며(참조, 신 16:5~6), 니산월(3/4월) 14~15일(대부분의 학자들은 예수님의 고난주간 목요일과 금요일 사이에 걸쳐 있었다고 생각한다)에 지켰던 유대의 연례 축제였다(참조, 출 12:1~4). 이 절기의 하이라이트라 할 만한 유월절 식사 준비(참조, 14:12~16)는 유대식으로 계산해서 니산월 14일이 끝나는 시간, 즉 목요일 오후에 유월절 양을 잡는 것이었다. 유월절 식사는 니산월 15일이 시작되는 시간, 곧 목요일 저녁 해질 때부터 자정 사이에 먹게 된다.

그 다음에는 애굽에서의 탈출(참조, 출 12:15~20)을 기념하여 니산월 15일부터 21일까지 열리는 **무교절**의 축제가 이어진다.

서로 밀접히 연관되어 있고 이 두 가지 축제는 보통 '유대인의 유월절'(니산월 14~21일에 이어지는 8일간의 축제. 참조, 막 14:2; 요 2:13, 23; 6:4; 11:55)이라고 명명되었다. 그래서 준비일인 니산월 14일은 보통 '무교절 첫날'(참조, 막 14:12; 요세푸스, *The Antiquities of the Jews* 2. 15. 1)이라 불렸다. '이틀이 지나면'이란 문자적으로 '이틀 뒤에'라는 뜻이다. 유대인들의 통상적인 날짜 계산 방식에 따르면, '이틀 뒤에'는 '내일의 다음 날'을 의미한다. 니산월 15일(금요일) 이틀 전을 계산하면, 니산월 13일(수요일)이고, '이틀 후에'는 곧 '수요일과 목요일이 지난 후에'를 뜻한다.

14:1하~2 유대 종교 지도자들인 산헤드린 회원들(참조, 8:31; 11:27; 마 26:3)은 이미 예수님을 죽이기로 결정했지만(참조, 요 11:47~53), 일반 백성이 봉기할까 두려워 그분을 공공연하게 붙잡지 못했다. 그래서 그들은 **교활한 방법으로**(문자적으로 '흉계로') 예수님을 은밀히 체포하기를 꾀했다(에제툰[ἐζήτουν]; 미완료 시제. 참조, 11:18, 12:12). 그러나 무수한 유월절 군중 속에 있을 예수님의 보이지 않는 지지자들, 특히 충동적인 갈릴리 사람들을 건드리고 싶지는 않았다. 그래서 그들은 **명절**, 곧 니산월 14~21일의 8일 **동안에는** 체포하지 않기로 결정했던 것이다. 분명 그들은 유월절 군중이 떠난 다음 예수님을 잡으려고 했다. 그런데 유다의 예기치 않은 제안(10~11절)이 사건을 촉진시켰다. 결국 이렇게 해서 모든 일이 하나님의 시간 계획대로 이루어졌다.

b. 예수님이 베다니에서 기름 부음을 받으심
   (14:3~9; 마 26:6~13; 요 12:1~8)

이 사건은 이전에 있었던 갈릴리에서의 기름 부음 받은 사건(눅 7:36~50)과 동일하게 볼 수 없다. 그러나 요한복음 12장 1~8절에 기록된 사건과는 동일한 것이다. 하지만 몇 가지 중요한 차이점이 있다. 그 차이점 중 하나는 사건이 일어난 시기이다. 요한은 그것이 '유월절(니산월 14일 목요일) 엿새 전에' 일어났다고 진술한다. 즉 유월절 전주 금요일에 일어났다는 의미이다. 마가는 이 사건이 고난주간의 수요일에 일어났다고 말하는 것으로 보인다(참조, 막 14:1). 이런 점에서 볼 때 요한의 시간 계산이 보다 합당한 듯하며, 마가는 이 여인과 유다의 자세를 대조하기 위해 이 사건을 사용한 것이라고 결론지을 수 있다(참조, 2:1~12, 11:1~11의 서론). 결론적으로 14장 1절의 시간에 대한 언급은 종교 지도자들이 예수님을 잡으려고 한 것과 관련된 것이지, 이 사건과 관련된 것은 아니다.

14:3 베다니에 있는 동안(참조, 11:1상의 주해) 예수님은 나병환자 시몬의 집에서 유월절 식사를 하셨는데, 그는 분명히 이전에 예수님께 치료를 받은 사람이며(참조, 1:40), 제자들도 잘 알고 있는 사람이었다. 이름이 알려지지 않은 여인은 나사로의 누이, 마르다의 자매인 마리아였다(참조, 요 12:3). 그녀는 순전히 나드로 만든 값비싼 향유 1근이 든 목이 긴 하얀 향유병을 가지고 왔는데, 나드는 인도가 원산지인 아주 보기 드문 나무뿌리에서 나는 향유이다.

마리아는 석고 향유병의 입구를 깨뜨리고 향유를 예수님의 머리에 부었다. 요한은 그녀가 그것을 예수님의 발에 붓고 그녀의 머리털로 씻었다고 말한다(참조, 요 12:3). 두 가지 기록이 다 가능한데, 예수님이 식탁 의자에 비스듬히 누워 계셨기 때문이다(참조, 막 14:18). 손님의 머리에 향유를 붓는 것은 유대의 절기 식사 때 흔히 있는 관습이지만(참조, 시 23:5, 눅 7:46), 마리아의 행위는 더 큰 의미를 가지고 있다(참조, 막 14:8~9).

14:4~5 제자들 중 어떤 사람들은 유다를 따라서(참조, 요 12:4) 이 낭비적 행위에 분노를 표시했다(참조, 막 10:14). 그들 생각에는 그 향유를 1년치 품삯보다 더 비싸게 팔 수 있었고(문자적으로는 300 데나리온, 보통 1년치 임금을 뜻하는 표현이다. 참조, 6:37의 주해), 가난한 자들에게 그 돈을 나눠 줄 수 있었다. 이것은 합당한 관심이기는 했으나(참조, 요 13:29) 그 이면에 제자들의 무감각함과 가룟 유다의 탐욕이 숨어 있었다(참조, 요 12:6). 그래서 그들은 그녀를 책망했는데(동일한 동사가 마가복음 1장 43절에 나옴), 이는 마가의 독특한 언급이다.

14:6~8 예수님은 마리아를 비난하는 자들을 꾸짖으시며, 그녀의 행동이 아름다운 것(문자적으로 '선한, 고상한, 아름다운, 좋은 행위')이라고 그녀를 변호하셨다. 제자들과는 달리 예수님은 그것을 그분이 메시아로서 환영받으신 것으로, 또한 다가오는 그분의 죽음의 빛 아래서 그분에 대한 사랑과 헌신의 표현으로 보셨다.

7절에서 대조되는 것은 가난한 자들과 예수님이 아니라 항상 있을 수 있다는 것과 항상 있을 수 없다는 것이다. 가난한 자를 도울 기회는 언제나 있으며, 제자들은 그 기회를 활용할 수 있다. 그러나 예수님은 그들 가운데 오래 계시지 않을 것이며, 그분께 사랑을 보일 기회는 곧 없어지고 말 것이다. 어떤 의미에서 그녀는 예수님의 몸의 장례를 위해 미리 기름을 부은 것이다.

14:9 예수님은 엄숙한 서론적 말씀("내가 진실로 너희에게 이르노니." 참조, 3:28)과 함께 마리아에게 온 천하에 어디서든지(참조, 13:10) 복음이 전파되는 곳에는(참조, 1:1) 그녀의 사랑의 행위가 복음 선포와 더불어 전해져서 그녀를 기념하게 될 것이라고 약속하셨다. 이런 독특한 약속은 그분의 죽음과 무덤에 묻히심, 그리고 부활을 넘어서 지금까지 복음이 전파되는 곳에서는 어디든 그대로 이뤄지고 있다.

c. 유다가 예수님을 배반할 것에 동의함
   (14:10~11; 마 26.14~16, 눅 22:3~6)

14:10~11 이 구절들은 1~2절을 보충하면서 3~9절과 강하게 대조된다. 열둘 중의 하나인(참조, 3:14) 가룟 유다(참조, 3:19)가 영향력 있는 대제사장들에게(참조, 14:1) 가서 예수님을 넘겨주겠다(파라도이[παραδοῖ]. 참조, 11절; 9:31)고 제안했다.

그는 '무리가 없을 때'(눅 22:6) 그렇게 하겠다고 제안했다. 이는 군중으로 인한 분쟁을 피하려는 것이었고, 제사장들도 가장 염려하는 부분이었다(막 14:2). 그들은 생각지도 못했던 이 뜻밖의 제안을 환영했다. 그들은 그에게 돈을 주기로 약속했고(은 30냥. 참조, 마 26:15), 유다는 무리가 없을 때를 타서 그분을 넘겨줄 기회를 찾았다(에제테이[ἐζήτει]. 참조, 막 14:1).

왜 유다는 예수님을 배반하기로 했을까? 나름대로 설득력을 가진 여러 이론들이 제시되었다. (1) 유다만이 열두 제자 중 유일하게 갈릴리 출신이 아니었기에 공회의 명령(요 11:57)에 민감하게 반응했다. (2) 유다는 예수님이 정치적 왕국을 세우시지 않는 데 실망했고, 또 물질적 이익을 얻을 가능성이 더 이상 보이지 않았기에 예수님을 배반했다. (3) 돈에 대한 사랑이 그를 옭아매었다. 결국 그는 사탄의 지배 아래 들어갔다(참조, 눅 22:3; 요 13:1, 27).

유다의 삶에서 우리는 하나님의 주권과 인간의 책임감이 교묘하게 결합되어 있는 것을 볼 수 있다. 하나님의 계획에 따라 예수님은 고난당하고 죽으셔야만 했다(계 13:8). 유다는 결코 배신자가 되라고 강요받지는 않았지만, 사탄이 인도하는 대로 스스로 멸망의 길을 택해 그 길로 가버렸던 것이다(참조, 막 14:21; 요 13:27).

2. 최후의 만찬이었던 유월절 식사(14:12~26)

이 부분의 두 번째 사건도 역시 세 부분으로 나뉘어 있다(12~16절, 17~21절, 22~26절).

a. 유월절 식사 준비(14:12~16; 마 26:17~19; 눅 22:7~13)

14:12 여기서 무교절의 첫 날은 니산월 15일(금요일)이지만, 유월절 양을 잡는다는 언급을 볼 때, 엄격히 말해 마가는 니산월 14일(목요일)을 말하고 있는 것 같다(참조, 14:1상의 주해, 마가가 시간을 언급하는 특징. 참조 1:32, 35; 4:35; 13:24; 14:30; 15:42; 16:2).

유월절 음식은 예루살렘 사면 성벽 안, 곧 성 안에서 먹어야 했기 때문에 제자들은 예수님이 어디에서 유월절 식사를 준비하기를 원하시는지 여쭈었다(참조, 16절). 그들은 이 '가족 축제'의 만찬을 그분과 더불어 먹으려 한 것 같다(참조, 15절).

14:13~15 이 이야기는 구조적으로 11장 1~7절과 병행을 이룬다. 이는 예수님이 초자연적인 지식을 가지고 계신 것에 대한 또 하나의 예증으로 생각될 수 있으나, 안전에 대한 필요(참조, 14:10~11)와 제자들의 질문(12절), 그리고 그에 따른 예수님의 지시를 볼 때, 예수님은 유월절 음식을 아무런 방해 없이 다같이 먹기 위해 미리 용의주도하게 준비하셨다고 생각하는 것이 보다 타당하다.

예수님과 제자들은 아마 베다니에 있었을 것이다(참조, 11:1상, 11). 목요일 아침에 예수님은 베드로와 요한, **두 명의 제자를 예루살렘에 보내어**(참조, 눅 22:8) 미리 준비된 방을 찾도록 하셨다. 안전보장을 위해(참조, 막 14:11; 요 11:57) 참석자들은 제한되었고, 그 장소는 비밀로 했다.

물 한 동이를 가지고 가던 사람은 아마 동문 근처에서 두 제자를 만났을 것이다. 이런 특별하고도 시선을 끄는 광경을 볼 때, 이는 미리 준비된 신호였음을 보여 준다. 보통은 여자들만이 물동이를 사용했고, 남자들은 가죽 부대를 가지고 다녔다. 제자들은 하인임이 틀림없는 이 남자를 따라 들어갔고 하인은 이들을 인도했다. 그들은 그 주인에게 "선생님의 말씀이, '내가 내 제자들과 함께 유월절 음식을 먹을 나의 객실이 어디 있느냐'라고 물어보셨습니다"라고 말했다(막 4:38). 그들이 단순히 '선생님'이라고만 표현한 것을 볼 때, 집 주인이 예수님을 잘 알고 있었음을 알 수 있다. 그리고 '나의'라는 소유대명사를 사용한 것으로 보아 예수님이 그 방을 쓰려고 미리 준비하셨음을 추론할 수 있다.

그는(아우토스[αὐτός]: 집 주인) 식탁과 기댈 수 있는 의자가 **준비된**, 지붕이 평평하고 **넓은 다락방**을 보여 주었다. 집주인은 아마 유월절 양 등 필요한 음식까지 준비해 두었을지 모른다. 두 제자는 거기서 예수님과 다른 제자들을 위해 음식을 나누었다(참조, 14:12). 전해지기로는 이 집이 마가의 집이며(참조, 41~52절의 주해; 또한 행 1:13, 12:12), 집주인은 마가의 아버지였다고 한다.

14:16 유월절 음식 준비는 양고기 굽는 것, 무교병과 포도주를 배열하는 것, 그리고 식초와 포도주 및 양념에 적신 마른 과일 사이에 쓴 나물을 배열하는 것이었다.

니산월 14일(목요일)에 있었던 이 유월절 준비는 예수님이 제자들과 가졌던 최후의 만찬이 바로 그날 저녁(니산월 15일)에 가진 정규적인 유월절 식사였으며, 예수님은 니산월 15일(금요일)에 십자가에 못 박혔음을 말해 준다. 이것이 공관복음서의 일치된 증언이다(마 참조, 26:2, 17~19; 막 14:1, 12~14; 눅 22:1, 7~8, 11~15). 그러나 요한복음은 예수님이 '준비일'(요 19:14)에 십자가에 못 박혔다고 말한다.

b. 예수님이 배반당하실 것을 선언하심
   (14:17~21; 마 26:20~25; 눅 22:21~23; 요 13:21~30)

14:17 그날(목요일) 저녁, 곧 니산월 15일(참조, 1상반절)이 시작되는 때 예수님과 열두 제자는 해질 때 시작되어 한밤중에 끝나는 유월절 식사를 먹기 위해 예루살렘에 도착했다. 마가는 (1) 빵과 쓴 나물을 양념 그

릇에 같이 찍어 먹는 사람 중에 자기를 팔 자가 있다는 예수님의 선언(막 14:18~21)과 (2) 식사 때 빵과 포도주에 대해 예수님이 새로운 의미를 부여하신 것(22~25절)을 강조하기 위해 식사 도중의 사건들을 의도적으로 생략했다(참조, 눅 22:14~16, 24~30; 요 13:1~20).

14:18~20 절기 음식을 먹을 때는 의자에 비스듬히 기대는 것이 당시 관습이었다(참조, 14:3; 요 13:23~25). 아무리 가난한 사람이라도 유월절 음식은 먹어야 했다. 다 앉아 먹을 때에 예수님은 빵을 양념 그릇에 찍으시면서(참조, 막 14:20) 엄숙한 서론적인 말("내가 진실로 너희에게 이르노니." 참조, 3:28)과 함께 열둘 중의 하나가 그를 배반할 것이라고 선언하셨다(참조, 14:10~11).

첨가어인 "나와 함께 먹는 자가 나를 팔리라"는 말은 마가복음에만 나오는 독특한 표현이며, 다윗이 그와 함께 친밀한 식탁의 교제를 나누던 신뢰하던 친구 아히도벨(참조, 삼하 16:15~17:23; 대상 27:33)이 그를 배신했을 때 한탄하며 지었던 시편 49편을 상기시켜 준다. 어떤 사람과 더불어 식사하고 즐긴 다음 그를 배신하는 것은 가장 큰 변절이었다.

이런 생각은 마가복음 14장 19~20절에서 더욱 강화된다. 제자들은 심히 근심했다. 그들은 한 명씩(심지어 유다까지도. 참조, 마 26:25) 자신의 결백함을 원했다. 헬라어로 된 그들의 질문(문자적으로 "나는 아니지요? 그렇죠?")는 예수님의 강한 부정을 기대하고 있음을 보여 준다. 그러나 예수님은 배신자가 누구인지 제자들에게 알리지 않으신다(마태복음 26장 25절에서는 오직 유다만 알아듣도록 예수님이 말씀하신 것으로 되어 있다).

예수님은 그분을 배반할 사람이 **열두 제자 중의 한 사람**이며, 그와 함께 그릇에 손을 넣어 음식을 먹는 사람임을 알리셨다. 그 가운데 예수님은 배신자의 배신 행위를 강조하면서 그에게 회개할 기회를 주셨다.

14:21 인자(참조, 8:31)는 자기에 대하여 기록된 대로 갈 것이다. 즉 성경의 예언을 성취하기 위해(예, 시 22편; 사 53장) 돌아가셔야만 한다. 그분의 죽음은 단순히 배신자에 의한 것이 아니라 하나님의 계획에 따른 것이다. "인자를 파는 그 사람에게는 화가 있으리로다." 여기에는 가슴을 울리는 한탄스러운 어조가 울려 퍼지고 있다. 배신자는 사탄의 도구가 되었다(참조, 눅 22:3; 요 13:2, 27). 무서운 운명이 그를 기다리고 있기 때문에 그는 차라리 태어나지 않았더라면 좋을 뻔하였다. 비록 그가 하나님의 계획 안에서 행동했으나, 그는 자신의 행동에 대해 도덕적인 책임을 져야 했다(참조, 막 14:10~11). 유다에게 내려진 저주는 마리아에게 내려진 복된 약속(9절)과 너무나 대조적이다.

c. 주의 만찬을 제정하심
   (14:22~26; 마 26:26~30; 눅 22:19~20)

이 부분은 유월절 식사 사건에서 마가가 뽑은 두 번째 중요 사건이다(막 14:17). 유대 가정에서는 유월절 식사를 먹기 전에 그 집의 가장 높은 어른이 애굽의 노예 상태에서 해방되고 구원받은 사건의 의미를 이야기한다. 유월절 식사의 주인으로서 예수님 역시 빵과 포도주의 새로운 의미를 제자들에게 설명해 줄 준비를 하셨을 것이다.

14:22 본격적인 식사 전에(참조, 18절), 그리고 유다가 떠나 버린 후에

(요 13:30) 예수님이 떡을 가지사(아르톤[ἄρτον]: 납작하게 구운 무교병) 축복하시고 제자들에게 주시며 말씀하셨다. "받으라('받아 먹으라'의 뜻). 이것이 내 몸이니라."

예수님은 실제 빵, 잔, 그분의 몸(소마[σῶμα])과 피를 말씀하셨으나, 그들 사이의 관계에 대해서는 상징적으로 표현하셨다(참조, 요 7:35; 8:12; 10:7, 9). '~이니라'라는 동사는 '대표한다'라는 뜻이다. 이렇게 말씀하실 때 예수님은 분명히 육체적으로 제자들 앞에 계셨으므로 제자들이 그분의 몸과 피를 먹은 것은 아니었다. 그런 행위는 유대인들이 혐오하는 행위였다(참조, 레 3:17; 7:26~27; 17:10~24). 그렇게 볼 때, 빵과 포도주가 예수님의 실제 몸과 피로 변한다는 로마 가톨릭의 화체설은 적절하지 않다는 것을 알 수 있다.

14:23 식사가 끝난 뒤(참조, 고전 11:25) 예수님은 물과 혼합된 포도주 잔을 드시고 감사기도를 하시고(유카리스테사스[εὐχαρίστεσας]. 참조, 막 8:6~7. 여기에서 '성찬'[ευχηαριστ]이라는 말이 나왔다) 저희에게 주시니 그들이 다 이를 마셨다. 예수님이 기존의 유월절 의식을 그대로 따랐다고 본다면, 이 잔은 준비된 네 개의 포도주 잔 중 세 번째 잔(감사의 잔. 참조, 고전 10:16)이며, 본 식사를 마치는 의식에 사용되었다. 아마 예수님은 완성의 잔인 네 번째 잔을 마시지 않으셨을 것이다. 그 잔은 예수님과 그분을 따르는 자들이 그분의 나라에서 다시 모일 때(참조, 눅 22:29~30; 막 14:25의 주해) 비로소 들게 될 것이다.

14:24 예수님은 그 잔의 의미를 설명하셨다. "이것은(포도주) 많은 사람을 위하여('대신하여') 흘리는 나의 피 곧 언약의 피니라." 온 인류를 위한 그

분의 대속적, 희생적 죽음을 의미한다(참조, 막 10:45). 시내 산의 옛 언약(모세의 언약)이 희생의 피로 그 효력이 발생했다면(출 24:6~8), 골고다에서 흘리신 예수님의 피는 새 언약을 발효시켰다(렘 31:31~34). 이 언약은 예수님을 믿는 믿음으로 하나님께 나아오는 모든 이들이 성령님의 내주하심을 통해 죄를 용서받으며 하나님과 사귐을 갖게 될 것을 약속해 준다.

언약(디아쎄케[διαθήκη])이란 서로 대등한 당사자들끼리의 합의에 사용되는 말이 아니라(이런 경우에는 쉰쎄케[συνθήκη]를 사용한다), 어느 한쪽의 주도하에 이뤄지는 것을 말한다. 여기에서는 하나님에 의해 설정되는 관계를 의미한다. 언약의 다른 당사자(사람)는 그것을 변경시킬 수 없고, 단지 그것을 받아들이거나 거부할 수 있을 뿐이다. 새 언약은 그리스도의 죽음에 근거하여 하나님이 사람을 대하시는 새로운 방법이다(참조, 히 8:6~13). 하나님이 말세에 내려 주실 것이라고 이스라엘이 고대했던 영적 축복이 이제 예수 그리스도의 죽음을 통해 모든 믿는 자에게 허락되었다. 그러나 이스라엘에 약속된 모든 물질적 축복은 아직 성취되지 않았다. 그것들은 그리스도께서 재림하여 이스라엘 백성과 함께 그 땅에서 천년왕국을 통치하실 때 성취될 것이다.

14:25 예수님은 자신의 죽음에 대해 이야기하실 때마다 항상 그 너머를 바라보시며 말씀하신다. 예수님은 엄숙한 서론적인 말("진실로 너희에게 이르노니." 참조, 3:28)과 함께 포도나무에서 난 것을 하나님 나라에서 새 것으로 마시는 날까지(참조, 13:24~27, 32) 다시 마시지 아니하겠다(우케티 우 메[οὐκέτι οὐ μή]: 더 이상은 결코 ~ 아니다. 참조, 13:2)고 선언하신다. 그분은 하나님 나라에서 제자들과 함께 질적으로 새롭게(카이

논[καινόν]) 된 삶 속에서 식탁 교제를 즐기실 것이다(참조, 사 2:1~4; 4:2~6; 11:1~9; 65:17~25). 여기에서 하나님의 나라는 예수 그리스도께서 재림하실 때 세워질 천년왕국을 말한다(참조, 계 20:4~6).

14:26 유월절에는 찬양 시편(시편 113~118편)을 부르거나 연주했는데, 첫 번째 두 시편(113~114편)은 식사 전에, 나머지 넷(115~118편)은 식사 후에 저녁 예식의 끝 순서로 불렸다. 시편 118편 6~7, 17~18절, 22~24절 같은 구절들은 예수님이 고난과 죽음을 앞두고 하신 말씀으로 인해 더 큰 의미를 지니게 되었다.

식사 후에 있었던 예수님의 선언과 기도(요 13:31~17:26)가 끝났을 때는 거의 자정이 다 되었을 것이며, 예수님과 (유다를 제외한) 열한 제자는 다락방과 마을을 떠났다. 그들은 기드론 계곡을 지나(참조, 요 18:1) 겟세마네 동산이 있는(14:32) 감람산 서쪽 기슭으로 갔다(참조, 막 11:1상).

3. 체포되기 전 예수님의 기도와 제자들의 도망(14:27~52)

이 부분도 마가의 다른 많은 구절처럼 '샌드위치' 구조로 되어 있다(3:20~35). 예수님이 체포될 때 제자들이 도망갈 것이라는 그분의 예언에 대한 언급(14:27~30)과 그 예언의 성취 사이에(43~52절) 예수님의 겟세마네 기도가 삽입되어 있다(32~42절). 이와 같은 방식으로 마가는 예수님이 아무런 인간적인 동정이나 보호 없이 오직 아버지와 함께 최후 시험의 순간을 맞았다는 것을 강조했다.

a. 제자들의 도망과 베드로의 부인을 예언하심
   (14:27~31; 마 26:31~35; 눅 22:31~34; 요 13:36~38)

누가와 요한이 기록한 것처럼 이 말씀이 다락방에서 하신 말씀인지, 아니면 마태나 마가의 증언처럼 겟세마네로 가던 도중에 하신 말씀인지는 판단하기 어렵다. 마가는 분명 사건의 순서를 시간 경과에 따라 정확히 기술하기보다는 그가 강조하고 싶었던 사건들을 부각시키기 위해 사건의 내용을 서로 대비시키는 방법을 사용한다(예, 막 14:50~52, 66~72). 아마 예수님은 다락방에서(누가와 요한의 기록처럼) 이 예언을 베드로에게 하셨고(마태의 기록처럼), 겟세마네로 가시던 도중에 다른 제자들, 특히 베드로에게 반복하셨을 것이다.

14:27 "버리리라"(스칸달리스쎄세스쎄[σκανδαλισθήσεσθη])로 번역된 동사는 어떤 사람을 외면하고 죄에 빠지는 것을 의미한다(참조, 4:17; 6:3; 9:42~47). 예수님은 열한 제자 모두가 그분의 수난과 죽음으로 인해 흩어질 것이라고 예언하셨다. 똑같은 취급을 당하지 않기 위해 그들은 그분과의 관계를 부인하고(참조, 14:30) 그분을 '버릴 것이다'(참조, 50절). 일시적으로 그들의 충성심은 소멸될 것이다.

예수님은 스가랴 13장 7절을 이 상황에 적용시키셨다. "내가(성부 하나님) 목자(예수)를 치리니(죽음에 빠뜨리리니) 양들(제자들)이 사방에 흩어지리라." 양들을 '치라'(슥 13:7)라는 명령을 '내가 치리니'라고 바꾼 것에서 예수님은 자신을 하나님의 고난 받는 종으로 생각했음을 알 수 있다(참조, 사 53장, 특히 4~6절).

14:28 예수님은 곧 제자들의 도망에 대한 예언을 부활 후 재결합한다는 약속으로 완화시키신다(참조, 16:7; 마 28:16~17). 다시 살아나신 목자로서 그분은 그들이 살고 일했으며, 제자로 부름 받아 명령을 받았던 갈릴리로(참조, 막 1:16~20; 3:13~15; 6:7, 12~13) 제자들보다 먼저 가실 것이다. 그들은 그분의 백성을 인도하시는, 그들의 미래 사역을 위해 부활하신 주님을 '따라가야' 한다(참조, 13:10; 14:9).

14:29~31 이전과 마찬가지로(참조, 8:32) 베드로는 예수님의 예언의 전반부(27절)에만 관심을 기울이고 후반부는(28절) 무시해 버렸다. 모든 제자가 예수님을 버리더라도 자기는 예외이며, 자기는 결코 예수님을 버리지 않겠다('나는'이란 말이 강조되어 있다)고 주장한다. 베드로는 다른 모든 사람보다 더 큰 충성을 예수님께 바치겠다고 공언했다(참조, 요 21:15의 '이 사람들보다 더').

예수님은 엄숙한 서론적 말씀("내가 진실로 네게 이르노니." 참조, 막 3:28)과 더불어 베드로의 선한 의도에도 불구하고 그의 실수는 다른 제자들보다 더 심각한 것이라고 강조하여 말씀하셨다. 바로 그날 밤 닭이 두 번 울기 전에 베드로는 도망했을 뿐 아니라 예수님을 세 번 부인하기까지 했다. '닭 울기 전'은 해뜨기 전의 이른 새벽을 뜻하는 속담적 표현이다(참조, 13:35). 오직 마가만이 닭이 두 번 울었다고 상세히 기록하고 있는데, 이는 베드로의 증언을 명확하게 들었기 때문이었을 것이다.

예수님의 응답은 베드로 하여금 예수님과 같이 죽음을 당하더라도 결코 예수님을 부인하지 않겠다고 더 **열정적으로**(이 부사는 신약에서 여기에서만 사용되었다) 주장하게 했다. 제자들도 베드로의 충성스런 다짐을 따라 반응을 보였다. 그들은 예수님의 예언이 틀릴 것이라고 장담했으나,

불과 몇 시간도 못 되어 예수님이 옳았음이 판명되었다(참조, 14:50, 72).

b. 겟세마네 기도(14:32~42; 마 26:36~47; 눅 22:39~42)

여기에서 마가는 예수님의 기도하시는 모습을 세 번째로 기록하고 있다(참조, 막 1:35; 6:46). 각 경우마다 예수님은 하나님의 뜻에 헌신하려는 다짐을 굳게 하였다. 비록 사탄이 언급되어 있지는 않으나, 분명히 그 자리에 있었고, 이 사건을 유혹의 장면으로 만들려고 했음이 틀림없다(참조, 1:12, 13). 공관복음서는 예수님의 기도를 다섯 가지 형태로 묘사했는데, 약간의 사소한 차이를 제외하면 모두 흡사하다. 아마 예수님은 동일한 간구를 다소 다르게 반복하셨을 것이다(참조, 14:37, 39).

14:32~34 예수님과 열한 제자는 겟세마네(문자적으로 '기름 즙 틀', 즉 올리브를 으깨어 기름을 짜는 틀)로 갔다. 그곳은 감람산(올리브 산) 기슭 근처에 올리브 나무로 사방이 둘러싸인 곳이었다(참조, 26절; 요 18:1). 이 고립된 장소는 유다도 알고 있던, 그들이 종종 모이던 장소였다(참조, 눅 22:39, 요 18:2).

예수님은 전에도 자주 그러셨던 것처럼 제자들에게 입구 근처에 앉아 기다리라고(문자적으로 '내 기도가 끝날 때까지') 하시고는 베드로와 야고보와 요한을 데리고(참조, 막 5:37; 9:2) 동산으로 들어가셨다.

네 명이 '동산' 안에 들어갔을 때 예수님은 심히 **놀라시며**(에크쌈베오[ἐκθαμβέω]에서 나온 말로, '깜짝 놀라다'라는 뜻. 참조, 9:15; 16:5~6) 슬퍼하셨다(아데모네오[ἀδημονεω]: 극히 고난스러워하다. 참조, 빌 2:26). 예수님은 세 제자에게 그분의 영혼(프쉬케[ψυχή]: 내적으로 자기를 의식하는 마음)이 슬픔(페릴뤼포스[περιλυπός]: 심히 슬퍼하다. 참조, 막 6:26)으로 압도당하여 거의 죽기까지 이르렀다고 말씀하셨다. 그래서 제자들에게 "깨어 있으라"(그레고레이테[γρηγορεῖτε]. 참조, 14:38)고 명하셨던 것이다. 그분께 닥친 고난과 죽음의 무게 앞에서 예수님은 거의 무너질 지경이었다. 그분의 아버지에게서 버림받을 것이라는 예상이 그분을 공포에 빠지게 했다.

14:35~36 제자들에게서 조금 떨어져 **땅바닥에 꿇어앉으신**(참조, 마 26:39; 눅 22:41) 예수님은 심히 격한 감정으로(참조, 히 5:7) 기도하셨다(프로세위케토[προσηύχετο]: 계속 기도하셨다). 그 기도는 적어도 한 시간은 계속 되었겠지만(참조, 막 14:37) 마가는 그것을 첫 번째는 이야기 형태로(35하반절), 두 번째는 직접적인 인용으로(36절) 짧게 기록했다.

그 기도의 중심은 "가능하다면 이 때가 그냥 지나가게 해 주십시오" 하는 것이었다. '가능하다면'이란 단어는 하나님의 능력에 대한 의심을 뜻하는 것이 아니라, 그분의 탄원이 근거하는 구체적인 전제였다. 예수님은 아버지께서 그렇게 하실 수도 있다는 것을 가정하고 간절히 탄원하신다. 남아 있는 문제는 이렇게 기도하는 것이 하나님의 뜻인가 하는 것이다(참조, 눅 22:42).

'이 때'란 예수님이 고난당하고 죽으시는, 하나님이 정하신 시간을 말한다(참조, 막 14:41하; 요 12:23, 27). 이것과 관계된 비유인 '이 잔' 역시 똑같은 것을 가리킨다. '잔'이란 인간적인 고통이나 죽음을 의미할 수도 있고, 죄에 대한 하나님의 진노로 인한 육체와 영혼의 고통과 죽음을 의미할 수도 있다(참조, 막 10:38~39; 14:33하~34). 하나님의 심판을 담당하기 위해 죄 없으신 예수님은 '죄인이 되는' 고통을 감수하셔야만 했다

(참조, 15:34; 고후 5:21).

동의어 반복인 아빠(아람어, '나의 아버지') 아버지(헬라어, 파테르 [πατήρ])는 다른 곳에서는 단지 두 군데에서만 나타난다(참조, 롬 8:15; 갈 4:6). '아빠'란 유대의 어린아이들이 일반적으로 아버지를 부를 때 쓰는 호칭이었다. 그것은 친밀함과 가족의 유대감을 잘 표현해 주는 말이었다. 그러나 유대인들은 이 말을 하나님께 대한 개인적인 말로는 사용하지 않았다. 왜냐하면 이 말이 기도에는 적절치 않은 것으로 여겨졌기 때문이다. 따라서 예수님이 '아빠'를 쓰셨을 때, 이는 아주 새롭고 독특한 것이었다. 예수님은 아마 자신과 아버지의 형용할 길 없는 특별히 친밀한 관계를 나타내기 위해 자주 이 말을 사용하신 것 같다. 여기에서 '아빠'라는 말은, 인간의 죄에 대한 하나님의 심판의 잔을 마시는 것이 일차적 관심인 예수님께도 이 밀접한 관계가 파괴될 수밖에 없음을 보여 준다(참조, 마가복음 15장 34절에 기록된 예수님의 처절한 부르짖음).

'이 때가 지나가게' 해 달라는 것과 '이 잔'을 그에게서 옮겨 달라는 요청을 통해 예수님이 의도하신 바는 무엇이었을까? 전통적인 답변은 예수님이 만약 가능하다면 '이 때'가 그분을 스쳐 지나가고, 그분이 마시기 전에 '이 잔'이 사라지게 해 달라고 기도했다는 것이다. 이 견해에 의하면 예수님은 십자가로 가실 때에 하나님의 뜻에 복종하겠다는 기도를 드린 것이다. 그러나 몇몇 해석자들은 예수님이 '이 때' 이후를 회복시켜 달라는 기도를 하셨다고 주장한다. 즉 그것이 온 후에는 지나가게 하고, 그 잔을 마신 다음에 그 잔을 치워 달라는 기도를 하셨다는 것이다(참조, 사 51:17~23). 이 견해에 의하면, 예수님은 아버지께서 그를 버려 영원토록 신적 분노인 죽음에 처하게 하지 않고, 그것을 제하여 그를 부활시켜 달라는 신앙의 기도를 드린 것이다.

문제가 해결된 것은 아니지만(예, 요 12:27) 방금 논의된 맥락이나 다른 구절들(마 26:39, 42; 눅 22:41~42; 히 5:7~8), 그리고 마가복음 14장 36절에 있는 최후 진술, "그러나 나의 원대로 마옵시고 아버지의 원대로 하옵소서"라는 구절을 볼 때, 전통적인 견해가 더 타당하다고 할 수 있다. 예수님의 인간적인 뜻이 아버지의 뜻과 거리가 좀 있기는 했으나, 반대되는 것은 아니었다(참조, 요 5:30; 6:38). 그래서 예수님은 자신의 요구에 대한 응답이 자신이 바라는 대로가 아니라 하나님이 원하시는 대로 되어야 함을 인정하셨다. 하나님의 뜻은 그분의 희생적인 죽음을 수반하는 것이었다(참조, 막 8:31). 그래서 그분은 절대적으로 죽음에 자신을 내맡기셨던 것이다. 그분의 깊은 곤경은 지나갔으나 '이 때'는 지나가지 않았다(참조, 14:41하).

14:37~41상 이제 마가의 이야기의 초점이 예수님의 기도에서 깨어 있는 데 실패한 세 제자에게로 옮겨 간다(참조, 33~34절). 예수님은 세 번이나 기도를 중단하고 제자들에게로 가셨으나 그때마다 그들이 잠든 것만을 보셨을 뿐이다. 처음에는 베드로를 옛 이름이었던(참조, 3:16) 시몬으로 부르시면서 한 시간도 깨어 있지 못하는 그를 가볍게 책망하신 다음, 세 제자 모두에게 **깨어서** 영적인 위험 앞에서 정신을 차리고 **시험에 들지 않게**(문자적으로 '가지 않게') 하나님을 의지하며 기도하라고 권면하셨다. 이는 예수님의 체포와 심문과 함께 그들이 직면할 시험들을 예상하신 것이다(참조, 14:50, 66~72). 한편 제자들은 마음(곧 내적 바람이나 의도)은 깨어 있고 싶었으나(29, 31절), 그들의 육신(문자적으로 '몸', 인간으로서의 한계나 연약성)은 연약하여 쉽게 넘어졌다.

예수님은 다시 가셔서 **똑같은** 간구를 드리신 다음(참조, 36절) 돌아와서 제자들이 자는 것을 다시 발견하셨다. 그분의 책망에 그들은 할 말을 찾지 못했다(참조, 9:6). 세 번째 기도 이후 예수님은 다시 제자들이 잠든 것을 보셨다. "아직도 자고 쉬느냐?"고 하신 말씀은 죄를 깨우쳐 주는 말씀일 수도 있고(NIV), 역설적이지만 애정어린 명령일 수도 있고(KJV), 갑작스런 책망의 외침이라고 할 수도 있다. 37, 40절에 비추어 볼 때, 첫째 번 해석이 가장 타당한 것 같다. 베드로는 세 번이나 깨어서 기도하기에 실패했다. 그 결과 세 번이나 시험에 들어서 예수님을 세 번 부인하게 되었다. 이 경고는 모든 믿는 사람에게 그대로 적용된다. 왜냐하면 모두가 영적인 실패를 경험할 수 있기 때문이다(참조, 13:37).

14:41하~42 41상반절과 하반절 사이에는 약간의 시간적 간격이 있는 것 같다. "이제는 자고 쉬라 그만 되었다"라는 말로 인해 제자들은 일어났다(참조, 8:31). 그때 예수님은 "때가(참조, 35절) 왔도다 인자가 죄인의 손, 특히 악의에 찬 산헤드린에 팔리느니라"(참조, 9:31)라고 말씀하셨다. 예수님을 배신한 유다가 도착했다. 예수님과 세 제자들은 도망치는 대신에(나머지 여덟 제자도 틀림없이 가담했을 것이다) 유다를 맞으러 앞으로 나아갔다. 예수님의 기도를 유발시킨 문제가 정리된 것이다(참조, 14:35~36).

c. 예수님의 배신당하심과 체포, 제자들의 도피
   (14:43~52; 마 26:47~56; 눅 22:47~53; 요 18:2~12)

14:43 예수님이 제자들에게 말씀하실 때에 곧(유쒸스[εαθύς]. 참조, 1:10) 유다가 단검을 가진 로마 병사들(참조, 요 18:12)과 몽둥이를 든 성전 지키는 자들(참조, 눅 22:52)을 이끌고 나타났다. 유다는 밤에 겟세마

네(참조, 요 18:2)에 계신 예수님께 그들을 인도해 왔다(참조, 행 1:16). 그래서 아무런 소동을 일으키지 않고 예수님을 체포할 수 있었다(참조, 막 14:1~2). 산헤드린(참조, 8:31의 주해)이 예수님을 체포하기 위해 영장을 발급했을 것이고, 대제사장이 로마 군대의 협조를 얻었을 것이다.

14:44~47 유다는 **입맞춤**을 신호로 무장한 무리가 예수님을 알아내고 **체포하도록** 했다. 그들은 예수님이 도망하지 못하도록 체포해서 데리고 가야 했다. 유다는 '동산에 들어가자 즉시(유쒸스[εὐαθύς]. 참조, 1:10) 예수님께 나아가 "랍비여"(참조, 4:38; 9:5)라고 인사하면서 그분께 입을 맞추었다(강세형 복합 동사). 뺨(혹은 손)에 입 맞추는 것은 당시 제자들이 스승(랍비)에게 애정과 존경을 표하는 일반적인 행위였다. 그러나 유다는 그것을 배신의 표시로 사용했던 것이다.

예수님이 아무런 저항도 하지 않았으므로 그들은 쉽게 그분을 **체포하고 포박할** 수 있었다. 마가의 기사에는 어떤 고소 내용도 서술되어 있지 않다. 그럼에도 불구하고 산헤드린이 그것에 권위를 부여했기 때문에 유대의 형사법에 따라 적법성이 인정되었다. 예수님의 분명한 무저항으로 인해 그분의 참 정체가 계속 가려져 버렸다.

마가는 곁에 서 있던 익명의 한 사람이 저항한 것을 기록했다(베드로; 참조, 요 18:10). 헬라어 단어를 보면 그가 누구였는지를 마가가 알고 있었다는 사실을 보여 준다. 검을 가진(참조, 눅 22:38) 두 제자 중 한 사람으로, 베드로는 검을 **휘둘러 대제사장 가야바의 종 말고의 귀를 내리쳤다**. 그러나 베드로는 겨우 그의 오른쪽 귀만을(참조, 요 18:10, 13) 베었을 뿐이다. 누가만이 예수님이 그 귀를 다시 붙여 주셨다고 기록했다(참조, 눅 22:51). 예수님을 보호하려는 베드로의 시도는 잘못된 장소에서의 잘못된 시도였다.

14:48~50 예수님은 아무런 항거도 하지 않으셨지만, 종교 지도자들이 마치 폭동이라도 일으킨 사람을 잡듯이(문자적으로 '무장한 폭도들을 진압하기 위해 나온 것처럼') 무장한 무리를 보내어 자신을 잡으려 한 것에 대해서는 꾸짖으셨다. 그분은 은밀하게 행동하는 혁명가가 아니라 유대교 선생으로 알려져 있었다. 그 주간 내내 날마다 **예루살렘 성전 뜰에**(참조, 11:11) 모습을 드러내고 **가르치셨으나**(참조, 11:17) 그들은 그분을 **잡지 않았다**(참조, 12:12; 14:1~2). 마치 죄인처럼 한적한 밤에 인적이 드문 곳에서 그분을 체포한 것은 그들이 겁에 질려 있었음을 보여 준 것이다. 그러나 이 사건은 **성경을 이루기 위함이었다**(참조, 사 53:3, 7~9, 12).

예수님이 아무 저항 없이 체포당하려는 의향을 분명히 하자 제자들의 충성심과 그분을 메시아로 믿었던 확신은 산산조각 나버렸다. **모든 제자들은**('모든 사람' 강조) **그를 버리고 도망쳐 버렸다**(참조, 막 14:27). 어느 누구도, 심지어 베드로조차도(29절) 예수님과 함께 남아 그분의 고난에 동참하려 하지 않았다.

14:51~52 마가복음에만 있는 이 독특한 구절은 제자들이 모두 예수님을 버리고 도망가 버렸다는 50절을 다시 보충해 주고 있다. 이 **청년**(네아니스코스[νεανίσκος]: 24~40세의 한창 때인 사람)이 마가 자신일 것이라고 많은 주석가들이 의견 일치를 보고 있다. 만약 그렇다면, 그리고 그가 그 집 주인의 아들이었다면(참조, 14~15절, 행 12:12), 그 밤에 일어난 사건의 경과는 대략 이러했을 것이다. 예수님과 제자들이 식사 후에 마가의 집을 떠나자, 그는 겉옷을(참조, 막 13:16) 벗고 잠잘 때 두르는 홑이불을

두르고 잠자리에 들었을 것이다. 얼마 후 하인이 뛰어와 유다가 배반하여 예수님을 체포하러 갔다는 소식을 알려 주자, 그는 옷 입을 틈도 없이 홑이불만 두르고 황급히 이 소식을 예수님께 전하기 위해 겟세마네 동산까지 뛰어 올라갔다. 그러나 그가 도착했을 때 예수님은 이미 체포되고 제자들은 사방으로 도망간 상태였는데, 이후 남몰래 예수님의 뒤를 따라가다가 그만 발각되어 황급히 홑이불을 팽개치고 도망가 버렸다. 결국 예수님을 따라가 보려 했던 이 용감한 청년마저 도망가 버리고, 예수님 곁에는 아무도 남지 않았다.

B. 심문, 십자가 처형, 그리고 매장(14:53~15:47)

이 부분 역시 세 가지 사건, 곧 예수님의 심문(14:53~15:20), 십자가에 못 박히시고 돌아가심(15:21~41), 무덤에 매장되심(15:42~47)으로 구성되어 있다.

1. 산헤드린 앞과 빌라도 앞에서 심문 당하심(14:53~15:20)

예수님은 먼저 종교 지도자들에게 심문을 당하신 다음 정치 지도자들에게 심문을 당하셨다. 이는 산헤드린이 공적인 처벌을 행할 권한을 갖고 있지 못했기에 필요한 일이었다(요 18:31). 두 재판은 모두 세 번의 물음과 대답을 기록하고 있다(마 26:57~58의 주해에 있는 도표 〈예수님의 여섯 재판〉을 보라).

a. 산헤드린의 재판과 베드로의 세 번 부인(14:53~15:1상)

예수님이 유대 종교 지도자들 앞에서 당한 심문은 안나스의 예비적인 심문(요 18:12~14, 19~24), 밤중에 대제사장 가야바와 산헤드린 앞에서의 사실 심문(마 26:57~68; 막 14:53~65), 그리고 동틀 때쯤의 산헤드린의 최후 판결(참조, 마 27:1; 막 15:1상, 눅 22:66~71)이다.

(1) 대제사장 관저에 있는 예수님과 뜰에 있는 베드로
 (14:53~54; 마 26:57~58; 눅 22:54; 요 18:15~16, 18, 34)

14:53 겟세마네에서 예수님을 체포한 자들은 예루살렘의 대제사장 집으로 그분을 끌고 갔다. 그때의 대제사장은 가야바(참조, 마 26:57)였는데, 그는 AD 18년에서 36년까지 대제사장직을 맡았다(행 4:5~6의 주해에 있는 도표 〈안나스의 가족〉을 보라).

대제사장을 포함한 71명의 산헤드린 회원들(참조, 막 8:31의 주해)은 야간 회의를 위해 급히 다락방으로 모였다(참조, 14:66). 이것은 '비공식' 모임이었는데, 낮에만 재판을 허락하는 유대인들의 엄격한 법적 재판 과정을 충족시키기 위해서는 새벽 이후에(참조, 15:1) 공식적인 인가를 받아야 했다. 의결 정족수는 23명으로 구성되었다(미쉬나 산헤드린 1. 6). 이번 경우에는 비록 시간은 축제일인 니산월 15일 새벽 3시경이었지만, 대부분의 회원이 거기에 모였다.

이 회의는 아마 유대 형법에서 범죄자는 통상 체포 직후부터 재판을 받았고, 로마 정부는 해 뜬 후에 재판을 시작했기에(참조, 15:1) 산헤드린은 그때까지 자체 내 결정을 내리고 아침 일찍 빌라도에게 보고할 필요가

있었으며, 예수님의 재판이 지체되어 군중들이 이 소식을 알고 저항할까 봐 두려워했기 때문에 급작스럽게 열리게 되었을 것이다. 이미 그들은 예수님을 죽이기로 결심했기 때문에(참조, 14:1~2) 그들이 집중했던 일은 사형을 시킬 만한 그럴듯한 증거를 찾는 것이었다(참조, 55절). 아마 그들은 산헤드린 공의회가 예수님의 죽음에 대한 비난을 받게 하지 않기 위해 로마 사람의 손을 빌려 예수님을 처형하기를 바랐을 것이다.

몇 사람이 랍비들의 법적 규례를 근거로 축제일에 포로를 재판하는 것에 대한 합법성의 문제를 제기했다. 그러나 랍비들은 주요 축제일에 중한 범죄자의 재판과 처형을 정당화했다. 그들은 "모든 사람이 듣고 두려워할 것이다"라고 주장했다(참조, 신 17:13; 21:21; TDNT, s.v. 파스카 [πάσχα]. 참조, 5:899~900). 소송에서 확정 판결은 법적으로 다음 날까지 결정될 수 없었다.

14:54 베드로(참조, 29, 31, 50절)는 다시 용기를 내어 멀찍이 (예수님을) 따라 대제사장의 집 뜰 안까지 들어갔다. 이곳은 대제사장 관저 앞의 정원이었다(참조, 요 18:15~18). 차가운 밤 기온 때문에 베드로는 성전을 지키는 자들과 함께 앉아서 불을 쬐었다(문자적으로 '불빛을 마주 보았다.' 그래서 그의 얼굴이 밝게 드러났다. 참조, 막 14:67). 그는 예수님께 어떤 일이 생길 것인지 알고 싶었다(참조, 마 26:58).

(2) 산헤드린 앞에서의 재판(14:55~65; 마 26:59~68)

이 부분의 자료는 아마 산헤드린 공의회 회원 중 은밀히 예수님께 동조하던 사람, 혹은 처음에는 예수님을 거부했으나 후에 그분을 믿게 된 사람의 증언에 근거하고 있는 것 같다(참조, 행 6:7).

14:55~56 산헤드린 공회는 예수님께 사형선고를 내릴 증거(문자적으로 '증언')를 찾으려고 했으나 얻지 못했다(문자적으로 '아무것도 찾지 못했다'). 많은 사람이 그에 대해 거짓 증거를 했으므로 증거가 없지는 않았으나 그 증거가 서로 일치하지 않았기에 아무 소용이 없었다. 옳지 않은 수많은 고소가 있었고, 동일한 고소에도 다른 증인이 많이 나왔다. 아마 이 증인들은 예수님의 체포 이전에 이미 예비되어 있었으나, 그들의 고소 내용을 서로 조화시킬 틈은 없었던 것 같다. 유대 재판에서 증인은 기소자 역할을 할 수 있으나, 그들은 각각 따로 증언해야 했다. 모세 율법은 적어도 두 명의 증인이 완전히 일치된 증언을 해야만 유죄 판결을 내릴 수 있다고 말한다(민 35:30; 신 17:6; 19:15).

14:57~59 마침 적절한 때에 어떤 사람들이 일어나('두 명.' 참조, 마 26:60) 예수님이 "내가(에고[ἐγω], 강조어) 인간이 만든 이 성전(나온 [ναόν]: 성소. 참조, 막 11:11)을 헐고 인간에 의해 만들어지지 않은 다른(알론[ἄλλον]: 다른 종류의) 성전을 세우겠다"라고 말씀하셨다고 증언했다. 그러나 그 증거조차 서로 일치하지 않았다. 그래서 마가는 이 모든 것이 잘못된 것이라고 하였다.

예수님은 사실 이와 비슷한 신비스러운 선언을 하셨는데(요 2:19), 이는 그분의 몸 된 '성전'을 가리킨 것이었다(참조, 요 2:20~22). 그런데 당시 사람들은 그분의 말을 오해해서 예루살렘 성전을 언급하는 것으로 생각했던 것이다. 예배 처소를 무너뜨린다는 것은 고대 세계에 있어서 엄청난 범죄였다(요세푸스, *The Antiquities of the Jews* 10. 6. 2). 비록 그들의 증거가 타당하지 못했지만, 그것은 '예수님이 누구냐?'(막 14:61)라는 질문에 길을 열어 놓았고, 마가복음 15장 29절에 기록된 비웃음을 사게 했다.

14:60~61상 대제사장 가야바는 예수님을 처형할 합당한 정보를 얻기 위해 두 가지 질문을 했다. "너는 아무 대답도 없느냐?"라는 첫 번째 질문은 적극적인 답변을 기대하면서 던진 질문이고, "이 사람들이 너를 치는 증거가 어떠하냐?"라는 두 번째 질문은 예수님의 설명을 기대한 질문이었다. 그러나 예수님은 아무런 변호도 하지 않으시고(참조, 사 53:7) 침묵만 지키셨다. 예수님의 침묵은 재판정을 좌절시켰고, 재판 과정을 어렵게 만들었다.

14:61하~62 대제사장은 진술을 바꾸어 "네가(강조어) 찬송 받으실 이의 아들 그리스도(메시아. 참조, 1:1; 8:29)냐?"라고 예수님께 물었다(문자적으로 '계속해서 묻다'). 이런 의미로는 신약성경 중 여기에서만 발견되는데, '찬송 받으실 이'라는 칭호는 '하나님' 대신 사용할 수 있는 유대 칭호였다. 예수님에 대한 이런 두 가지 칭호는 자신이 메시아라는 예수님의 주장과 관련된 것이다.

예수님은 아주 명확하게 "내가 그니라", 곧 "나는 메시아이며 하나님의 아들이다"라고 대답하셨다. 마가복음에서는 여기에서 비로소 처음으로 예수님이 메시아임을 공적으로 천명한다(참조, 1:43~44; 8:29~30; 9:9; 11:28~33; 12:12의 주해). 이 주장을 증명하기 위해 예수님은 유대인들이 참된 메시아의 증거로 생각해 왔던 것처럼 놀라운 예언을 하셨다. 시편 110편 1절과 다니엘 7장 13절을 자신에게 적용시키면서 "인자가 권능자(하나님 칭호의 대리적 표현으로 유대인들이 사용한 말)의 우편(최고의 영예와 권위를 표현하는 말. 참조, 12:36)에 앉은 것과 하늘 구름을 타고 심판하시기 위해(8:38, 13:26) 오는 것을 너희가(예수님을 재판한 사람들) 보리라"고 말씀하셨다. 그들이 예수님을 '볼 것'이라는 것은 예수님이 그들 생전에 다시 오심을 의미하는 것은 아니다. 오히려 그것은 장차 예수님을 심판한 사람들이 높이 들리신 인자 앞에서 심판 받기 위해 육체적으로 부활할 것을 간접적으로 언급하신 말이다. 그때에는 그분이 하나님의 기름 부음 받은 자, 곧 메시아라는 사실이 분명히 밝혀질 것이다.

14:63~64 대제사장이 그의 옷을 찢었다고 할 때, 그 옷은 제사장의 예복이 아니라 속옷을 가리키는 것으로 볼 수 있다. 그렇게 함으로써 대제사장은 자기가 예수님의 담대한 선언을 신성모독으로 간주했다는 것을 보여 주었다. 그가 생각하기에 예수님의 선언은 오직 하나님께만 속한 권한과 권세를 자기가 가졌다고 주장함으로써 하나님을 모독한 것이었다(참조, 2:7). 두려움과 분노에 대한 이런 상징적인 표현은 대제사장들이 신성모독의 말을 들을 때마다 그들에게 요구되는 것이었다. 예수님이 스스로를 옭아매는 대답을 함으로써 더 많은 증거를 찾을 필요가 없게 되었으므로 그는 한편으로 다행스럽게 생각했을 것이다.

모세 율법은 신성모독의 범죄를 돌로 쳐 죽이도록 규정하였다(레 24:15~16). 대제사장은 다른 증거를 더 요구하지 않고 산헤드린의 판결을 요청했고, 산헤드린은 별다른 반대 의견 없이 그들이 다 예수님을 사형에 해당하는 자로 정죄했다(에노콘[ἔνοχον]: 죄 있는. 참조, 막 3:29; 10:33).

14:65 산헤드린 회원 몇 명이 그들의 분노를 표현하기 위해 예수님을 모욕하고 침을 뱉기까지 했다. 얼굴에 침을 뱉는 것은 관계를 완전히 단절하는 것, 엄청난 인격적 모욕을 뜻한다(참조, 민 12:14; 신 25:9; 욥 30:10; 사 50:6). 예수님이 메시아라는 주장에 그들은 그분의 얼굴을 가리고 주먹

으로 치며 누가 그를 쳤는지 알아맞혀 보라고 조롱했다. 이는 이사야서 11장 2~4절에 대한 랍비 전통의 해석을 반영하는 것으로, 참된 메시아는 눈으로 보지 않고도 이런 일을 판단할 수 있다는 전통을 보여 준다(참조, 바벨론 탈무드의 '산헤드린', 93b). 그러나 예수님은 그들의 시험에 응하기를 거절하시고 조용히 참으셨다(참조, 사 53:7; 벧전 2:23). 예수님이 성전 지키는 자들에게 이끌려왔을 때(참조, 막 14:54), 그들도 역시 상관들을 모방하여 그분을 치고 그분의 얼굴을 때렸다(참조, 눅 22:63~65).

(3) 베드로가 예수님을 세 번 부인함(14:66~72; 마 26:69~75; 눅 22:55~62; 요 18:15~18, 25~27).

네 복음서가 모두 이 이야기를 다루고 있다. 약간씩은 서로 다르지만 모순되지는 않는다. 마가의 생생한 기록은 아마 베드로의 입에서 직접 나왔을 것이다. 마가복음 14장 54절은 베드로 역시 예수님이 산헤드린 앞에서 당한 것과 같은 시련을 당하게 된다는 것을 보여 준다. 베드로의 부인을 기록한 다음 마가는 산헤드린의 결정사항을 다시 보고하기 시작한다(참조, 15:1상).

14:66~68 대제사장의 여종 중 하나(아마 안쪽 뜰의 문지기인 듯. 참조, 요 18:16)가 예수님에 대한 재판이 진행되고 있는 윗층 방 밑에 있던 뜰에서(참조, 14:54; 15:16) 불을 쬐고 있는 베드로에게 다가왔다. 그녀는 가까이서 그를 보고(엠블레포[$\dot{\epsilon}\mu\beta\lambda\dot{\epsilon}\pi\omega$]에서 옴. 참조, 10:21) 갑자기 "너도(강조형) 역시(요한도 거기 있었다. 참조, 요 18:15) 그 나사렛 사람(참조, 1:24; 10:47) 예수와 함께(참조, 막 3:14) 있었도다"라고 소리 질렀다.

그 여종은 분명히 베드로의 신분을 파악했으나, 베드로는 그것을 부인했다(에르네사토[ἠρνήσατω]. 참조, 8:34; 14:30). 그는 자기 안전을 위해 자기가 예수님의 제자임을 부인했다. 그가 부인한 방법("나는 네가 말하는 것이 무엇인지 알지도 못하고 깨닫지도 못하겠노라")은 유대인들의 일상적인 법적 표현이었다. 더 이상 발각되는 것이 두려워 그는 길거리로 통하는 포장된 길, 곧 앞뜰로 나갔다.

거의 모든 고대 헬라어 사본과 초기 역본들이 68절 끝에 "그러자 닭이 울더라"는 말을 포함하고 있다(NIV 난외주, KJV). 이는 72절에 있는 '두 번째'라는 말과 잘 어울린다. 다른 복음서의 병행구절에는 닭이 한 번만 울었다고 나타나 있기 때문에(참조, 마 26:74; 눅 22:60; 요 18:27) 이 구절들을 조화시키기 위해서 몇몇 필사자들이 이 말을 마가복음에서 삭제해 버렸을 것이다. 그러나 마가는 베드로로부터 목격담을 생생하게 들었을 것이기 때문에 다른 복음서에 비해 마가복음의 진술이 훨씬 더 구체적이었다. 베드로는 아마 첫 번째 닭이 울었을 때는 일상적인 것으로 생각해서 특별한 의미를 깨닫지 못했을 것이다(참조, 막 13:35하; 14:72).

14:69~71 그 여종이 다른 사람과 더불어(참조, 마 26:71; 눅 22:58) 앞뜰에 있는 베드로를 보고 곁에 있는 사람들에게 '이 사람이 예수님의 제자 중의 하나'라고 폭로했다. 베드로는 다시 그것을 부인했다(문자적으로 '계속 부인했다'[미완료형]).

한 시간 정도 지난 뒤(참조, 눅 22:59) 곁에 있던 사람들이 베드로를 고소하여 "확실히(문자적으로 '진실로') 너는 그들(제자들) 중의 하나이니 너는(헬라어로 '너 역시') 갈릴리 사람이기 때문이다"라고 말했다. 갈릴리 사람들은 아람 방언을 말할 때 그 발음에 있어서 현저히 구별되었다(참조, 마 26:73). 그래서 그들은 그가 갈릴리 이단자인 예수의 제자라고 확신했던 것이다.

베드로가 **저주하며 맹세했다**는 사실은 그가 신성모독적 발언을 했다는 것을 의미하지 않는다. 만약 그들에게 거짓말을 하고 있다면 하나님의 저주가 있을 것이라는 맹세, 즉 법정에서처럼 자신의 진실성을 입증하기 위해 맹세한 것이라고 할 수 있다. 베드로는 예수님의 이름을 부르는 것을 조심스럽게 피하면서, 그들이 말하고 있는 이 사람을 알지 못한다고 강하게 부인했다.

14:72 두 시간이 채 못 되어 베드로가 세 번째로 예수님을 부인하자, 곧(유쒸스[εὐθύς]. 참조, 1:10) 닭이 두 번째로 울었다(참조, 14:68). 그 순간 그는 예수님의 예언을 기억하게 되었고(29~31절), 예수님이 고개를 돌려 자기를 보시는 것도 보았다(눅 22:61). 이에 그의 마음은 극심한 고통에 사로잡혔고, 그는 그 자리에 엎드려 심히 통곡했다.

유다의 경우(마 27:3~5)와는 대조적으로 베드로의 애통은 진정한 회개의 길을 걷게 했고, 부활하신 주님께 대한 충성을 다시 확인케 하는 계기가 되었다(참조, 막 16:7; 요 21:15~19). 베드로는 예수님께 대한 새로운 믿음을 가졌으나, 유다는 그렇지 못했다.

(4) 해 뜰 녘 산헤드린의 판결(15:1상; 마 27:1; 눅 22:66~71)

15:1상 날이 밝아오자마자(금요일 오전 5시에서 6시 사이. 아마 AD 33년 4월 3일인 듯) 즉시(유쒸스[εὐθύς]. 참조, 1:10) 온 공회가(참조, 14:53) 대제사장의 인도에 따라 예수님을 정죄하고 로마의 판결을 얻기 위해 그분을 로마 법정으로 끌고 갔다. 비록 산헤드린 공회가 사형 판결을 내릴

수는 있었으나 사형 집행은 직접 할 수 없었다. 판결을 받은 죄수가 로마 정부에 넘겨져 사형 선고를 받은 후에야 형을 집행할 수 있었다(참조, 요 18:31; TDNT, s.v. 쉬네드리온[συνέδριον], 1:865~6). 로마 정부는 공회의 사형 판결을 재가할 수도 있고 기각할 수도 있었다(참조, 요 19:10). 만약 기각되었을 때에는 로마 법정에서 재판이 새로 열리게 되고, 산헤드린 공회는 피고가 로마법 아래서 범죄행위를 했다는 물적 증거를 제시해야 했다. 신성 모독죄(참조, 막 14:64)는 로마법과 관련되지 않았으므로 이러한 법적 절차를 거치지 않아도 되었다. 산헤드린은 예수님이 스스로 '유대인의 왕'(참조, 15:2; 눅 23:2)이라고 주장한 반역적인 정치 지도자라고 로마 법정에 고소했다.

b. 빌라도 앞에서의 재판, 로마 군병들의 모욕(15:1하~20)

로마 정치 권력 아래에서의 예수님의 재판은 세 번의 심문으로 이루어졌다: (1) 빌라도의 최초 심문(참조, 마 27:2, 11~14; 막 15:1하~5; 눅 23:1~5; 요 18:28~38), (2) 헤롯 안티파스의 심문(참조, 눅 23:5~12), (3) 빌라도 앞에서의 최종적 심문, 바라바를 놓아 줌, 십자가형 판결(참조, 마 27:15~26; 막 15:6~20; 눅 23:13~25; 요 18:39~19:16).

산헤드린 앞에서 예수님은 유대 율법에 따라 신성 모독죄로 정죄 받았지만, 로마법 아래에서는 정치적 반란범으로 심문을 받았다. 두 경우에서 모두 예수님은 사형 선고를 받았고, 그것은 하나님의 뜻에 일치되는 것이었다(참조, 막 10:33~34).

(1) 빌라도의 심문과 예수님의 침묵
(15:1하~5; 마 27:2, 11~14; 눅 23:1~5; 요 18:28~38)

15:1하 산헤드린은 예수님을 결박하여 가야바의 집(참조, 14:53)으로 갔다가 다시 거기서 나와 헤롯 궁궐로 갔다. 거기에서 그들은 사형 판결을 얻어 내기 위해 예수님을 빌라도에게 넘겨주었다.

유대의 제5대 로마 총독(훗날에는 제국의 지방 장관격인 행정관으로 그 명칭이 바뀌었다)인 빌라도는 AD 26~36년에 유대를 통치했다. 그는 유대인을 멸시한 다소 거친 총독이었다(참조, 눅 13:1~2). 보통 때는 지중해 연안의 가이사랴에서 일을 보다가 유월절 같은 특별한 경우에는 예루살렘에 올라와 치안을 관리했다. 아마 그는 당시의 지방 장관들이 흔히 그랬던 것처럼 성전 근처에 있던 안토니아 요새보다는 헤롯의 궁전에 머물렀던 것 같고, 예수님의 재판도 여기에서 이루어졌을 것이다.

15:2 빌라도는 로마 정부를 대신할 수 있는 권한을 갖고 있었다. 보통 공개로 열린 재판은 먼저 고소인의 고소가 있은 다음 재판관들의 사실 심문과 피고의 진술, 그리고 다른 증인들의 진술 순으로 진행되었다. 모든 증거가 제출되면 재판관은 법률 고문들의 의견을 들은 다음 판결을 내렸고, 재판 결과는 즉시 시행되었다.

빌라도는 산헤드린이 내린 사형 선고를 확정시켜 주는 대신(참조, 요 18:29~32) 이 사건을 좀 더 상세히 듣기 원했다. 이미 있었던 세 번의 고소(참조, 눅 23:2), 즉 예수님이 자기를 '왕'이라고 주장했다는 것에 빌라도는 흥미를 느꼈다. 그래서 그는 예수님께 물었다. "네가 유대인의 왕이냐?" 이와 같은 주장은 분명히 로마 황제(가이사)에 대한 엄청난 반역이

요 사형에 해당하는 범죄로 빌라도에게 여겨졌을 것이다.

예수님은 여기에 대해 난해하게 대답하셨다. "네가(강조형) 그렇게 말하였다." 즉 "그 칭호는 네가 붙인 것이다"라는 의미의 대답이었다. 이는 다소 다른 긍정적 의미를 그 속에 감춘 긍정적 답변이었다. 메시아인 예수님은 분명 유대인의 왕이었으나, 그분의 왕 개념은 빌라도의 질문에 포함된 왕권의 개념과는 달랐다(참조, 요 18:33~38).

15:3~5 예수님의 답변으로 볼 때, 사형 선고의 근거가 없다고 생각한 빌라도는 다른 정보를 더 얻기 위해 예수님을 고소한 사람에게로 갔다. 대제사장들(참조, 15:1상)은 그 사이에 예수님을 고소할 전략과 근거를 더 많이 찾아 놓고 있었다.

빌라도는 다시 예수님께 고소자들의 고소에 대해 변호하라고 했지만, 이상하게도 예수님은 철저히 침묵을 지키셨다(우케티 우덴[οὐκέτι οὐδέν, 강조부정]: 문자적으로 '그는 더 이상 대답치 않았다.' 참조, 사 53:7). 로마 법정에서 이런 침묵은 드문 것이었다. 그 침묵은 예수님이 무죄라는 빌라도의 애초의 생각을 더욱 확실하게 해 주었다.

마가는 단지 예수님의 짧은 두 마디 말(하나는 가야바에게 한 것이고 [막 14:62], 다른 하나는 빌라도에게 한 것임[15:2])만 기록하고 있다. 예수님의 침묵은 그분이 인자로서 하나님의 주권적인 계획 안에서 고난과 죽음을 당하신다는 사실을 더욱 명확하게 보여 준다(참조, 8:31의 주해).

예수님이 갈릴리 사람이라는 것을 알게 된 빌라도는 이 귀찮은 재판을 피하기 위해 때마침 예루살렘에 와 있던 갈릴리의 영주 헤롯 안티파스(참조, 6:14)에게 예수님을 보냈다. 그러나 헤롯은 그를 곧 빌라도에게 다시 보냈는데, 오직 누가만이 중간에 있었던 사건을 기록하고 있다(참조, 눅 23:6~12).

(2) 예수님을 풀어 주려던 빌라도의 헛된 시도(15:6~15;
마 27:15~26; 눅 23:13~25; 요 18:39~40; 19:1, 13~16)

15:6 유월절이 되면 해마다 백성의 환심을 얻기 위한 수단의 하나로 백성이 선택하는 죄수 한 명을 석방시켜 주는 관습이 있었다(참조, 8절). 비록 신약성경 외의 자료들에는 이런 관습에 대한 언급이 보이지 않지만, 피지배 민족에 대한 로마의 우호적 통치 정책에 많이 부합되는 기록이다. 그는 백성이 예수님의 석방을 요청할 것이라고 예상하고는 유월절 사면 관례를 이용해 예수님을 놓아 주려 했다(참조, 9절).

15:7 예루살렘에서 **폭동**을 진압하는 가운데 로마 당국은 **바라바**('아버지의 아들'이란 뜻)를 체포했다. 그는 악명 높은 민중 선동가였고 강도이며(요 18:40) 살인자로 기록되어 있는데, 아마 로마에 대해 혁명을 일으킨 민족주의자이자 **열심당**의 일원이었을 것이다. 그는 체포되어 사형 집행을 기다리고 있었다.

15:8~11 재판이 진행되는 동안 많은 무리가 재판 장소 앞으로 몰려들었다(참조, 16절). 이들은 빌라도의 자리 앞에 나아와 전례대로 죄수 한 명을 석방시켜 달라고 요청했다(참조, 6절). 아마 그중 상당수가 바라바의 추종자였을 것이다.

빌라도는 이를 유대인들, 특히 유대 지도자들에게 호의를 보이는 기회로 생각했다. 그는 그들에게 유대인의 왕을 풀어 주겠다고 제안했다(참조, 2절). 대제사장들이 로마에 대한 충성심이 아니라 시기와 미움 때문에 예수님을 자기에게 넘겨주었음을 간파했기 때문이었다. 빌라도는 예수님을 풀어 줌으로써 종교 지도자들의 계략을 무위로 돌리려고 했다.

그러나 빌라도의 계획은 수포로 돌아갔다. 대제사장들은 군중을 흥분시켜 예수님 대신 바라바를 풀어 달라고 하도록 충동질했다. 군중은 산헤드린이 이미 예수님을 정죄했음을 알았을 것이다(참조, 14:64). 이상한 것은 빌라도가 군중의 마음이 예수님을 버리고 그들의 종교 지도자들을 추종할 수 있다는 것을 전혀 고려하지 않았다는 점이다(참조, 요 19:6~7).

15:12~14 군중이 빌라도의 제안을 거부하고 바라바의 석방을 요구하자, 빌라도는 백성이 유대인의 왕이라고 불렀던 이는 어떻게 했으면 좋겠느냐고 물었다(헬라어 본문에는 '다시 물었다'로 되어 있음). 빌라도 자신은 이 호칭을 인정하지 않았음에도 그가 이렇게 물은 이유는 무리가 원하기만 하면 예수님을 풀어 줄 생각이었기 때문이다. 그러나 그들은 아무런 망설임도 없이 즉시 소리쳤다. "그를 십자가에 못 박게 하소서!" 결국 바라바를 기다리고 있던 형벌이 예수님께 내려졌다.

빌라도는 예수님을 십자가형에 처할 합당한 범죄 행위를 증거로 제시해 보라고 무리에게 도전했다. 그러나 그들은 더욱 크게 계속해서 외쳐댔다. "그를 십자가에 못 박게 하소서!" 빌라도는 예수님이 군중의 요구에 의한 합법적 결정에 따라 정치적 범죄자로 인정받았다고 여기고는 마침내 십자가형을 선언했다.

15:15 빌라도는 예수님께 죄가 없음을 알고 있었지만(참조, 1절) 군중의

요구 때문에 결국 정의보다는 정치적 이익을 선택했다. 예수님을 풀어 줌으로써 백성이 원망을 품고 황제 티베리우스에게 불만을 호소해 결국 자기 자리를 위태롭게 하는 결과를 가져오느니(참조, 요 19:12) 무리에게 만족을 주어 바라바를 놓아 주고 대신 예수님을 채찍질하여 십자가에 내어 주는 쪽을 선택한 것이다.

사형 선고를 받은 남자 죄수는 처형되기 전에 잔혹한 매질을 당하는 것이 당시 로마의 관례였다. 죄수는 벌거벗겨지고 때로는 나무에 묶인 채로 날카로운 금속이나 뼈 조각을 박은 짧은 가죽 채찍을 든 로마 병사들에게 사정없이 매질을 당해야 했다. 매의 횟수는 제한되어 있지 않았으며 매를 맞다가 죽는 경우도 가끔 있었다.

빌라도는 예수님이 매 맞는 것을 보고 무리에게 동정하는 마음이 생겨 그 정도로 만족하게 되기를 바랐다. 그러나 이런 기대 역시 좌절되었다. 그들은 여전히 예수님을 십자가에 매달라고 요구했다(참조, 요 19:1~7).

(3) 로마 군병들이 예수님을 희롱함
(15:16~20; 마 27:27~31; 요 19:2~12)

15:16 로마 군인들은 예수님을 채찍질한(아마 궁전 뜰 바깥에서 행한 듯) 후에 괴로워하며 피 흘리는 그분을 데리고 뜰(14:54, 66에 같은 단어를 사용) 안으로(에소[ἔσω]) 들어갔다. '브라이도리온'이란 라틴어 '프라이토리움'이며, 지배자의 공식 거주지라는 뜻이다(참조, 마 27:27; 요 18:28, 33; 19:9; 행 23:35).

그들은 뜰 안에서 모든 군대(스페이란[σπεῖραν]: 300~500명 정도의 부대)를 모았다. 보통 부대는 한 레기온(6,000명)의 10분의 1에 해당하는 600명으로 구성되어 있었다. 그러나 여기에서는 빌라도를 가이사랴에서 예루살렘까지 호위한 200~300명 정도의 부대였을 것이다.

15:17~19 군병들은 예수님께 낡은 자색 군용 외투를 왕의 예복인양 입히고, 가시나무 줄기로 만든 가시 면류관을 예수님의 머리 위에 씌웠다. 군병들은 자기도 모르는 사이에 죄로 물든 인간성에 대한 하나님의 진노가 예수님 위에 대신 내리는 것을 이 '관'을 통해 상징적으로 드러내게 되었다(참조, 창 3:17~18). 마태는 또한 그들이 예수님의 손에 왕의 지팡이를 상징하는 갈대를 들려 주었다고 기록했다(마 27:29).

그리고 나서 그들은 경멸적인 말과 존경하는 체 하는 모욕적인 행동으로 예수님을 비웃었다. "유대인의 왕이여 평안할지어다"라는 조롱조의 인사말은 로마인의 전형적인 찬양인 "아베, 가이사"라는 말과 유사한 것이다. 군인들은 가시관을 쓴 예수님의 머리를 채찍으로 계속 때렸다. 예수님의 얼굴에 침을 뱉고(참조, 막 14:65), 그 앞에 **무릎**을 꿇고 충성을 다하는 양 조롱하면서 그분을 비웃었다. 이 모든 행위는 단순히 예수님 한 분에 대한 모욕일 뿐 아니라 오랫동안 왕을 기다려 온 유대 민족 전체에 대한 모욕이기도 하다.

15:20 조롱을 다 한 후에 군인들은 낡은 자색 옷을 벗기고 다시 그의 옷을 입혔다. 그런 다음 그들은(백부장 휘하에 있는 4명으로 된 사형 집행조. 참조, 요 19:23) 그분을 십자가에 못 박기 위해 성밖으로 끌고 나갔다.

로마 당국 앞에서 당한 예수님의 수난은 앞으로 이방 집권자들 앞에서 이 비슷한 조롱을 당하게 될 마가의 독자들에게 예시적인 것이었다(참조, 막 13:9~13의 주해).

2. 십자가 처형과 죽음(15:21~41)

십자가 처형은 지금까지 인간이 만든 것 중 아주 잔인한 형벌 중 하나였다. 마가는 예수님의 육체적 고난을 생생하게, 그러나 많이 억제하면서 기록하고 있다. 예수님의 육체적 고통은 영적 고뇌에 비하면 부차적인 것이었다(참조, 14:46; 15:34). 사건들의 순서에 대해서는 마태복음 27장 32~38절의 주해에 있는 도표 〈예수님의 십자가 사건의 추이〉를 보라.

a. 십자가 처형과 무리의 조롱(15:21~32; 마 27:32~44; 눅 23:26~43; 요 19:17~27)

15:21~22 정죄 받은 죄수는 자기가 못 박힐 십자가의 가로대(약 70킬로그램)를 직접 지고 시내를 거쳐 처형 장소까지 가는 것이 당시의 관례였다. 예수님도 그분의 십자가를 짊어지셨으나(참조, 요 19:17) 혹독한 매질로 인해 성문 근처에서 힘이 다해 쓰러지셨다. 군병들은 행인들 중에서 **시몬**이라 이름하는 한 행인을 임의로 붙잡아 그에게 억지로 십자가의 가로대를 지우고는 나머지 길을 가게 했다.

시몬은 유대인들이 많이 살던 북 아프리카의 주요 해안 도시인 구레네 출신이었다(행 2:10). 그는 예루살렘 근처에 살던 이주민이었거나 유월절을 지키러 예루살렘에 왔다가 성내에 방이 없어서 근처 **시골**에서 밤을 묵었던 사람이었을 것이다. 오직 마가만 이 시몬의 두 아들 **알렉산더**와 **루포**를 언급하고 있는데, 이것은 그들이 로마에 있는 마가의 독자들에게 잘 알려져 있던 제자들이었음을 암시한다(참조, 롬 16:13).

군병들은 예수님을 성벽에서 별로 멀지 않은(참조, 요 19:20) 골고다로 끌고 갔다. 골고다는 '해골의 장소'라는 아람어의 헬라어 음역이었다. '갈보리'는 '해골'이란 뜻의 칼바(Calva)의 파생어인 칼바리아(Calvaria)를 음역한 라틴어 불가타역에서 나온 말이다. 골고다는 다소 사람의 두개골을 연상시키는 둥근 바위 언덕(동산이나 높은 산이 아님)이었다. 그 정확한 위치는 알 수 없다. 이미 4세기경부터 추정되어 왔던, 현재 성도 교회가 있는 장소인지, 아니면 보다 최근에 추정되고 있는 '고든의 갈보리'인지는 명확하지 않다. 전자가 훨씬 더 타당하다.

15:23~24 랍비 전통에 따르면, 어떤 예루살렘 여인들은 십자가형으로 죽게 되는 죄인들에게 마취제를 주어 그들의 고통을 경감시켰다고 한다(참조, 잠 31:6~7). 골고다에 도착하자 **그들은**(로마 군인들인 듯) 마취 성분이 들어 있는 식물의 수액인 **몰약을 탄 포도주를 예수님께 주었다** (문자적으로 '주려고 시도했다'). 그러나 예수님을 그것을 맛보신 뒤에(마 27:34) **그것을** 거부하시고 오직 자신의 능력으로 고통과 죽음에 직면하기를 선택하셨다.

마가는 아주 단순하게 "**그리고 그들이 그를 십자가에 못 박았다**"라고만 기록했다. 로마에 있는 그의 독자들에겐 상세한 설명이 필요 없었다. 그래서 그는 어떤 설명도 첨부하지 않았다. 보통 십자가에 못 박을 때 죄수들의 옷을 벗기고(최소한의 부분만 가린 채) 땅에 눕힌 다음, 양 팔을 벌리게 해서 십자가에 못을 박았다. 그 다음 양 손이 박혀 있는 가로대를 일으켜 세워 이미 땅 속에 견고하게 박혀 있는 세로대에 단단히 고정시킨 다음 사형수의 발을 세로대에 못으로 박았다. 십자가에 달린 자에게는 먼저 극도의 피로와 고통과 갈증이 엄습해 왔고, 2~3일 후에 그들은 천천히 죽었다. 때로는 희생자의 두 다리를 부러뜨려서 죽음이 빨리 찾아오게 하기도 했다(요 19:31~33).

희생자의 개인 소유물은 형 집행을 담당한 네 사람의 군병 몫이 되었다. 예수님의 경우 군병 네 명이 **예수님의 옷**(속옷과 겉옷, 허리띠와 신발, 그리고 머리에 쓰는 것까지) 가운데 **누가 무엇을 가져갈 것인지 제비를 뽑아 정했다**. 그들은 자신들도 모르는 사이에 예수님의 수욕을 예언한 시편 22편 18절을 성취시키는 행동을 한 것이다.

15:25 마가는 해 뜰 때부터 시간을 계산하는 유대인의 계산법을 사용해서 예수님이 **제삼 시**, 즉 아침 9시경에 십자가에 못 박히셨다고 기록했다. 이는 요한복음 19장 14절의 '제육 시'라는 말과 모순되어 보인다. 그러나 요한은 한밤중(자정)부터 계산하는 로마식(현대식) 계산법을 사용한 듯하다. 이 계산법에 의해 요한은 빌라도 앞에서 재판 받으신 것이 '제육 시', 곧 아침 6시경이라고 기록했다. 그러므로 예수님은 아침 6시부터 9시까지 로마 병정의 조롱을 받으셨던 것이다(참조, 막 15:16~20). 이렇게 해서 십자가 시간에 대한 두 복음서의 기록은 서로 일치된다. 즉 예수님은 아침 6시부터 9시까지 희롱을 당하셨고, 그 사이에 빌라도는 두 강도의 재판(참조, 15:27)을 마치고 십자가형을 준비시켰다.

15:26 죄인의 이름과 그의 죄목을 판에 써서 죄인의 머리 위에 다는 것은 당시 로마의 관례였다(요 19:19). 네 복음서 모두가 예수님의 죄 패의 내용을 소개하고 있는데, 그 내용이 조금씩 서로 다른 것은 죄 패가 세 가지 언어로 쓰였기 때문인 듯하다(요 19:20). 마가는 단지 **예수님에 대한**

공식 비난인 '유대인의 왕'이란 글귀만 수록했다(참조, 막 15:2, 12). 빌라도가 이 말을 쓰게 한 것은 유대인들의 독립에 대한 열망을 모독하기 위한 것이었다(참조, 요 19:21~22).

15:27~28 빌라도는 바라바와 마찬가지로 반역을 꾀했다고 여겨지는 두 명의 강도(참조, 7절; 요 18:40) 사이에 예수님을 못 박았다. 이들이 예수님의 죄목에 대해 잘 알고 있었던 것으로 보아(참조, 눅 23:40~42) 그들도 예수님과 함께 재판을 받았던 것 같다. 그런 가운데 빌라도는 자기도 모르는 사이에 마가복음 15장 28절에 인용된 이사야 53장 12절의 예언을 성취시키는 행동을 하게 되었다(참조, 눅 22:37).

15:29~30 예수님은 다시 모욕을 당하셨다(참조, 14:65; 15:17~19). 행인들이 그분을 모욕했다(문자적으로 '계속해서 모욕하다'). 머리를 흔드는 것은 잘 알려진 조소의 행위였다(참조, 시 22:7; 109:25; 렘 18:16; 애 2:15). 그들은 성전에 대한 예수님의 주장을 비웃었다(참조, 막 14:58). 성전을 사흘 만에 지을 엄청난 능력이 있다면 먼저 십자가에서 내려와 자신을 구원할(소조[σώζω]: 구출하다) 수 있지 않느냐고 예수님을 비웃었다.

15:31~32 마찬가지로 유대 지도자들도 군중 속에 섞여서 간접적으로 예수님을 조롱했다. 예수님을 죽이려고 한 그들의 오랜 소원이 마침내 성공하게 되었다(참조, 3:6; 11:18; 12:12; 14:1, 64; 15:1, 11~32). "그가 남은 구원하였으되"라는 말은 그들이 결코 부인할 수 없었던 예수님의 치유 사역을 말해 준다(참조, 5:34; 6:56; 10:52). 남은 구원했지만 자기를 구원하기에는 무력해 보인 예수님의 모습을 그들은 마음껏 비웃어 댔다. 그

러나 아이러니하게도 그들의 말은 깊은 영적 진리를 드러내 주는 것이었다. 예수님이 다른 사람을 그 죄의 세력에서 풀어내어 구원해 주는 분이 되기 위해서는 하나님이 정하신 고난과 죽음을 당해야만 하셨다(참조, 8:31).

그들은 또한 빌라도가 붙인 '유대인의 왕'이란 말 대신 '이스라엘의 왕'이라고 부르면서 예수님의 메시아 주장을 조롱했다(참조, 14:61~62). 그들은 만약 예수님이 지금이라도 십자가에서 내려온다면 그 엄청난 증거를 보고 예수님이 메시아라는 것을 인정하겠다고 빈정거렸다. 그러나 문제는 증거가 부족한 데 있는 것이 아니라 그들의 불신앙에 있었다.

예수님과 함께 십자가에 달렸던 두 사람도 역시 예수님을 조롱하는 데 가담했다. 그러나 그중 한 명은 곧 조롱을 멈추고 예수님께 그분의 나라에서 자기를 기억해 달라고 간청했다(눅 23:39~43).

b. 예수님의 죽음과 여러 현상들
   (15:33~41; 마 27:45~56; 눅 23:44~49; 요 19:28~30)

마가는 예수님의 죽음과 관련된 다섯 가지 현상들, 즉 (1) 어두움(33절), (2) "엘리 엘리 라마 사박다니"라는 예수님의 처절한 외침(34절), (3) 예수님이 큰 소리를 지르심(37절), (4) 성소 휘장이 위에서부터 아래로 찢어져 두 조각이 남(38절), (5) 로마 백부장의 고백(39절)을 분위기가 점점 고조되게 기록했다.

15:33 예수님은 낮 동안(아침 9시에서 정오까지) 십자가에 달려 있었다. 제육 시에(정오) 완전한 어둠이 온 땅(팔레스타인과 그 주변)에 내려 덮혀

제구 시(오후 3시. 참조, 25절의 주해)까지 계속되었다. 이 어두움이 갑작스런 모래 바람 때문인지, 두꺼운 구름 때문인지, 아니면 기적적인 일식 때문인지는 알 수 없으나, 그것은 예수님 위에 내려진(참조, 사 53:5~6; 고후 5:21), 인간의 죄에 대한 하나님의 심판을 상징하는 우주적 표상이었다(참조, 사 5:25~30; 암 8:9~10; 미 3:5~7; 습 1:14~15). 특히 그것은 죄를 짊어지고 가는(참조, 요 1:29) 하나님의 메시아를 거부한 이스라엘에 대한 하나님의 심판을 상징한 것이다. 이 어둠은 예수님의 부르짖음(15:34)을 시각화한 것이었다.

15:34 마가(와 마태)는 십자가 위에서 외치신 일곱 마디 말씀 중 오직 이 한 마디 말씀만 기록해 놓았다. 제구 시에(오후 3시에) 예수님이 "엘로이 엘로이(히브리어 '엘리, 엘리'에 해당되는 아람어) 라마 사박다니"(아람어, 시편 22편 1절을 따옴)라고 외치셨다. 마가는 그 말을 자기 독자들을 위해 헬라어로 번역했는데, 그 뜻은 "나의 하나님, 나의 하나님 어찌하여 나를 버리셨나이까?"라는 뜻이다. 그러나 이 외침은 하나님이 승리하게 하실 것이라는 신앙을 확증해 주는 의로운 수난자의 외침 그 이상의 것이었다(시편 22편 1절과 28절을 비교하라). 그렇다고 예수님이 단순히 버림 받았다고 느끼신 것도 아니었다. 예수님의 부르짖음은 (1) 아버지 하나님에 의해 법적인 의미에서(관계적 측면이 아님)는 버림을 당했으나, (2) 그 가운데서도 하나님과의 진실한 관계는 유지되고 있었음을 보여 주었다. 예수님은 죄에 대한 저주와 죄에 대한 하나님의 심판을 지고 가시면서(신 21:22~23; 고후 5:21; 갈 3:13) 죄를 차마 보지 못하시는(참조, 합 1:13) 하나님으로부터 분리되고 있다는, 말로 다할 수 없는 공포를 경험하셨다. 이것이 "어찌하여"라는 예수님의 물음에 대한 답이었다. 예수님은 죄인

들을 위해 죽으시면서(막 10:45; 롬 5:8; 벧전 2:24; 3:18) 하나님과의 분리를 경험하셨다.

또한 "나의 하나님, 나의 하나님"이란 예수님의 외침은 그분이 하나님을 그때까지도 신뢰하고 있었음을 반영해 주는 것이다. 이것은 기도할 때 예수님이 "아빠"(참조, 막 14:36)란 말을 사용하지 않은 유일한 기도문이다. 그러나 예수님은 하나님을 놓지 않으시고 아버지를 "나의 하나님"이라고 부르셨다. 예수님은 자기 백성이 하나님을 그들의 하나님이라고 부를 수 있도록, 그리고 결코 버림받지 않도록 하기 위해 하나님으로부터 버림받아 죽으셨다(참조, 히 13:5).

15:35~36 곁에 섰던 어떤 유대인들이 예수님의 부르짖음을 엘리야를 부르는 것으로 잘못 들었거나, 조롱하기 위해 그 부르짖음을 곡해했다. 유대인들은 일반적으로 의로운 수난자가 구원받기 위해서는 엘리야가 먼저 와야 한다고 믿고 있었다. "내가 목마르다"(요 19:28~29)라고 외치자 한 구경꾼(아마 로마 병정인 듯)이 계란과 물이 들어 있는 신 포도주를 갖다 주어 마시게 했다(참조, 시 69:21). 예수님의 십자가는 다른 십자가들보다 높았을 것이다.

"가만 두라"는 말은 예수님께 마실 것을 주기 바로 전에 군병이 옆에 있던 행인들에게 한 말이었다. 그 동사는 복수로써, "너희는 내버려 두라"이다. 마태복음 27장 49절에는 군병이 예수님께 마실 것을 주려고 할 때 군중이 그 군병에게 똑같은 말을 한 것으로 나와 있다. 그때의 동사는 단수 동사로써, "너는 내버려 두라"이다. 둘 다 그분을 구원하기 위해 엘리야가 오는지 보자고 하는 조롱이었다.

15:37 예수님이 마지막 숨을 내쉬기 전에 큰 소리로 외치셨다는 것은(눅 23:46) 그때 십자가에 달린 일반 죄인들과 똑같이 죽지 않았다는 것을 말해 주는 것이다(참조, 막 15:39). 보통 그런 사람들은 오랫동안 매달려 있어서(2~3일 동안) 극도로 쇠한 상태가 되었고, 그 다음에 서서히 죽어 갔다. 그러나 예수님은 끝까지 온전한 의식을 가지고 계셨다. 그분의 죽음은 자발적인 것이었고, 갑작스러운 것이었다. 이것이 빌라도의 놀람에 대한 설명이다(참조, 44절).

15:38 예수님의 죽음과 동시에 성소(나우[ναοῦ]. 참조, 11:11) 휘장이 위에서부터 아래까지 두 조각으로 찢어졌다. 수동 동사를 사용한 것과 성소 휘장이 찢어진 방향은 그것이 하나님의 행위였음을 보여 주는 것이다. 그 일은 그 순간에 저녁 봉헌을 드리고 있던 제사장들에 의해 관찰되고 보고되었을 것이 틀림없다(참조, 행 6:7). 이 휘장은 성소와 앞마당 사이를 구분 짓는 바깥 휘장이거나(출 26:36~37) 성소와 지성소를 나누는 안쪽의 휘장이었을 것이다(출 26:31~35). 만약 바깥쪽 휘장이 찢어졌다면 훗날, 곧 AD 70년에 그대로 이루어진 예루살렘 성전 멸망에 대한 예수님의 예언을(참조, 막 13:2) 확증해 주는 하나의 표징이 된다. 안쪽의 휘장이 찢어졌다면 예수님의 죽음으로 인해 죄 용서를 위한 계속적인 희생 제물이 이제는 더 이상 필요하지 않게 되었으며 담대하게 하나님 앞으로 나아갈 수 있는 새 길이 열렸다는(히 6:19~20; 9:6~14; 10:19~22) 징표가 된다.

15:39 예수님 곁에 서서 이 모든 이상한 일들을(참조, 33~37절) 지켜봤던 백부장은 사형 집행관의 일을 맡았던(참조, 20절) 로마 관리였다. 그

래서 그는 빌라도에게 이 사실을 설명할 수 있었다(참조, 44절). 오직 마가만이 **켄튀리온**(κεντυρίων)이라는 헬라어를 사용했는데, 이것은 100명의 군인들을 지휘하는 지휘관을 의미하는 라틴어의 음역이다(참조, 44~45절). 다른 복음서 저자들은 역시 '백부장'으로 번역할 수 있는 **헤카톤타르코스**(ἑκατόνταρχος)라는 단어를 사용했다(예, 마 27:54). 이 사실은 마가가 로마인을 독자로 생각하고 복음서를 기록했다는 또 하나의 근거가 된다(서론 참조).

예수님이 죽으신 모습, 특히 큰 소리로 **부르짖으신** 것은 백부장으로 하여금 "**이 사람은 진실로**(문자적으로 '정녕', 반대자들로부터 받은 온갖 모욕에도 불구하고. 참조, 마 27:40; 요 19:7) **하나님의 아들이었다**"라고 고백하게 했다.

이 로마 관리가 '하나님의 아들'이라는 말을 사용한 것은 기독교적 관점에서 예수님의 신성을 염두에 두고 말한 것이 아니었다(참조, 눅 23:47). 그는 아마 이교적 배경 속에서 '신의 아들'로까지 높여진 로마 황제같이 그런 '신적인 인물'로 예수님을 생각했을 것이다(참조, 막 12:16의 주해). 그래서 어떤 해석가들은 이 구절을 부정관사를 사용해 '신의 한 아들'이라고 번역하기도 했다(NIV). 그러나 마가는 이 선언을 기독교적인 의미로 받아들여 백부장이 자기도 의식하지 못한 채 그가 알고 있는 것 이상의 것을 말한 것으로 기록해 놓았다.

백부장의 고백은 예수님의 정체를 드러내려는 것 가운데(참조, 1:1; 8:29~30의 주해) 핵심 부분이다. 로마 백부장의 이 고백은 15장 29~32절, 35~36절에 언급된 조롱하는 여러 반응들과는 강하게 대조되어 있다. 이 이방인의 고백은 또한 찢어진 휘장이 드러내고 있는 진리를 예증해 준다.

15:40~41 조롱하는 무리와 로마 병사들 외에 **몇몇 헌신적인 여인들**이 모든 일을 멀리서 조심스럽게 지켜보고 있었다. 그날 일찍부터(제육 시, 즉 정오부터. 참조, 33절) 그들은 '십자가 근처에' 서 있었다(요 19:25~27).

막달라 마리아라는 이름은 그녀가 갈릴리 서편에 있는 막달라 마을 출신이었다는 것을 보여 준다. 예수님은 귀신 들린 그녀를 고쳐 주셨다(눅 8:2. 그녀는 누가복음 7장 36~50절에 나오는 죄 많은 여인은 아니다). 두 번째 마리아('다른 마리아'[마 27:61])는 그녀의 아들 이름이 **작은**(키나 나이가 작은 자) 야고보와 요세라는 점에서 다른 마리아와 구별된다. 그런데 요세에 대해서는 아무런 언급이 없는 것으로 보아 초대 교회 교인들에게 잘 알려진 인물인 듯하다. 오직 마가복음에만 이름이 나오는 **살로메**(막 15:40; 16:1)는 세베대의 아들 야고보와 요한의 어머니였다(마 20:20; 27:56). 그녀는 마가가 언급하지는 않았으나 예수님의 이모였을 것이다(요 19:25).

예수님이 갈릴리에 계실 때 이 세 여인들이 이곳저곳으로 예수님을 따라 다니면서(미완료 시제) 그분의 물질적 필요를 돌보곤('봉사하다', 미완료시제) 했다(참조, 눅 8:1~3). 예수님을 정규적으로 따르지 않던 **많은 다른 여인**들도 거기에 있었다. 그들은 예수님과 함께 유월절을 지내기 위해 예루살렘에 왔다. 그들은 아마 예수님이 메시아 왕국을 세우기를 바랐을 것이다(막 10:35~40; 15:43).

마가는 예수님의 십자가형과 매장(15:47), 그리고 그분의 부활(16:1~8)의 직접적인 증인으로 이 여인들을 언급했다. 이들의 헌신은 예수님을 저버린(14:50) 열한 사도의 헌신을 훨씬 능가하는 것이었다. 마가는 이런 기록들을 통해 로마 교회 안에 있는 여자 성도들을 격려하여 신실한 제자가 되게 하려고 했는지도 모른다.

3. 근처 무덤에 묻히심(15:42~47; 마 27:57~61; 눅 23:50~56; 요 19:38~42)

15:42~43 예수님의 매장당하심은 그분이 확실히 죽었다는 사실의 확증이며, 초대 교회 선포의 중요한 내용이었다(참조, 고전 15:3~4). 준비일이란 안식일(토요일) 전날인 금요일을 뜻하는 유대인만의 고유 용어였다. 유대인의 안식일에는 그 어떤 일도 허용되지 않았기 때문에 금요일에 모든 것을 준비했다. 이 구절은 예수님이 니산월 15일 금요일에 못 박혔다는 증거가 된다(참조, 막 14:1상, 12, 16의 주해). '저물었을 때'는 오후 3시부터 해질 때까지, 즉 금요일이 끝나고 안식일이 시작될 때까지를 뜻한다.

로마법에 따르면 십자가에 달려 죽은 사람의 시체는 로마 관리의 허락을 받아야만 매장할 수 있었다. 친척이 시체를 요구하는 것이 관례였으나, 때로는 시체가 십자가에 방치된 채 육식 동물이나 날짐승에게 찢기는 경우도 있었고, 그 나머지는 공동묘지에 버려지기도 했다. 그러나 유대법에 의하면 비록 흉악범의 시체라 할지라도 그 시체 전체를 고스란히 묻는 것이 원칙이었다. 십자가에 달린 사람은 해지기 전에 끌어내려 매장해야 했다(참조, 신 21:23).

이런 것들을 알고 있었기 때문에 아리마대 요셉은 빌라도에게 가서 예수님의 시체를 매장하겠다고 요청했다. 이미 해질 때(아마 오후 4시경인 듯)가 다 되었으므로 요셉은 급히 가서 빌라도에게 요청했던 것이다.

요셉은 예루살렘에서 살았지만 그의 고향은 예루살렘에서 북서쪽으로 32킬로미터 가량 떨어진 아리마대였다. 그는 부자였으며(마 27:57), 존경받는 공의회(산헤드린에 대한 비유대적 칭호) 회원이었다. 그는 예수님을 죽이려는 산헤드린의 결의에 찬성하지 않았다(눅 23:51). 그는 개인적으로 하나님의 나라를 기다리는 사람이었다(참조, 막 1:15). 이로 볼 때 그는 경건한 바리새인이었음을 알 수 있다. 그는 예수님을 메시아로 인정했으나, 겉으로는 그것을 드러내지 않은 숨은 제자였다(요 19:38).

그러나 그는 이제 용기를 내어 담대히 빌라도에게 갔다(이 표현은 마가만의 독특한 표현이다). 아리마대 요셉의 행위가 담대하다는 것은 (1) 그가 예수님과는 직접적인 관련이 없었고, (2) 명목상 예수님이 반역죄로 처형되었기 때문에 그의 요구가 거절당할 것이 분명했으며, (3) 시체를 만짐으로써 부정해지는 위험을 감수했고, (4) 예수님의 시체를 요구하는 것은 공식적인 신앙고백이나 다름이 없기 때문에 그가 속한 공동체에서 무서운 적개심을 유발할 수 있음에도 불구하고 이런 행동을 했다는 점에서 그렇다고 할 수 있다. 이제 그는 더 이상 숨어 있는 제자가 아니었다. 마가는 아리마대 요셉의 이야기를 통해 그의 독자들에게 그 무엇인가를 심어주려고 했다.

15:44~45 빌라도는 예수님이 벌써 죽었다는 말을 듣고 놀랐다(에싸우마센[ἐθαύμασεν]: 깜짝 놀랐다. 참조, 5:20). 그는 백부장을 불러 예수님이 정말 죽었는지 확인을 해보았다(39절). 이 백부장은 십자가 처형을 책임지고 있던 사람이었고, 예수님을 '신의 아들'이라고 경탄한 바로 그 사람이었다. 예수님이 죽었다는 것을 확인한 다음 빌라도는 요셉에게 시체를 내어 주었다(문자적으로 '선물로', 즉 아무 대가를 요구하지 않고 '주었다'). 요셉의 요구에 빌라도가 선뜻 응한 것은 예외적이었다. 아마 이것은 예수님이 죄가 없다는 생각 때문이었던 것 같다(참조, 14~15절). 오직 마가만이 빌라도가 백부장에게 묻는 것을 기록하고 있는데, 이를 통해 마가는 로마의 독자들에게 로마 당국도 예수님이 확실히 죽었다는 것을 인

정하고 있음을 말하려 한 것이다.

15:46~47 요셉은 틀림없이 하인들의 도움을 받아 해지기 전, 약 두어 시간 동안 장례를 마쳤을 것이다. 요셉과 같이 산헤드린 회원이었던 니고데모 역시 장례식을 거들었다(요 19:39~40).

요셉과 하인들은 십자가에서 내려진 예수님의 시신을 씻기고(참조, 행 9:37), 세마포로 단단히 싸고, 그 사이사이에 향료를 넣었다. 이 모든 것은 유대인의 장례법에 따른 것이었다(요 19:39~40).

그런 다음 시체는 가까운 동산으로 옮겨졌고, 전에 사용해 본 적이 없는 요셉의 돌 무덤에 **안치되었다**(참조, 마 27:60; 요 19:41~42). 무덤 입구는 산 위에서 굴러온 둥글고 평평한 돌로 막아 침입자들로부터 예수님의 시체를 보호했다. 돌을 다시 옮겨 놓으려면 여러 사람의 힘이 필요했다.

예수님의 죽음을 직접 목격한 두 여인이(참조, 막 15:40) 예수님이 어디에 묻혔는가를 주의 깊게 **보았다**(문자적으로 '관찰하고 있었다'; 미완료 시제). 아마 다른 여인들은 쉬는 날인 안식일을 준비하기 위해 집으로 돌아간 듯하다(눅 23:56).

IX. 예수님의 부활
(16:1~8; 마 28:1~8; 눅 24:1~12; 요 20:1~10)

네 복음서의 부활 사건 기록은 그 세부적인 면에서는 서로 다르다(가령, 무덤에 찾아간 여인의 수와 이름, 부활을 알려 준 천사의 수, 부활 선언에 대한 여인들의 반응). 저자들 중 어느 누구도 부활에 관한 모든 자료를 수록하지 않았다. 그들은 자유롭게(입증할 수 있는 한계 내에서) 동일한 사건의 여러 측면을 요약하고 강조하며 그 의미를 새롭게 해석했다. 여러 가지 차이점들은 서로 다른 저자들이 이 독특한 사건 앞에 섰을 때 당연히 나타나는 것이며, 오히려 그것은 부활이 역사적 사실이라는 것을 확증해 준다(마태복음 28장 1~4절 주해에 있는 도표 〈부활에서 승천까지의 40일간〉을 보라).

A. 무덤에 도착한 여인들(16:1~5)

16:1 안식일, 곧 토요일(니산월 16일) 자정이 지나고 유대인의 새날인 일요일(니산월 17일)이 시작되었다. 예수님의 죽음과 매장(참조, 15:40, 47)을 보았던 여인들은 다음 날 아침에 예수님의 시신에 바르기 위해 안식일이 끝난 저녁에 **향품**, 즉 향료를 샀다. 향료를 산 것을 볼 때, 이들은 예수님이 부활하리라고는 전혀 예상치 못했음을 알 수 있다(참조, 8:31; 9:31; 10:34).

향료는 시신에서 풍기는 악취를 막기 위해서 시신 위에 뿌리는 것인

동시에, 사랑의 헌신을 표현하는 것이기도 했다. 시체에 방부제를 넣는 것은 유대 풍속이 아니었다.

16:2~3 그 주간의 첫날(일요일, 니산월 17일) 아주 이른 아침 해가 뜨기 직전에 여인들은 **무덤**으로 갔다. 그들은 새벽 어둠 속에 집을 나서서(참조, 요 20:1) 해가 뜬 직후에 무덤에 도착했다.

그들 중 두 명은 무덤 **입구가 큰 돌로 막혔다**는 것을 알고 있었다(참조, 15:47). 오직 마가만이 과연 돌을 누가 굴려줄까 하는 여인들의 실제적인 관심을 기록해 놓았다. 분명히 그들은 무덤 위에 있는 공식적인 인봉이나 무덤을 지키는 사람들이 있다는 것은 알지 못했다(참조, 마 27:62~66).

16:4~5 여인들이 무덤에 도착하자마자 무덤을 쳐다보았고, 이들은 곧 그 큰 돌이 굴려져 있음을 발견했다. 그 돌은 너무 커서 쉽게 알 수 있었기 때문이다.

여인들은 시신이 놓여 있는 방으로 통하는 무덤의 바깥 방으로 들어갔다. 그들은 한 청년(네아니스콘[νεανίσκον]. 참조, 14:51)이 그들의 우편, 즉 묘실의 정면 쪽에 서 있는 것을 보고 깜짝 놀랐다. 그 독특한 분위기, 그에 대한 설명, 그리고 계시적인 메시지(16:6~7)를 볼 때, 마가가 비록 그를 한 청년이라고 부르기는 했으나 실제로는 하나님이 보내신 천사로 생각했음을 알 수 있다. 흰 옷은 그 청년의 신적 기원과 장엄함을 묘사한 것이다(참조, 9:3).

누가(24:3~4)와 요한(20:12)은 합법적인 증인을 위해서 필요한 수인(참조, 신 17:6) 두 천사가 나타났음을 언급했다. 그러나 마태와(28:5) 마가는 한 천사만 언급하고 있다. 아마 이것은 대변인을 의미하는 것 같다.

여인들은 하나님의 사자와 만나자 **깜짝 놀랐다**(참조, 9:15; 14:33). 강한 감정을 나타내는 이 복합 동사는(신약에서는 오직 마가복음에만 나타남) 전혀 생각지도 않았던 사건에 부딪칠 때 압도당하는 느낌을 표현하는 단어이다(참조, 16:8).

B. 천사의 선언(16:6~7)

16:6 여인들의 두려움을 눈치 챈 천사는 그들에게 **놀라지**(5절과 동일한 단어) 말라고 말했다. 여인들은 향유를 바르기 위해 십자가에 못 박힌 나사렛 예수의 시신을 **찾고 있었다**(제테이테[ζητεῖτε]). 그러나 천사는 "그가 살아나셨느니라!"("그는 일으킴을 받았다", 에게르쎄[ἠγέρθη], 수동형)라고 선언했다. 그것은 부활이 하나님의 행위(이것은 신약성경의 강조점이다. 참조, 행 3:15; 4:10; 롬 4:24; 8:11; 10:9; 고전 6:14; 15:15; 고후 4:14; 벧전 1:21)였다는 것을 암시해 준다. 그분의 몸은 이미 거기에 없었다. 무덤은 텅 비어 있었다! 천사의 메시지는 부활하신 분이 바로 십자가에 못 박히신 분이며, 동일한 역사적 인물임을 밝혀 주었다. 또한 빈 무덤이 그것을 증명해 주었다. 부활의 확실성은 하나님께 받아 천사가 전해준 이 증언에 근거하며, 그때나 지금이나 사람들로 하여금 믿느냐 믿지 않느냐의 결단 앞에 서게 한다. 빈 무덤이라는 역사적 사실이 이를 확증해 주었다.

16:7 여인들에게 하나의 임무가 주어졌다. 그들은 가서 예수님의 제자들에게 그들이 갈릴리에서 예수님과 다시 만날 것이라는 말씀을 전해야 했다. '제자들과 베드로'라는 말로 베드로를 구별한 것은 마가의 독특한 표현인데, 이것은 마가 자료의 상당 부분이 베드로로부터 나온 것임을 반영한다. 베드로의 이름이 따로 기록된 것은 다른 제자들보다 그가 탁월하기 때문이 아니라, 그가 세 번이나 예수님을 부인했음에도 불구하고(참조, 14:66~72) 용서를 받아 열한 제자의 무리 속에 남아 있었기 때문이다.

예수님이 제자들보다 먼저(프로아고[προάγω]에서 온 말) 갈릴리로 가셨다는 메시지는 그분이 전에 하신 재결합에 대한 약속을 상기시켜 주는 것이다(참조, 14:28). 그분의 제자들은 갈릴리에서 부활하신 예수님의 모습을 보게 될 것이다(참조, 15:5). 몇몇 사람들이 말하듯이, 이것은 예수님의 재림을 말하는 것이 아니다. 마가복음의 여행 주제는(참조, 막 8:31의 서론; 10:32상) 예수님의 죽음으로 끝나지 않았다. 왜냐하면 부활하신 예수님이 계속해서 제자들을 인도하셨기 때문이다.

유대법에 의하면 여인들은 신빙성 있는 증인으로 생각되지 않았기 때문에 비록 그들이 예수님이 부활하셨다는 것을 처음 들었음에도 불구하고 처음에는 그들의 보고를 믿으려 하지 않았다. 제자들은 즉시 갈릴리로 가지 않았다. 예수님이 예루살렘 근처에서 그들에게 가시적으로 나타나신 뒤에야 비로소 제자들은 부활의 실재성을 확신하게 되었다(참조, 요 20:19~29).

C. 예수님의 부활 소식에 대한 여인들의 반응(16:8)

16:8 여인들은 몹시 놀랐고, 또 두려워 무덤에서 뛰쳐나왔다. 그들은 두려웠으므로(에포분토[ἐφοβοῦντο]. 참조, 4:41; 5:15, 33, 36; 6:50~52; 9:32; 10:32) 잠시 동안 어느 누구에게 아무말도 하지 못했다(마 28:8). 이것은 마가의 독특한 이중 부정적 표현이다.

그들의 반응은 변화산에서 베드로의 반응과 비슷했다(참조, 9:6). 그들이 두려워한 것은 죽은 자 가운데서 예수님을 부활시키신 하나님의 현존과 능력이 경이롭게 나타났기 때문이었다. 그들은 경외감과 두려움에 압도되어 침묵에 빠져들 수밖에 없었다.

많은 주석가들은 마가가 이 지점에서 그의 복음서를 끝맺었다고 생각한다. 이와 같은 갑작스러운 끝마침은 마가의 문체와 잘 부합되며, 또 마가복음 전체를 통해 드러나는 두려움과 경이로움의 분위기 역시 여기에서 그 절정에 이른다. 독자는 천사의 계시적 메시지에 의해 해석된 빈 무덤의 의미를 경이로운 마음으로 깊이 생각해 보도록 혼자 남겨진다(참조, 16:9~20의 주해).

X. 논란이 많은 결론 부분(16:9~20)

"마가의 더 긴 종결 부분"으로 알려진 마가복음의 마지막 열두 구절은 (16:9~20) 신약에서 가장 어렵고 또 가장 논란이 많은 본문 중의 하나이다. 이 구절들이 마가의 원래 본문에 있었던 것인가, 아니면 빠져 있었던 것인가? 대부분의 현대 영어 번역본들은 9절에 각주를 붙이거나(NASB), 부가적 설명을 덧붙이면서 이 단락을 따로 떼어 놓거나(NIV), 아니면 아예 이 전체를 난외주로 놓기도 하는 방식으로 이 단락의 문제에 접근하고 있다.

외적 증거는 다음과 같다. (1) 가장 오래된(4세기) 두 사본이(시내 사본과 바티칸 사본) 이 단락을 생각해서 여백을 남겨 두었다. 이것은 그들이 이 단락을 알았으나 사본에 포함시키지 않았다는 것을 의미한다. (2) 초기 번역본들뿐 아니라 대부분 다른 사본들에는 9~20절이 들어 있다. (3) 여러 후기(7세기 이후) 사본들과 번역본들은 8절 이후에 대부분 9~20절을 포함시키고 있다. (4) 저스틴(*Apology* 1. 45, 약 AD 148년), 타티안(*Diatessaron*, 약 AD 170년), 이레니우스(*Against Heresies*, 3. 10. 6)와 같은 초대 교부들은 이 구절들을 포함시키는 것을 지지한다. 그러나 유세비우스(*Questions to Marinus* 1. 약 AD 325년) 그리고 제롬(*Epistle* 120. 3; *ad Hedibiam*, 약 407년) 등은 생략하고 있다. (5) 10세기의 아르메니안 사본은 9~20절을 사도 요한의 제자라고 생각되는 파피아스(AD 60~130년)와 동시대 인물인 장로 아리스톤의 첨가라고 보고 있다. (6) 마가가 원래 8절로 끝냈다고 본다면 왜 초기 필사자들이 마가복음에 그 구절들을 첨가했느냐 하는 문제가 생기는데, 이것을 알기는 쉽다. 그러나 9~20절이 원래 있었던 것이라고 한다면, 초기 필사자들이 왜 그것을 생략해 버렸느냐 하는 것은 쉽게 해결되지 않는다.

　내적 증거는 다음과 같다. (1) 8절에서 9절로 바뀔 때 주어가 '여인들'에서 갑자기 '예수'로 바뀐다. (2) 15장 40, 47절, 16장 1절에 이미 언급되어 있는데도 16장 9절에 막달라 마리아가 다시 나오고 있다. (3) 9~20절에 있는 중요한 헬라어 단어의 3분의 1이 마가복음에 생소한 것들이다. 즉 그것들은 마가복음의 다른 곳에 전혀 나타나지 않거나, 이전의 용법과 달리 사용되었다. (4) 마가는 기사를 생생하고 생동감 있게 표현했는데, 이 단락은 그런 모습이 부족하다. (5) 마가가 이 단락을 썼다면 예수님이 부활하셔서 갈릴리에 나타나신 모습을 썼을 것이다(14:28; 16:7). 그러나 9~20절은 예루살렘과 그 근처에 나타나신 모습을 기록하고 있다. (6) 마태복음과 누가복음은 8절까지 마가복음과 유사하나 그 다음부터는 현저하게 다르다. 이것은 마가복음 본문에 9~20절이 없었다는 것을 의미한다.

　날카로우면서도 양심적인 해석자들도 이 자료를 평가하는 데는 아주 달라 서로 정반대의 결론에 이르게 된다. 초기 널리 퍼져 있던 사본들의 외적 증거 때문에 이 구절들을 포함시키는 사람들은 이 구절이 마가복음의 다른 구절과 다르게 나타나는 증거들을 만족하게 설명해야 한다. 또 이 구절을 생략해 버리는 사람들은 초기에 널리 퍼져 있던 외적인 증거를 설명해야 하고, 마가가 왜 갑작스럽게 결론을 내렸는가를 설명해야 한다. 이에 대해 4가지 답이 제시되어 왔다. (1) 마가가 복음서를 완성했는데, 원래의 결론 부분이 필사되기 이전에 지금은 알 수 없는 이유로 손실되었거나 없어져 버렸다. (2) 마가가 복음서를 완성했는데, 원래의 결론 부분이 지금은 알 수 없는 이유로 삭제되거나 제거되었다. (3) 갑작스럽게 죽었다든지 하는 이유로, 지금은 알려지지 않은 어떤 이유로 마가는 복음서를 끝낼 수 없었다. (4) 마가는 원래 의도적으로 8절로 끝내려고 했다.

이 중에서 원래의 결론 부분이 손실되었다는 (1), (2)의 견해가 널리 인정되고 있다 할지라도 납득할 수 없는 부분이 있다. 마가복음이 코덱스(양피지 사본)라기보다 오히려 두루마리 사본이었다면, 보통 결론 부분이 두루마리 안쪽에 있기 때문에 두루마리의 첫 부분보다 덜 손상되었을 것이다. 마가복음이 불완전하게 끝마쳐졌다면 아마 (3)이 가장 타당한 답일 것이다. 그러나 그 성격 때문에 그것을 확증할 방도가 없다. 예수님의 제자들과 관련해서 '두려움'이라는 주제를 마가가 사용했다는 것을 볼 때(참조, 8절) 많은 현대 해석자들은 (4)의 견해를 더 선호하고 있다.

현재까지 알려진 자료를 가지고는 그 문제에 대해 최종 결론을 내릴 수가 없다. 관련된 증거들을 설명해 주면서도 그나마 가장 반대가 적은 것 같은 견해가 마가는 원래 8절로 복음서의 끝을 맺었으며, 9~20절은 익명의 기독교 저자에 의해 쓰이고 수집되었지만 역사적으로 신빙성이 있고 신약성경의 정경에 포함될 수 있었다는 것이다(신명기 마지막 장도 마찬가지다). 이 견해에 의하면, 마가복음의 전달 과정 초기에(AD 100년 직후) 마가의 어휘와 문체를 고려하지 않고 9~20절이 8절 뒤에 추가되었다. 이 구절들은 다른 세 복음서에서 발견되는 부활 후의 기사에서 간단히 뽑혀져 구전을 통해 알려졌다가 거의 1세기 말까지 살았던 사도 요한의 승인을 받았을 것이다. 따라서 그 자료는 정경의 일부로 교회에 의해 인정을 받고 받아들여지기 위해 아주 일찍 전달 과정에 포함되었다. 이 구절들은 성경의 다른 부분과도 모순되지 않는다. 신앙과 불신앙이라는 주제의 발전이 그 문단을 하나로 묶어 주고 있다.

A. 부활 이후 예수님이 세 번 나타나심(16:9~14)

이 부분은 예수님이 부활하신 후 승천하시기까지 세 번 나타나신 사건을 기록하고 있다(마태복음 28장 1~4절 주해의 도표 〈부활에서 승천까지의 40일간〉을 보라).

1. 막달라 마리아에게 나타나심, 제자들의 불신
   (16:9~11; 요 20:14~18)

16:9~11 이 구절은 막달라 마리아가 그날 아침 일찍(아주 일찍. 참조, 2절) 무덤에 갔다 온 것에 갑작스럽게 관심을 돌린다. 전에는 이름만 세 번 언급되었는데(참조, 15:40, 47; 16:1), 여기서는 처음으로 예수님이 그녀에게서 일곱 귀신을 쫓아내 주셨다는 설명이 나온다(참조, 눅 8:2). 부활하신 예수님은 그녀에게 처음으로 나타나셨다. 즉 자신을 보여 주셨다. 이것은 예수님이 의도적으로 자신을 나타내시지 않으면 사람들은 부활하신 예수님을 인지할 수 없다는 것을 의미한다(참조, 눅 24:16, 31).

마리아는 가서 예수님과 함께 있던 자들에게 예수님을 보았다고 말했다. 그분의 제자들을 예수님과 함께 있던 자들이라고 지칭한 것은 마가복음의 앞부분이나 다른 복음서에는 사용되지 않은 표현이다(그러나 막 3:14; 5:18을 참조하라). 이 표현은 단지 예수님의 열한 제자만을 지칭하는 것이 아니라(참조, 행 1:21) 일반적으로 예수님을 따르던 모든 사람을 의미하는 것 같다(참조, 16:12). 그들 모두 예수님의 죽음으로 인해 슬퍼하며 울고 있었다. 이 묘사는 이 기사에만 나오는 독특한 표현이다.

마리아가 예수님이 다시 살아나셨으며 자신이 예수님을 보았다(에쎄아쎄[ἐθεάθη], 다른 곳에서는 사용되지 않음)고 말했지만, 그들은 믿지(에피스테산[ἠπίστησαν], 마가복음의 다른 곳에서는 사용되지 않은 동사) 않았다(참조, 눅 24:11). 잠시 후에 예수님은 다른 두 여인들에게도 나타나셔서 천사들의 선언을 증명해 보이셨고, 제자들에게 고하라고 촉구하셨다(참조, 마 28:1, 9~10).

2. 두 제자에게 나타나심, 다른 제자들의 불신앙(16:12~13)

16:12~13 이 구절은 엠마오로 내려가던 두 제자에 대한 이야기를 요약한 것이다(눅 24:13~35). '그들 중 두 사람'이라는 말을 볼 때, 이들이 마리아의 보고를 믿지 않았던 무리에 속해 있었음을 알 수 있다(참조, 막 16:10~11). 그들이 예루살렘에서 시골로 내려가고 있는데 예수님은 다른 모양으로(헤테라 모르페[ἑτέρα μορφῇ]: 다른 종류의 형태로) 그들에게 나타나셨다(참조, 9절). 이것은 막달라 마리아에게 나타나셨던 형태와는 다른 형태로 나타나셨다는 것을 의미할 수도 있다. 그러나 더욱 타당한 것은 그들이 전에 예수님이라고 기억했던 모습과는 다른 형태로 그들에게 나타나셨다는 것이다. 두 사람이 예루살렘으로 돌아와 그 사건을 나머지 제자들에게 보고했으나, 여전히 믿지 않았다(참조, 11절). 분명히 믿을 만한 증인들이 있었음에도 불구하고(참조, 눅 24:34) 제자들은 그들이 예수님의 환영을 본 것으로 여겼다(참조, 눅 24:37).

3. 예수님이 열한 제자에게 나타나셔서 불신앙을 꾸짖으심
(16:14; 눅 24:36~49; 요 20:19~25)

16:14 후에(휘스테론[ὕστερον], 마가복음의 다른 곳에는 사용되지 않은 비교 부사), 즉 그날 저녁에(참조, 9절) 제자들이 앉아 음식을 먹을 때(누가복음 24장 41~43절에는 저녁식사의 의미가 포함되어 있다) 예수님이 열한 제자에게 나타나셨다. 예수님은 그들의 불신과 마음의 완악함(스클레로카르디안[σκληροκαρδίαν]. 참조, 막 10:5)을 꾸짖으셨다(오네이디센[ὠνείδισεν], 다른 곳에서는 예수님의 행동에 사용되지 않은 동사). 왜냐하면 그날 일찍 그분의 부활에 대한 직접적인 증언을 들었음에도 그들이 믿지 않았기 때문이다. 그들은 예수님의 부활에 대해 들음으로써(그분을 보기 전에) 직접적인 증인들의 증언을 믿는 것이 무엇인지를 배웠다. 이것은 앞으로의 선교 영역에서 그들이 복음을 전할 모든 사람에게 필요한 것이다.

B. 예수님의 위탁(16:15~18; 마 28:16~20)

16:15 후에 예수님은 제자들에게 그분의 위대한 선교적 사명을 맡기셨다: "너희는 온(하판타[ἅπαντα]: 모든, 강조형) 천하에 다니며 만민에게 복음(유앙겔리온[εὐαγγέλιον]: 기쁜 소식. 참조, 1:1)을 전파하라."

16:16 복음 선포에 응답하여 믿고 세례를 받는 자들은 누구든지 죄의

형벌인 영적 죽음에서 하나님에 의해 **구원을 받을 것이다**(소쎄세타이 [σωθήσεται]. 참조, 13:13의 주해).

신약성경의 저자들은 보통 믿는 자와 세례 받는 자를 동일시하지만, 이 구절이 세례가 개인 구원에 필수적인 조건임을 말하는 것은 아니다. 이 구절 후반부는 복음을 믿는 자와는 대조적으로 **믿지 않는 자**는 최후의 심판 날에(참조, 9:43~48) 하나님께 **정죄를 당할 것이라**는 진리를 보여 주고 있다. 여기서 정죄의 근거는 불신앙 때문이지 어떤 종교적인 의식을 준수하지 않아서가 아니다. 따라서 하나님의 구원을 개인적으로 소유할 수 있는 요건은 그분을 믿는 것뿐이다(참조, 롬 3:21~28; 엡 2:8~10).

16:17~18 이 구절은 믿는 자에게 따르는 다섯 가지 표적(세메이아 [σημεῖα]. 참조, 8:11의 주해)을 말하고 있다. '표적'이란 사도들의 메시지가 하나님으로부터 온 것임을 입증하는 초자연적 사건들이다(참조, 16:20). 표적들은 초대 교인들이 선포한 그 신앙의 확실성을 보증해 주는 것이지, 그들 중 누가 임의로 행사할 수 있는 개인적인 능력이 아니었다. 이 점에서 볼 때, 그리고 역사적 증거들에 비추어 볼 때 이런 표적들은 사도 시대에만 규범적인 것이었다고 결론내리는 것이 합당하다(참조, 고후 12:12; 히 2:3~4).

그들의 사명을 완성하는 데 있어서(참조, 16:15) 신자들은 예수님의 이름으로 기적을 행할 능력을 받을 것이다(참조, 6:7, 13; 9:38~40).

그들은 귀신들을 쫓아내고 사탄의 영역에 대해 예수님이 승리하셨다는 것을 입증할 것이다. 열두 제자(참조, 6:13)와 70명의 제자들은 이미 귀신들을 쫓아낸 경험이 있다. 그런데 이런 능력이 초대 교회에도 계속되었다(참조, 행 8:7; 16:18; 19:15~16). 그들은 새 언어로(말하는 자에게 알려지지 않았던 이방 언어로) 말할 것이다. 이것은 오순절 때(참조, 행 2:4~11) 입증되었고, 후에 초대 교회에서도 입증되었다(참조, 행 10:46; 19:6; 고전 12:10; 14:1~24).

마가복음 16장 18절의 헬라어 본문은 세 마디로 되어 있다. 첫 두 마디는 조건절로 되어 있는데, 그에 대한 주절 및 결론이 세 번째 마디라고 할 수 있다. 헬라어 본문에 따라 해석하면 다음과 같다. "그리고 그들이 할 수 없이 손으로 뱀을 집거나 또한 할 수 없이 치명적인 독을 마신다 하더라도 그들은 결코 해를 받지 않을 것이다"(우 메[οὐ μή], 강조 부정. 참조, 13:2). 이것은 신자들이 박해를 받아 이런 일들을 강요당할 때 신적인 보호 속에 아무런 손상을 입지 않는다는 뜻이지, 각 사람이 자의적으로 뱀을 만지거나 독을 마셔도 그것이 아무런 해를 끼치지 못한다는 약속은 아니다. 바울이 멜리데 섬에서 뱀에게 물린 것은(참조, 행 28:3~5) 전혀 의도성이 없는 것이었음을 기억해야 한다. 신약성경은 초대 교회 성도들의 생활 속에서 이 약속이 어떻게 실현되었는가를 기록하고 있지 않다.

전도자들의 증언이 참되다는 것을 확증하는 최후의 표적으로, 그들이 병든 사람에게 손을 얹은즉 그들은 나을 것이다. 이렇게 병을 고치는 것이 사도행전 28장 8절에 언급되어 있으며, 이런 치유의 은사가 초대 교회에서 행해졌다(참조, 고전 12:30).

C. 예수님의 승천과 제자들의 계속적인 선고 (16:19~20; 눅 24:50~51; 행 1:9~11)

16:19~20 이 구절은 상호 밀접하게 관련된 두 부분으로 구성되어 있

다. 하나는 주 예수께서(누가복음 24장 3절 외에는 복음서에 나타나지 않는 합성 칭호) 부활하신 후의 사역을 마치신 후에(40일 동안. 참조, 행 1:3) 하늘로 올려지셨다('아버지 하나님에 의해'라는 말이 함축되어 있음)는 것이다. 예수님은 영광과 권위를 상징하는 하나님의 우편에 앉으셨다(참조, 막 12:36~37상의 주해). 이 사실은 스데반이 본 환상에 의해 초대교회 신자들에게 증명되었다(참조, 행 7:56). 어떤 의미에서 예수님의 지상 사역은 끝난 것이었다.

또 하나는 이 땅 위에서의 지상 사역이 예루살렘에서 나가 곳곳에서 복음을 전하는(에케뤼칸[ἐκήρυχαν]: 선포하는. 참조, 1:4, 14; 16:15) 제자들을 통해 계속된다는 것이다. 동시에 부활하신 주님은 그들에게 힘을 주시고, 그분의 말씀에 수반되는 **표적들**을 통해(참조, 16:17~18) 그분의 **말씀**을 확증함으로써 그들과 함께 일하셨다. 표적들은 그들의 메시지를 확증해 주었다(참조, 히 2:3~4). 복음을 선포하는 이 과업은 부활하신 주님의 능력을 받은 제자들을 통해 오늘도 계속되고 있다.

참고문헌

- Alford, Henry. *Alford's Greek Testament*. Vol. 1. Reprint Grand Rapids: Baker Book House, 1980.
- Anderson, Hugh. *The Gospel of Mark*. The New Century Bible Commentary. Grand Rapids: Wm. B. Eerdmans Publishing Co., 1976.
- Burdick, Donald W. "The Gospel according to Mark". In *The Wydiffe Bible Commentary*. Chicago: Moody Press, 1962.
- Cole, R.A. *The Gospel according to St. Mark*. The Tyndale New Testament Commentaries. Grand Rapids: Wm. B. Eerdmans Publishing Co., 1961.
- Cranfield, C.E.B. *The Gospel according to Saint Mark*. Cambridge Greek Testament Commentary. Rev. ed. New York: Cambridge University Press, 1972.
- Earle, Ralph. *Mark: the Gospel of Action*. Everyman's Bible Commentary. Chicago: Moody Press, 1970.

- Hendriksen, William. *Exposition of the Gospel according to Mark*. New Testament Commentary. Grand Rapids: Baker Book House, 1975.
- Hiebert, D. Edmond. *Mark: A Portrait of the Servant*. Chicago: Mood Press, 1974.
- Lane, William L. *The Gospel according to Mark*. The New International Commentary on die New Testament. Grand Rapids: Wm. B. Eerdmans Publishing Co., 1974.
- Lenski, R.C.H. *The Interpretation of St. Mark's Gospel*. Reprint. Minneapolis: Augsburg Publishing House, 1961.
- Martin, Ralph P. *Mark: Evangelist and Theologian*. Grand Rapids: Zondervan Publishing House, 1973.
- _____. *Mark*. Knox Preaching Guides. Atlanta: John Knox Press, 1981.
- Stonehouse, Ned B. *The Witness of the Synoptic Gospels to Christ*. 1944. Reprint Grand Rapids: Baker Book House, 1979.
- Swete, Henry Barclay. *The Gospel according to St. Mark*. 3rd ed. 1909. Reprint. Grand Rapids: Kregel Publishing Co., 1978.
- Swift, C.E. Graham. "Mark". In *The New Bible Commentary: Revised*. Grand Rapids: Wm. B. Eerdmans Publishing Co., 1970.
- Taylor, Vincent. *The Gospel according to St. Mark*. 2nd ed. Thomapple Commentaries. 1966. Reprint. Grand Rapids: Baker Bode House, 1981.
- Vos, Howard F. *Mark: A Study Guide Commentary*. Grand Rapids: Zondervan Publishing House, 1978.
- Wilson R. McL. "Mark." In *Peake's Commentary on the Bible*. New York: Thomas Nelson & Sons, 1962.